坚墙

JIAN QIANG

唐 刚

tang gang

著

UNITY PRESS 团结出版社

图书在版编目(CIP)数据

坚墙 / 唐刚著. —北京：团结出版社，2018.9
ISBN 978-7-5126-6488-3

Ⅰ.①坚⋯　Ⅱ.①唐⋯　Ⅲ.①唐刚–自传　Ⅳ.
①K828.9

中国版本图书馆 CIP 数据核字(2018)第 164814 号

出　　版：团结出版社
　　　　　（北京市东城区东皇城根南街 84 号　邮编：100006）
电　　话：(010) 65228880　65244790
网　　址：www.tjpress.com
E - mail：65244790@163.com
经　　销：全国新华书店
出版策划：成都力扬文化传播有限公司　028-86965206
印　　刷：成都勤德印务有限公司
开　　本：880mm×1230mm　1/32
印　　张：12
字　　数：300 千字
版　　次：2018 年 9 月第 1 版
印　　次：2021 年 4 月第 2 次印刷
书　　号：ISBN 978-7-5126-6488-3
定　　价：45.00 元

内容简介

　　本书记载了一个懵懂可爱的小男孩步入学堂后，读书成绩不怎么样，调皮捣蛋、打架斗殴却很在行，在贪玩、迷恋游戏中辍了学。还记录了爷爷、父亲在世时，全家幸福生活的点点滴滴。后来，小男孩为生活所迫外出打工，尝尽艰难困苦和人世心酸，罹患上了如影相随的疾病，父母为他操碎了心，砸锅卖铁欠债累累。

　　为了治病还债，他带病外出打工，经历食不果腹、夜宿花园的流浪生活。修公路、做掌勺厨师、受骗落入传销中，当保安、进工厂、仗义江湖人生。其中的两段爱情经历，那份执着与痴情更是感天动地、可歌可泣。

　　父亲离世后，他卧病不起，女友分手，妈妈嫁人离家，家破人散。他在绝望里自杀未果，独自在残破不堪的土屋里

"活着"。

　　最终，他在孤独的黑暗中寻找到属于自己的天地！在极其艰难的环境和几乎不可能的身体条件下，开始了文学创作，并且一发不可收拾，在网上掀起了波澜。学习和创作给他带来了生的希望、生的快乐！——他用歌词怀念爱情、感恩生活……从此，他在病痛的磨砺中，一步步走向坚强。

目录

引 ………………………………………………… 1

一

童年的天堂 …………………………………… 4
初入校园行报复 ……………………………… 9
和老师打架 …………………………………… 12
坏习惯和偷盗 ………………………………… 14
暑假那些事 …………………………………… 19
自学武术 ……………………………………… 27
期盼放寒假 …………………………………… 30

二

刚上中学就打架 ……………………………… 33
冬季田径运动会 ……………………………… 37
收到同学"挑战书" …………………………… 40
沉迷电子游戏 ………………………………… 43

结束短暂的中学时代，辍学在家 ·········· 47

三

年少轻狂闯天涯 ················ 50

初到高原 ····················· 54

血泪洒工地 ··················· 57

难忘海螺沟 ··················· 60

生病回家 ····················· 63

四

可怜天下父母心 ··············· 66

久违的团圆饭 ················· 68

爸妈背行千里求医 ············· 70

望着烟花哭泣 ················· 73

迷信偏方，迁坟改门 ··········· 76

人生第一次进厂 ··············· 81

五

二十岁操持整个家 ············· 87

和妹妹相伴的日子 ············· 88

请人收麦子 ··················· 90

卖猪砌围墙 ··················· 93

兄弟情义 …………………………………………… 95

二十岁生日 ………………………………………… 97

妹妹的家长会 …………………………………… 100

六

漂泊天涯的脚步 ……………………………… 105

只身前往贵州 …………………………………… 107

空手回家 …………………………………………… 117

流浪昆明 …………………………………………… 121

配菜师，陪酒员 ………………………………… 130

到广东，被骗入传销 ………………………… 137

传销窝点的覆灭 ………………………………… 144

北滘的保安工作 ………………………………… 149

好男人称号 ……………………………………… 157

第一次的真爱 …………………………………… 161

你是天地间唯一的光彩 …………………… 169

七

人生噩梦的开始 ………………………………… 178

爱人被迫离开，父亲突然病故 ……………… 181

两次湖南之行 …………………………………… 188

疾病开始严重 …………………………………… 192

病重都江堰 ……………………………………… 197

爱人最终离去 ························ 205

带病再赴湖南 ························ 209

定下三年之约 ························ 222

八

失去行走的痛苦 ······················ 228

妈妈的离开 ··························· 235

三年与世隔绝 ························· 241

开始接触网络 ························· 258

九

电台邂逅红颜 ························· 268

时光已老，我还在为你等候 ············· 280

十

求助日志的发表 ······················ 293

媒体的关注 ··························· 298

爱心人士的关怀 ······················ 301

希望又一次来临 ······················ 314

十一

再次绝望 ………………………………………… 319

活着 …………………………………………………… 326

民间医生的爱心 ………………………………… 329

爱心家族的帮助 ………………………………… 332

我的文字 …………………………………………… 334

十二

现在的生活 ………………………………………… 345

过往让它过去，未来让生命重生 …………… 350

我的语录 …………………………………………… 354

网上众筹出版《坚墙》的各界人士评语 …… 364

坚 墙

读白：
我知道
一场烟花盛放，终归消散
一幅红尘画卷，终归收敛
我要用眼泪来深深祭别，已逝去的昨天
因为，前方的不远，就是我最美的明天

歌 词：

A：段

春天的花在枝头翩然盛放
孤独的我在夜色里细数悲伤
那些快乐的时光燃烧着过往
破碎了梦想也憔悴了脸庞

夏天的鸟儿在欢快的歌唱
寂寞的我在整日里泪水成行
抛洒着绝望点缀昨宵的月光
风雨之中躲进冰冷的衣裳

再多悲伤也摧不毁我的城墙
我生命的主题并不是悲伤
让疼痛一点一点在心中深藏
只有学会坚强让自己成长

再多悲伤也摧不毁我的城墙
我在命运转轮中变得坚强
用鸟语星星编织我的梦想
不枉我来红尘中走过一场

B：段

命运的残酷我不怨不悲伤
我相信只要活着就有希望
错落的年华虽然没有了彩光
但零落的花朵一样有芬芳

点起青灯任火焰随风摇晃
我用快乐祭别逝去的过往
倾尽生命储藏赋予新的翅膀
在蓝色的天空下努力翱翔

再多悲伤也摧不毁我的城墙
我生命的主题并不是悲伤
让疼痛一点一点在心中深藏
只有学会坚强让自己成长

再多悲伤也摧不毁我的城墙
我在命运转轮中变得坚强
就算还要面临太多艰难悲伤
相信生命的花朵一定会绽放

再多悲伤也摧不毁我的城墙
我生命的主题并不是悲伤
让疼痛一点一点在心中深藏
只有学会坚强让自己成长

再多悲伤也摧不毁我的城墙
我在命运转轮中变得坚强
就算还要面临太多艰难悲伤
相信生命的花朵一定会绽放
会绽放

[一]

童年的天堂

四川自贡富顺安溪，就是我的家乡。虽然比较偏僻，可也是一个山美水美的地方。就如我曾写的歌词一样美："安溪有沱江，是我的家乡，幽幽青山鸟语花香。清清江河水，累累果儿坠，四季如画春晖。"

生命亦如山脚下的沱江水，看似没有变，但昨天的水已不知流向何处，我的生命也随它逝去。不是所有人的童年记忆都很美好，但我是幸运的，儿时的那一份天真，成为心中不可磨灭的美好和回忆。如今令我念念不忘的，是逝去的童年和那自由成长的岁月！

我的家乡就在安溪镇顺江村三组，是一个偏僻而又落后的村落。1981 年农历 4 月 29 日这天，怀胎十月的妈妈生下了我，取名"唐刚"。从此，我就来到了这个陌生的世界，开始了坎坷曲折的人生旅途。

人的一生，过得实在太快太快，就像从门前竹林走过的风，呼啦啦吹落几片竹叶后就无踪无影了。仿佛昨天才和童年的玩伴一起捡拾笋壳，背回家里给大人生火，今天我就步入中年，而且坐在轮椅上写我的回忆录了。

我记得，从我记事时，我家就坐落在顺江三组的燕子崖山脚下，有三间土屋子，其中一间还是稻草盖的。大门口，有一个石头做的碓窝，那是以前用来舂谷子的。房前就是坝子，所谓的坝子，也只有一米多宽，跟人们走的普通道路一样。旁边还有一颗毛桃树，是我经常玩耍的地方。房子左面是一片竹林，还有几座无人祭拜的坟。至于右边，是邻居家的房子。房后，是生产队采集茶叶的茶山。清明时节，茶叶成熟了，漫山遍野都是采茶人，热闹非凡的她们，一边采茶一边还唠叨着家长里短。加上若隐若现的薄雾，犹如江南画卷里的烟雨氤氲了茶乡。美极了！

我是由爷爷带大的，爷爷每走一步，都带着我，而我，就像是爷爷身后的尾巴。爷爷常常在夜晚告诉我他的故事，我也听得入神。爷爷从小就没有了父母，是在赵化镇的一家餐馆里长大的。他做过厨师，送过邮件，还烧制过坛坛罐罐。他身材高大魁梧，双眼炯炯有神，一头白发，好像是神话电视剧里的神仙一样。一身透着道骨仙风，给人一种和蔼可亲的模样。闲暇时，他常常坐在家门口的碓窝上，抽着旱烟，静静地望着远方，好像在回忆着他的童年趣事，抑或是在想那我从未见过的奶奶吧！

那时，农村土地早已经下放了，但是生活依然很艰苦。

在家乡务农的人们，都指望分来的土地生活；可是，仍有很多人家的粮食不够吃，他们四处开荒种地，一天到晚都是忙忙碌碌的，过着日出而作、日落而息的生活。因为他们清楚，如果不勤耙苦做，一家人就会吃不饱穿不暖。所以，我的妈妈也不例外，在我还没有断奶的时候，就早出晚归，去山上忙着干活，努力争取收获季节，可以多收获一些粮食。

那时，我的妈妈，出得厅堂下得厨房。

虽然谈不上很漂亮，但在我的眼里，却是我心中最漂亮的、最值得疼爱的妈妈。从我一出生，她不辞辛劳，含辛茹苦的哺育我长大。她个头稍矮，头发很长，几乎每天都扎着一条大大的辫子，大大的眼睛，一身朴素的打扮，却格外精神。那时我的爸爸，在我还没有出生时候，就接替了爷爷的工作，开始是在安溪镇化工厂烧锅炉，后来又调到了赵化镇江阳丝绸厂伙食团做厨师，和爷爷一样也是四里八乡远近闻名的厨子。爸爸比妈妈高一点，身体结实，不爱说话，给人一种老实憨厚的感觉。喜欢帮村里人的忙，从不求回报。

记忆里的我，儿时调皮好动的事情，最是让人难忘。

那是在我刚刚学会走路不久的一件糗事。

在我朦胧的记忆中，是在一个开满鲜花蝴蝶飞舞的夏天，炎热的浊浪充满了整个大地，万物在阳光的笼罩下，处处显得格外耀眼。

爷爷慈祥的坐在灶台前，用那满是老茧的手，摇晃着芭蕉扇，一边做饭一边抽着旱烟，等待着妈妈干完活回家。我趁爷爷烧火时，偷偷地跑出了家，不顾烈日的炎烤，一碰一跳地到处玩耍，在竹林里追逐一只蝴蝶时，不小心掉进了邻居家的粪坑里。虽然那个粪坑是干枯的，没有粪水却也臭气熏人，蚊子也很多。小小的我在里面犹如井底之蛙，叫天不应叫地不灵，只有不断地哭泣、嘴里一遍遍喊着"爷爷"。

不知道过了多久，爷爷终于找到了我。心疼的把我从粪坑里抱出来，一边骂我，一边还在我的屁股上用手轻轻地拍打着，并说"你妈妈回来，我怎么跟你妈交代啊！"。

中午时分，被汗水浸透的妈妈回来了。她知道我掉进茅厕的事情后就埋怨了爷爷几句，言语中责怪爷爷没有看好我。其实，那能怪爷爷呢，一个蹒跚学步的孩子，一个对新世界有无限好奇的孩子，总是有办法逃离爷爷视线的。

从那以后，每当爷爷在做饭时，总担心我跑出家门，发生一些无法预测的事故。爷爷就用一根绳子把我拴在一条桌子腿上，防止我到处乱跑。而我，居然也很听话，也不哭闹，就围着桌子腿，自己玩耍。等到妈妈干完活回来，我才望着妈妈，委屈地指着手上的绳子，对妈妈说："妈妈，爷爷套，爷爷套。"。然后，妈妈就心疼地笑着帮我解开，说："谁让你到处乱跑呢？活该！"。而我却还歪着脑袋很生气地"哼"了一声。呵呵，现在想起来，这就是我童年好动付出的代价！

时光荏苒，我逐渐地长大成为一个小小男子汉，我不再吃奶了！

妈妈因此省了不少心。此时，爸爸的厂里搞扩建正好要招临时工，就把妈妈接到厂里做工去了，要隔好长一段时间才回来一次。从此，我就和爷爷相依相伴，爷爷不管到哪里，爷爷都带着我。一老一少，大手牵小手的身影，深深地镌刻在我童年的记忆里。

记得一个冬天的天晚上，寒风呼啸带着黑暗笼罩了整个乡村。院坝外辽阔的夜色里，没有一颗星星，也没有一盏烛火。寂静流淌在山岭村庄，携带的阴森气息让人恐惧窒息，人们唯一能听到的一点点声音，那就是自己的心跳声。

就在那个可怕的夜晚，我家的两条狗被偷狗贼用自制的炸弹炸死偷走了。那天晚上，我和爷爷吃完晚饭早早的就睡下了。我躺在爷爷身边，一边听着爷爷给我讲着他的故事，一边望着窗子漆黑的空洞，渐渐进入了梦乡。夜半三更，"轰"的一声巨响把我和爷爷从梦中惊醒。接着，我们听到狗的哀嚎声。我和爷爷仔

细一听，听出了是我们家的狗在叫唤。爷爷披衣起床，点亮煤油灯，出门呼唤。我则跟在爷爷身后，由于外面风大，煤油灯被吹灭了，无法再走，只能站在原地呼唤。而那些偷狗贼知道我家就是我和爷爷，对他们构不成什么威胁，竟然大胆的用石头把那条还没有被炸死的狗，活活砸死带走有了。当时的我吓哭了，爷爷抱着我一边安慰，一边骂那些可恶的偷狗贼。

直到强盗的手电光远去，消失在黑夜里，我们爷孙俩才回到屋里。又躺在床上，微弱的煤油灯下，我的眼睛一直睁着，想着那两只如保护神一样的可爱家犬，就这样没有了，还死得那么惨，泪水不知不觉濡湿了枕巾。

从爷爷口中得知，说那时的我特别惹人爱，胖嘟嘟的脸庞显得很乖。人人见了我，都会忍不住在我脸上轻轻地掐一掐。

每逢赶集，他都要去镇上的小酒馆，当然也会带着我。

酒馆的老板见到我爷爷，会尊称一声'师傅'，拿出最好的手艺炒一份小荤，不好在我爷爷这个内行面前丢脸。每次爷爷都会喝得醉醺醺的才带着我回家。爷爷非常疼爱我，常常给我买糖吃，也就是因为糖吃多了，导致我后来在十岁左右时，长了虫牙，连稀饭都不能吃。爸爸妈妈带着我到处看，到处医治，都没有效果。最后，还是在赵化镇的街上碰到一个摆地摊治牙痛的，在那里看了一次就好了。直到现在，都没有痛过，所以，现在的我对糖，一点都不喜欢。

即使做了什么错事，爷爷都舍不得打我。记得有一次，我偷了爷爷的钱。那是爷爷刚刚领回来的退休工资，一共十二块八角四分钱。我就拿了一张最大的，也就是十元钱，一个人跑到商店里买麻花吃，那时麻花卖一分钱一根，我买了十根，吃完又买，不知不觉花了只剩五块多了。爷爷知道后，没有打我，只是骂我。妈妈回来后，爷爷就告诉了妈妈，妈妈一听，拿起棍子就打我，我那屁股啊！可惨了，被妈妈打了十几下，爷爷就来挡着，不让打了。嘿嘿，你说，我爷爷好吧！就是因为爷爷特别疼我，才让我和爷爷的感情也很好！总之，在我小时候，我只要跟着爷爷去赶集，爷爷都会买好吃的给我。对我真是疼爱有加！后来我才懂得了什么是祖孙情。

童年的我，是最快乐的，也是最幸福的，每天沉溺于玩耍之中无忧无虑。那样的时光，过得很快，只知自己每天在日起日落中，找寻那份属于自己的快乐，天真的笑容时常挂在脸上。盛夏的夜晚，仰起头，看着满天的繁星，仔细地寻找属于自己的那颗，找到了，会手舞足蹈地欢笑，这便是快乐。哭了，可以依偎在父母的怀里，寻找温暖与安慰。那时的父母，便是自己的天下。挨爸妈打了，爷爷又是我的保护伞。

初入校园行报复

岁月搀扶着我长大了，到了上学的年龄。

妈妈带着好动的我去学校报名，交给了老师三块钱的学费，并叮嘱我说："孩子，你要好好学习努力向上，长大后做一个有用的人，不要像我一样，一辈子目不识丁。"我当时不理解，大着眼睛望了妈妈，乖乖地点头回答："嗯嗯！"，从此，我踏上了学习知识的路。初入学堂的我，看到那么多小伙伴，只觉得更好玩，不懂"知识"究竟是啥？

那时我还是依然调皮，一直都让妈妈不省心……初夏的一

天，放学后，我和邻居家的孩子一起，跑去偷别人的红苕种来吃。结果，被人家发现了，还抓住了我，把我送到我家里，告诉了我妈妈，并让妈妈赔红苕。那晚，我挨了打，打得特痛。第二天上学，又被老师罚站。同学们都在笑话我，让我第一次感受到了做错事被嘲笑的滋味，是多么的难受。

少不知省，小小的心里竟然产生了'报仇'的念头。

我熬到放学，就和昨天一起刨红苕的同学，商量怎么去报复那家害我们挨打的人。我们商量，选择了报复他家的小鸭子。我们一行三人，悄悄地来到他家屋后，看到那些小鸭正在不远处的李子树下。我们就把小鸭赶到了离他家不远的地方，在地上挖坑，把鸭子放到里面，用土埋上，只留一个鸭子头在外面，然后离开了。谁知，我们的报复行动，被另一个在山上做活的人看到了，就告诉了他家。当然，结果可想而知。这次，我更惨，因为我爸爸回来了。他知道后，就把我裤子脱了，用绳子把我绑在板凳上，打我的小屁股，打得我连坐都不敢坐了，在学校上课都只能站着。可是，我那倔强的脾气，服软不服硬的心理，再一次萌生了报复之心。

过了几天后，我的屁股好转了，就又开始找机会实施报复计划。我又找来那几个同学说："他害我们又挨爸爸妈妈揍，你们说，该怎么办？"他们想了想："算了，我们都不敢。你也别再去了，到时你爸爸又把你捆在板凳上打，你不怕吗？"我大声地吼道："怕！谁说不怕！可我也要让他怕，哼！你们不做，我一人做。但是，我要告诉你们，谁也不许说出去，不然别怪我对你们下手。都听清楚了吗？"他们异口同声地回答："听清楚了。""好。你们等着我的好消息吧！"我说完得意地离开了。

到了星期六，我带上了一把刀，一个人又去了害我挨打的那家，到了他家的地里，拿起手中的刀，一阵乱砍。一边砍还一边骂道："我让你告我！我让你告我！看你以后还敢不敢告我的状！"最后，我把一小块地快成熟的高粱，悉数砍完。然后，看着一片狼藉的庄稼地，我得意地笑着，扬长而去。

星期一那天，我若无其事的照常去上学。就在还有最后一节课的时候，我看到了被我毁坏高粱那家的叔叔站在学校门口。这时，我心里开始担心起来，想着今天回家肯定又要挨打了。但是我并没有因为害怕而慌乱，坐在教室里很冷静的想着，如果这次你又告我的状害我被挨打的话，我还要继续报复你，直到你也怕我了才算完事。

正在我想该怎么应付的时候，一声清脆的哨子声响了起来，放学了。我走到校门口，那个叔叔拉住了我："你小子到底想怎样？"我装傻道："什么啊？"他急了："你还给我装，我家的高粱是不是你砍的？"我很干脆的答道："是。这次是我一个人干的。今天我爸爸回来了，我也准备好挨打了，你到我家去告我撒。"他有点惊讶地说："嘿！你娃儿倒是很干脆啊！听你的意思，如果这次我告了你，你娃儿还要想法整我家的东西吗？"。我傲慢的回答："嗯。这次你猜对了！除非你让我爸爸打死我，那样，我就不会再报复你了。"那个叔叔听到我这样说，很无奈地点点头道："好。我服了你。"同时用大拇指翘了翘说："我知道你娃的脾气了，你是服软不服硬的家伙。这次我们讲和，我不告你便是了，但是，孩子，我告诉你，你的做法确实不对。我看到你做事还有担当，将来是个有出息的人，我原谅你！希望你以后好好学习。""完事了？"我问道。"你可以回家了。"他说。我又问道："你不让我家陪你的高粱吗？"他有点无奈地说："算了。我只要你明白，什么是错？什么是对？犯错并不可怕，晓得知错能改，

那才是善莫大焉。"当时，我只知道知错能改几个字，善莫大焉还不怎么懂。后来，叔叔的这句话，让我明白了宽容这两个字的含义。

和老师打架

岁月如梭，时光飞逝。

1986 年农历 2 月 21 日，我可爱的妹妹出世了。她和我小时候一样，很讨人喜欢。妈妈轻轻地把她抱在怀里微笑着对我说："唐刚，你看嘛！你就是这么小长大的。现在你是哥哥了，要大些，以后要让着妹妹。等她和你一样读书了，在学校里，还要保护好妹妹，别让人欺负她。晓得不？"我拍拍胸脯自豪地说道："知道了，我不会让人欺负妹妹的，我会保护好妹妹，因为我是哥哥。"爷爷在旁笑道："呵呵，你不欺负妹妹就是对的咯！"。

几年后，妹妹也终于踏进了校门，和我一起上学。放学后，又带着妹妹和我们一起玩，因为那时的我很喜欢玩弹珠。所以，每天放学后，只要不是农忙时期，我都会玩一会儿弹珠才带着妹妹回家。农忙的时候，就不敢玩了，每天放了学，我就得早早赶回家，帮妈妈做农活背红薯。那个时，虽然小，但是也很听话，妈妈让我做什么，就做什么。偶尔，妹妹也跟着我一起做。

说起弹珠，我还是一个高手呢，在学校里，被同学们赐为"神刁"。我也不知道为何那么厉害？每天，我只带四颗弹珠上学校，与同学比赛输赢弹珠，回家我就有了几十颗。即使被爸爸收缴一颗不剩，我也不担心第二天没有。爸爸也奇怪了，明明都搜完了，怎么会又有弹珠去玩。直到现在，家里都还保存着爸爸收缴的一大包弹珠呢。其实，当我第一次被缴后，我就在回家的路上藏起几颗，保住我这个"神刁"的弹珠供应不断。后来，只要我走到其他学校去，那些人都不敢和我玩。都说，和你玩不如直接把弹珠给你算了。

除了农忙要帮妈妈做的事情外，我每天必做的家务活就是：早上煮饭，晚上洗碗，这两件事，从我四岁就开始了，不管寒冬腊月，春暖夏凉，不曾改变。直到妹妹六岁了，我们两兄妹才开始一人一次，换着做。

就在妹妹上幼儿园不久，有一天，下了课。她哭着跑来我的教室，对我说她被同学打了。我一听"谁啊？敢打你。走，看看去。"妹妹带着我到了她的教室，指着一名女孩说："就是她。"我上前一步问道："小妹妹，你为何打我妹妹呢？"这时，那个小女孩就哭了，跑出了教室。我还莫名其妙的，不知道怎么了。然后，我就问另外的小朋友是怎么回事。这时，一个教五年级的老师来了，二话没说，就给我一巴掌，煽得我头晕目眩地。等我回过神来，又一巴掌来了，我及时躲过。就在这时，我看到了刚才打我妹妹的女孩站在她身旁，同时也知道这个女孩是她的女儿。而这个我认识了几年的老师，竟然是女孩的妈妈。想到身为老师，为人师表，这么不分青红皂白就打人。

我一下就火了，怒气燃烧。一拳击在她的胸膛上，当场把她击倒。她在地上捂着胸口，一边叫骂一边喊打死人了。这时，教四年级的男老师也来了，同样没有问缘由，也给我一巴掌。我挨打后，也没有跟他说啥？跳起来还他一巴掌。我为何要跳？因为他比我高很多，我不跳就打不着。所以，我才跳起来打。在我打的同时，我的班主任也来了。及时拉开我们，那个男老师还不服

气，还从另一边转过来要打我，但被同学们拉住了。

突然，上课的哨声响了，同学们都散了，回到了各自的教室。操场上只剩下一些老师和我，他们都说我不对，我一张嘴说不过。最后我的班主任把我拉到教室里，罚我站在那里听课。我特不服气，站在那里一句都没有听进去。忽然，教室门"碰"地一声被踢开了，我看到我爸爸进来了，紧随其后的还有妈妈。原来，就在我跟老师们打架的时候，妹妹看到老师们都打我，怕我打不赢就跑回家去了，并告诉了在家的爸爸和妈妈。"你们那些老师为何打我儿子？"爸爸质问着我的老师。"听说是他先打陈老师的女儿。"我的老师答道。"谁看见了？"爸爸又问道。我的老师这时无法回答，只是说了一句还要上课，等放学了再说。我爸爸吼道："跟我弄规一，上啥子课哦。"说完，爸爸就到课桌上坐着。老师没法，只得让一个同学去找村长来解决。后来，村长来了。具体怎么解决的？我也记不太清楚了，好像是那些老师跟我道歉，之后，我继续就在学校里正常读书，直到小学毕业。

坏习惯和偷盗

记得在我上到五年级时，胆子开始变大了，做什么事情都想学大人。当我看到爷爷喝酒时那种犹如吃了蜜一样的神态，以及爸爸抽烟时不经意吐出的烟圈，感到很新鲜。就想去尝试一下喝酒抽烟的感觉。

一个夏天的中午，我和妹妹趁爷爷睡午觉时，悄悄地把爷爷的酒倒来喝。刚开始只是倒了一点点出来，小心翼翼把酒喝到嘴里品尝，开始有一点辣辣，过后又有一丝丝甜甜的感觉，我喜欢这种感觉，立即来了兴趣，就用麦子杆杆来喝，喝完又倒，不知不觉把爷爷的半瓶酒都喝光了。因为我们还小，只是觉得好玩又好喝。害怕被爷爷发现挨打，我想了一个办法：拿着爷爷的酒瓶到厨房的水缸旁，用水缸里的水来代替酒，等灌好后又放回到原来的地方。若无其事的出去玩了，说来也奇怪，那是我第一次喝那么多酒，也没有醉。

待到晚上吃饭时，爷爷摆好饭菜后开始倒酒来喝。当他喝到嘴里时，又急忙吐了出来。疑惑地说："这酒怎么没有一点酒味，根本是水的味道嘛。中午都不像这个样子啊！"我假装不懂的说道："可能是瓶盖没有拧紧吧！酒气都跑了。"爷爷半信半疑地说："应该不会啊！"妹妹在一旁附和道："肯定是你没有拧紧。"爷爷又说："怪了，从来没有遇到过。"我和妹妹低着头吃饭，再也没有搭腔。就这样，这事就稀里糊涂地过去了。

之后，我又开始偷爷爷的烟来抽。爷爷本来是抽旱烟的，但是有时也买一些纸烟来抽。我记得爷爷刚领工资，就买了一条明山牌的纸烟放在柜子里。我趁着他去商店耍去了，就抬着小板凳放在柜子前。打开柜子偷了一包，跑到家后面的一座荒坟上开始抽起来。正好碰到邻居家的大哥哥，他也和我一起抽。一支接着一支，把一包烟都抽完了。

这时天也快黑了，我就起身回家。我刚刚站起来时，就感觉头晕目眩，要摔倒一样。我撑着摇晃的身子，一步一步地回到家里，刚到大门口就摔倒在那里爬不起来。爷爷看到着急了，连忙把我抱到床上，问我怎么了？当时我的心里还是很清楚的，就回答爷爷说："我下午偷了你的烟到山上抽，抽完烟后就这样了。"爷爷听了后不急了，反而骂我，说："你个憨包，都不会抽烟还

把一包都抽完了，你这是醉了。明天就好了。"然后他就跟妹妹一起吃饭去了。我一直睡到第二天中午才醒来，本来准备吃饭的，正好碰到爷爷炒的回锅肉。我一闻到肉的味道，马上就开始呕吐，却又吐不出来。

爷爷见我还没有醉过，就让我继续回到床上睡觉，等清醒了再吃饭。直到第三天清晨，我才没事了。爷爷见我清醒了就开始批评我了，说："你还小不能学抽烟，而且别人会抽的也不可能一次就抽一包啊！"爷爷接着道："像你这样抽法，大人也会抽醉的，等你长大后再慢慢的学抽烟不迟。"我听了后只是静静地点点头。

从那以后，我不但没有听爷爷的话，还是开始想方设法地偷烟来抽，不过我也学精了，不会一次抽很多支了。我还把偷来的烟带到学校，和自己玩得要好的同学们一起抽。那时，只要一下课，我们就钻到学校旁边的树林里抽。有时烟少，我们就轮流着一人抽一口。甚至有的同学没有抽到还发火，伤了我们之间的同学情呢。

我上初中时，就有烟瘾了，不抽的话感觉很不自在。在爸爸厂里，每次我吃完饭就去厕所，很多时候都不是真的大小便，只是为了抽烟。只有这样，才不会被爸爸发现。在学校里，也是这样和同学们一起跑到老师看不到的地方抽。不过，那时偷爸爸和爷爷的烟就少了。因为，学校的小卖部里就能买到。一角钱一支烟，好点的就两角到五角一支。为了抽烟的事情，我挨过爸爸和妈妈的打，每次都说以后不抽了，可我还是没有改掉，一有机会就偷偷的抽。就这样，我学会了抽烟，直到现在的我也还在抽呢。

我人生第一次偷别人的东西，也是在我读小学时。那时，我跟村里的大人们一起照黄鳝。因为小，晚上又有些害怕，就跟村里的大人一起，他们会照顾我，心里也不会害怕。记得有一天晚上，我吃过晚饭，就去了胡七家里等他。

当时他们一家人还在吃饭，我独自在他们卧室里看电视。电视广告的时候，我随意的望了一下墙上，看到有一块手表挂在那里。心里不知怎么了，就产生了要拿的念头。我也知道偷别人东西是不好的，之前爸爸妈妈就在我偷家里的东西时他们打过我，同时也教育过我，说不能偷东西，尤其是在外面。可是那晚，我看到那块表后，心理有了很强的虚荣心，想着要是我戴着表去上学的话，同学们一定会很羡慕我的。

于是，我鬼使神差得把那块表取下，放在了自己的袖子里。等到胡七他们一家吃完饭后，他进卧室换衣服准备出门照黄鳝。他突然发现表不见了，一开始开始问她老婆是否看到了？她老婆说："怪了，出鬼了吗？吃饭前都还在那里挂着呢。吃完饭就不见了。"胡七听她老婆这样说，很自然地就怀疑到我了。他对我说："老表，是不是你拿了，如果是你就拿出来，我不会告诉二孃的。"他喊我老表因为我跟他是一辈的，只是年龄比我大二十多岁。当时的我还抱着侥幸心理说没有拿，他自然不会相信了，就搜我的身，在我的袖子里把表搜了出来。那时我吧，年龄虽然不是很大，却也有羞耻之心了，我恨不得找个地缝钻进去躲起来。胡七他们为了我好，把我送到家里告诉了爸爸妈妈。那晚，爸爸妈妈把我暴打了一顿，可惨了。

后来，我在外面闯荡时，也犯了两回错。我记得那是我在昆明，住在同学文廷平那里，一起同住的有四个人。有个叫文廷冰，比我高两级，是文廷平的堂哥，也在那里住，他们在同一个厂里上班。当时的我还没有找到工作，钱也用完了，身上唯一剩

下的就是一张五十元的假钞。我趁文廷冰下班去洗澡时，悄悄的拿出他的钱包，把我的假钞跟他换了一张真钞。

过了一天后，他还是发现了。因为那张假钞他曾在我来时看到过，所以他发现时就知道是我跟他换了。当时他也没有说什么，就是把我赶了出来，不要我住在那里了。

唉，可悲啊！那么大的人了，还做出这种不要脸的事来。其实，就算他们不赶我，我也不好意思再住在那里了。从那以后，一年多的时间里，他们看到我都不跟我耍了。

还有一次就是在广东，那时我在顺德北滘当保安，大舅和舅娘及大表弟二表弟他们在顺德江义上班。平时休息我都会去大舅那里耍一天两天，到了该上班了才离开。我还记得是在2005年正月初，我去了他们那里耍，晚上没有回北滘。跟大表弟一起睡的，早上他们都起来上班去了，就留下我和二表弟在家里。我起床时，正好看到二表弟的手机在枕头边上放着，他又正在呼呼大睡。顿时，我心里又起了歪念。我想，我的手机坏了，加上现在又没有钱买，我又正在耍女朋友，没有手机多不方便。如果有了手机联系岂不是更好，于是我就悄悄地把二表弟的手机拿走了。

因为当时心里有点紧张，没有细看手机，等我回到北滘才发现我只拿了手机没有拿到电池，就等于没有用。我在租住的屋子里想来想去，决定再去江义拿电池。

那时的我也挺笨的，本来大舅他们根本没有怀疑是我拿的，就是我又接着回到他们那里拿电池，在我走后他们又发现电池不见了，这才怀疑上我的。

后来不久，大舅打电话给我，说他们知道是我拿了二表弟的手机。不过他们没有责怪我，只是跟我说他们都没有在那里上班了，去了贵阳做炒鸡生意。以后就剩我一个人在顺德了，要我好自为之，好好上班而已。我听了后心中特别愧疚，觉得对不起大舅他们。其实我当时跟他们说明要二表弟的手机，好耍女朋友用，他们也会给我的。

前面抽烟喝酒在我看来倒是没有什么。可后面的几件事，就是我人生之中的悲哀，现在说起来，都还感到脸红啊！虽然时隔多年，他们或许已经忘了，而我也早已改了。但是，当我再次见到他们时，心中都难免还有些尴尬。因为，这毕竟是我一生中最不光彩的事情。也许就是因为这几件不好的事情，让我在其他舅舅的心中留下了不好的印象。才导致他们不愿意借钱给我治疗吧！所以，我们的人生千万不要走错路。稍微走错一步，就有可能会影响到我们的整个人生。

暑假那些事

从我上小学起，每个学期放暑假，我都会自己去挣下个学期的学费，那就是钓青蛙。说起钓青蛙其实是犯法的，青蛙是国家保护动物之一。只因当时农村经济条件差，消息闭塞的山区，只知道青蛙可以是卖钱，可以增加家里的收入。加上当地干部也没人阻止，所以不管犯不犯法，钓青蛙自然而然就成为贫穷农村人家的经济来源之一。那个时候，无论是大人或是小孩都在钓青蛙。

开始的我因为小，还不懂得怎么钓，后来看到那些大哥哥们钓，我才开始慢慢学。先拿刀砍来竹竿，削得趁手后，又拿妈妈缝被子的线，拴在竹竿一头，一根钓杆就成了。再找来编织袋，

用竹子花成条，圈成一个圆圈，和袋口的边缘用针缝起来，盛青蛙的口袋也做好了。一切准备就绪，就扛着锄头，到院墙里挖蚯蚓，然后，把线连结到狗尾巴草上，狗尾巴草再穿过蚯蚓的身体，万事俱备，就出门了。

那时，我跑一天，才钓几个。等到赶集的时候，才几两，妈妈说太少了，等凑多一点再拿去卖。熟能生巧，慢慢地，我逐渐成了钓青蛙的高手，一天能钓到两三斤不等。说到我为何成为了高手？那是因为我长期的实践，累积了很多丰富的经验，才成为了钓青蛙的高手。每次走到一块稻田边看一看，就大概知道，哪些地方有青蛙。然后就尽量不弄出声响，慢慢靠近，只要弄出声响，青蛙就跑了。还有，就是我有耐心，有时遇到青蛙跑了，我基本上都要等到把它钓上来为止。如果碰到不吃的青蛙，我也一样能把它弄到口袋里来，我会在钓青蛙的杆头，用线打一个活扣，用来套它。所以，每次与伙伴们同时出门，甚至我比他们后出门，都比他们钓得多。

还记得，那个时候的青蛙，我从最初的八毛钱一斤，卖到后来的两块五毛一斤，也就是说，我上小学的那几年，一直都在钓，从没有间断过。而且，每个暑假，我钓青蛙卖的钱，妈妈都帮我存起来，等存到开学了，妈妈再拿出来，给我交学费。那个时候，我也很自豪。因为，我钓青蛙卖的钱，基本上都够我的学费，爸妈他们也夸我厉害呢！

因为我还小，当然也不会脱离儿时顽皮和玩的天性。虽然每天我都和村里的伙伴一起去钓青蛙，可我们都很有规律。早上，大家都会聚到一起，一起出发，一起回家，在中午回家的时候，就说好，今天吃了午饭，到谁家集合。由于天气很热，待到我们聚齐了，就先去池塘或河里洗澡，洗到下午三点过就不洗了，然后一起去钓青蛙了。

我会游泳，也就是在钓青蛙的时候学会的。也付出了代价，就是差点淹死了。

那是一个很热很热的夏天，我的同学文廷平吃完午饭，带着另外两个学弟来我家。等我吃完饭后，我们就一起去了离我家不远的池塘，他教我游泳，我也算聪明，才学了半个小时，就会了。然后，我们又去钓青蛙，走到外婆家不远处的一个水库旁，由于天热，我们又去洗澡。因为不熟悉水里的环境，我在游累了的时候，就想停下来休息。我看到文廷平也站在水里休息，于是我游向他，到他身边不远的地方停了下来。谁知我停的地方曾经有一口水井，正好掉下去了，喝了些水。当时的我，心里也没有发慌，还试图潜水游出去，但是没有成功。文廷平见状，游了过来，一把抓住我，把我救了起来。关心地问道："唐刚，没事吧？先到边上休息一下。"我还笑着说："没事。就是喝了几口水，幸亏有你，不然我怕是要'交代'在这里了。"文廷平也笑道："说那些干啥子哦！小事情，不看哈我们是啥子关系！"我乐呵道："是的，铁哥们嘛。无论哪个遇到事情，都会'肘'起。"我们在淡笑中穿好衣服，一起钓青蛙去了。

这是我人生中，第一次面对死亡。后来还有一次，也是在暑假钓青蛙发生的，不过那次是救人。那天我们一行四个人，也是在钓青蛙的时候洗澡，我的亲堂小舅舅，他也是刚学会游泳，和我上次的情况大同小异。我看到后，立即游过去，救他。当我游到他身边的时候，他正好从水里冒出来，看到我就死命地抱住我，不肯松开。因为他把我的手和脚都缠住了，让我在水里无法活动。我心里也没有慌，深吸一口气，沉到水底，在水底行走。然后，我借力往水面露出吸气。我的干哥哥刘强看到，也立即游

过来救援。这时我正好又准备下沉水底行走，小舅舅又一把抱住了我的干哥哥。我干哥哥同样被死命抱住，幸好他的腿能动，慢慢地带着舅舅远离了深水区。

事后，小舅舅说他喝了好多水。我们告诉他，被淹了心里千万别慌，更不要害怕，尽力做到不要动，要冷静。因为人在水里不动，会产生浮力，当救你的人到后，你只需要轻轻地把手放到他的肩上，配合着救你的人，这样才能更好的帮助你远离危险，像你刚才的反应，会导致救你的人跟你同时遇险的。他只是笑了笑，说以后会注意的。通过这件事情，让我也吸取了教训，救人得从他后方靠近。直到现在，我都刻骨铭心。也许，小舅舅早就忘记了我们不顾危险救他的这份情了。

每一个暑假，其实都有着很多新鲜有趣的事。

你们听说过有借青蛙的事情吗？

有一次，我们钓青蛙的时候，因为下大雨，大家就在一起打牌输青蛙。我的运气很好，赢了很多。而我的同学，文廷平，他把钓来的青蛙输完了，回家怕被他爸妈骂，还跟我借了几只青蛙才敢回家。后来，我们长大后，同学聚会，每次提起这件事情，大家都捧腹大笑。

待我稍微长大一点时，钓青蛙都是跟我的两个干哥哥一起钓了，偶尔有一些时候也会带着其他的伙伴一起。我们会走很远的路，去很远的地方钓。中午饿了，就在路边的商店里，买些饼干来吃，吃完继续去钓，待到我们回家时，天早已经黑了。因为害怕鬼，我们在回家的路上，就会唱歌来壮胆。那时的我最爱唱是的"连枪谣"。"连枪谣"是我们当地春节过年时，耍"大龙灯"、"狮子灯"、"牛儿灯"中的小节"打连枪"中的一段，也是我们四川的一项非文化物质遗产之一。"打连枪"没有特定的歌词，大多数是现编现唱。我记得我当时唱的词是根据我大舅他们耍"牛儿灯"时唱的词加以改编的，我唱一句，他们就配合我和声一句，好不开心。

连枪谣

手提连枪儿嘛打得一哟身的响嘛

（和声：溜哦溜连溜哦）

今天我到这位大哥门前说一段啦

（和声：溜啊溜得连得海棠花）

我那隔壁有一个叫张大的嫂嘛

（和声：溜哦溜连溜哦）

有一天我赶场从她门前的过啊

（和声：溜啊溜得连得海棠花）

她就叫了我一声嘛唐大的哥嘛

（和声：溜哦溜连溜哦）

我就连忙停下来把口开啊

（和声：溜啊溜得连得海棠花）

她就在我耳朵面前悄悄地说嘛

（和声：溜哦溜连溜哦）

她的意思是给我找个好媳妇儿啦

（和声：溜啊溜得连得海棠花）

我就问那姑娘的长相是怎么样嘛

（和声：溜哦溜连溜哦）

她说十里八乡没人能比得上啊

（和声：溜啊溜得连得海棠花）

我还问那姑娘的性格好不好嘛

（和声：溜哦溜连溜哦）

她说温柔大方不说还善解人意呢

（和声：溜啊溜得连得海棠花）

我就叫媒人婆三天之后来见我嘛

（和声：溜哦溜连溜哦）

三天后她果然带着那个姑娘来了啊

（和声：溜啊溜得连得海棠花）

我一看那姑娘的身上嘛

（和声：溜哦溜连溜哦）

疙腻（污垢）起码都有那二指厚啊

（和声：溜啊溜得连得海棠花）

再一看那姑娘的长相嘛

（和声：溜哦溜连溜哦）

不仅是对眼歪鼻还有一脸的麻子呢

（和声：溜啊溜得连得海棠花）

我就连忙问那张大的嫂嘛

（和声：溜哦溜连溜哦）

怎么跟你说的出入相差这么大呢

（和声：溜啊溜得连得海棠花）

你能说上媳妇就不错了嘛

（和声：溜哦溜连溜哦）

这还要感谢你的祖上积了德呢

（和声：溜啊溜得连得海棠花）

当天我就跟那姑娘结了婚嘛

（和声：溜哦溜连溜哦）

没想到她第二天就要回娘家了啊

（和声：溜啊溜得连得海棠花）

她就叫我跟她洗衣裳嘛

（和声：溜哦溜连溜哦）

我不管三七二十一随便搓一下啦

（和声：溜啊溜得连得海棠花）

婆娘看了就把我一顿臭骂嘛

（和声：溜哦溜连溜哦）

我不服气就跟她一顶上啊

（和声：溜啊溜得连得海棠花）

婆娘就拿起一把菜刀来砍嘛

（和声：溜哦溜连溜哦）

我嘛（吓）得连忙朝那床底下钻啦

（和声：溜啊溜得连得海棠花）

我心想这哈（下）就躲过了嘛

（和声：溜哦溜连溜哦）

没想到那狗日婆娘拿千担剁啊

（和声：溜啊溜得连得海棠花）

我又连忙捞（拿）个夜壶来挡着嘛

（和声：溜哦溜连溜哦）

不然我这条老命就要在那床底过啊

（和声：溜啊溜得连得海棠花）

合唱：

四季花儿开 四季花儿红哟喂

长坂的坡啊赵哦子龙啊

— 25 —

长坂的坡啊赵哦子龙啊

就这样，我们一路放声歌唱，一路蹦蹦跳跳地往家里赶。

说到鬼，我们还真遇到过。

有一天，钓青蛙回家晚了，天快黑静了。等我们走到一个大人们常说有鬼出没的地方时，看到了一个小女孩躺在路上。我和干哥哥还上前叫她，说："小妹妹，天黑了，你怎么还在这里睡着？"她没有回答。我又说："你住哪里，是哪家的？我们送你回去。"还是没有回答。走在我和干哥哥后面的另外两个同学，因为他俩爱吃高粱秆，在路上看到甜的，就一路折。所以走在我们后面，等他俩赶上我们的时候，奇怪的事情发生了。"你们俩怎么跟一个稻草人说话哦？你们读书读傻啦！稻草人能回答你们的问题吗？"那两个同学笑话着说。"你俩眼睛花了吗？明明是个妹妹，你们怎么说她是稻草人呢？"就在我们争辩的时候，躺在地上的妹妹在我们眼皮底下突然消失了。这下，大家慌了，拔腿就跑，一口气跑了好远好远。

回到家里，我们都把今天回家时遇到的妹妹，和另外两个同学口中的稻草人的事情，告诉了各自的家人。过了几天后，听到当地的人们说，那晚我们是遇见鬼了，我们说的小女孩和稻草人，就是那谁谁谁家的女儿，因病刚刚死了，埋在那里才几天呢。说是她在那里现身，正好被我们碰到了。后来，我们有好长一段时间，都不敢从那里过。呵呵。也许是我们都眼花了，也许是当时确实有个人，也许她趁我们不注意时走了。不管是不是真的？至少我们是信了。

说起那时的我，有着太多太多说不完的有趣事。即使是很小的一件事情，都是我一生中最珍贵的记忆，难以忘怀！如果时光可以倒流，我还想再回到那个时候，再做一次懵懂的小孩。他，无忧无虑，只为了那一点点快乐而快乐，从不知道什么是忧伤和痛苦。

那样的日子多好！

自学武术

说到武术，可能大多数人在小的时候都很喜欢和崇拜吧！我不止是小时候，甚至长大了后都还一直喜欢。我记得我是看了当时的电视剧《雪山飞狐》、《神雕英雄传》和电影《少林寺》后就非常喜欢武术。总幻想着自己可以成为绝世高手，轻功独步天下。成为一个浪迹江湖，行侠仗义，受世人所敬仰的英雄侠客。看到里面那些精彩而又难的动作就想学，总是一人在家打来打去的，不仅损坏了家里不少的东西，还挨过爸爸妈妈的打和骂。

有一次我为了做一枝红缨枪，竟然把妈妈做衣服的一匹红布给剪坏了。那是在看了《少林寺》后，我正在家里练来练去的时候，看到墙角有一个铁的东西，非常像红缨枪的枪头（其实，那就是农村人家里用来撬高粱的一个小铁撬）。我就拿起菜刀到我家的杉树林里砍了一棵手能握住的杉树，费劲了所有力气才把杉树皮去掉，还把菜刀砍缺了几个口子。初步把红缨枪做好，拿在手里舞来舞去的，总感觉还缺点啥？想着想着就自言自语起来，不就是还差红色的丝带吗？我坐在门槛上歪着脑袋想着，哪里弄红丝带去呢？突然，我想起妈妈房间有一匹红布，那不就是我要的吗。

我高高兴兴地跑进妈妈的房间，在柜子里翻出那块红布，用

妈妈做鞋的剪刀剪来剪去的，最后终于把红缨枪做好了。我特高兴，拿着自己做的红缨枪到处去转耍，还时不时地在小伙伴面前舞动几下。看到他们那羡慕的眼光，我不知有多傲慢，连他们想耍一下我都不准，生怕他们弄坏了我的宝贝。

可是，到了晚上我就神气不起来了。因为我刚刚回家，正好碰到妈妈拿着一根斑竹儿站在那里等着我呢。大家可想而知，我的屁股啊！又是一顿饱餐了。妈妈一边打一边骂道："我看你是不是铁布衫？是不是金钟罩？"我哭着道："哎呦喂啊！我要是铁布衫金钟罩就好了，起码你打我都不怕。"……

后来我在安溪镇制革厂上班时，也用厂里的片皮刀做了一把软剑呢。长约1.2米，舞起来很安逸，那声音就跟电视里的一样。那是我很喜欢的一把软剑。为了做它，我花了好多心思。让厂里的木工帮我做的剑柄，让喷漆工帮忙上剑柄颜色，又让车工用螺丝帮我把剑柄扣在剑身上，最后让缝纫工帮我做了剑鞘。我自己又磨了几天才让软剑闪闪发光，精致无比。现在都还在家里的墙壁上挂着呢。只是，它早已锈迹斑斑，不再是当年闪闪发光的软剑了。

渐渐地长大了一些，就同村里的几个大哥们一起，跟他们学习武术。肖一能最大，他号称铁砂掌，一掌可以劈断三指厚的石板。当然，他打架也厉害，但是从没有欺负过我们。因为，我们在他眼里都很小，加上我跟他还有点亲戚关系。所以，他很是照顾我们。

我们就跟他学鲤鱼打挺，扎马步出拳等。后来他们大的那批毕业走了，我们就自己练习，和三哥刘友川一起。也不知道他从哪里搞来了一本洪拳书籍，我们就照着上面的开始练起来。一直持续了很长一段时间……

还有练轻功。我为此也付出了一点代价。有天我独自在家练习，从地上跳到高板凳上时，由于没有休息和间断，在练到体力不支时没有跳上去，膝盖磕在了板凳的边缘上……把膝盖磕出了一条口子，鲜血直流。爷爷看到后，用他抽旱烟的烟枪跑到我面前，一边骂一边用里面的烟油给我涂上。说："看你以后还学轻功不？活该。"我忍着疼痛说："学，学会了就不会了。"直到现在，我的右膝盖上都还留着那次磕伤的伤疤。

只要练武术，就难免会受伤，我们也从练习武术中，学会了自治。有一次，我和三哥还有刘强哥哥在茶山上放牛羊。在一个一丈高的土坎上练习空中翻。就站在土坎的边缘往下翻筋斗，落地时还得稳稳地站着。排着队地往下跳，跳下去了又从旁边爬上去，一次、两次、三次……也不知道我们翻了多少次？大家就是感觉好玩、开心。又该轮到我了，我站在土坎上，深吸了一口气就往下翻，当双脚着地时，感觉脚腕突然很痛。崴着脚了，三哥知道后马上从土坎上跳下来，挽起我的裤腿，仔细地检查了一下说："没事。"然后他就像一个医生，一边对刘强说，你去扯些铁键草来咬碎待用，一边又在在我的疼痛处轻轻地揉着，趁我不注意时猛地扯了几下。痛得我眼泪都流出来了，三哥很亲切地安慰着我，又把刘强咬碎的铁键草敷在我的脚腕上，让我再休息一会儿。就这样，慢慢地我的脚就没事了。我们就坐在一起休息聊天，谈着各自对武功的向往和长大后要如何行侠仗义的未知事，谈得热血沸腾的……

我们每个人都有一个武侠梦，也许就是受到当时所看电视和电影的影响。从而萌生了我对武侠好奇而又想去探索和坚持不断地练习。直到我到外面打工了，也还在买武侠小说来看。因为喜欢，还收集了金庸的"飞雪连天射白鹿，笑书神侠倚碧鸳"等名著呢。

期盼放寒假

寒假，虽然带着凛冽的寒风，却是我们的期盼。每个人小的时候，都期盼着放寒假。因为，放了寒假，那就意味着过年了。我想，大家在小的时候，都会有此盼着吧。而我，同样不例外，放了寒假，在寒假里不仅好耍好玩，紧接而来的就是春节。春节，过年就更开心了，有好吃的不说，还有新衣服穿，可以到处去玩，跟着爸妈走人户。那时的我，最喜欢走人户，因为走人户不仅有好吃的，而且，还有压岁钱拿。

而每次过春节前，也就是放了寒假的时候。妈妈都会安排我要做些事情。那时，除了把老师安排的作业做好。我基本上每天要做的，就是上山跟我的干哥哥一起，他放牛，我放羊。而在我们放牧的同时，我们俩还自练武术。开始，我们从基本的马步、鲤鱼打挺，练到少林洪拳，再到后来的散打。经过了很多辛苦的付出，虽说不上什么高手，可自己的身体却越来越好。为了练武术，我们年幼的身体上，也留下了伤疤。我们在没有专业师傅的指导和指点下，自己练就的所谓的功夫，让我们吃尽了苦头，也挨过爸妈的骂，但是在我看来，一切是值得的。那时的我，至少没有得过病，就是感冒也没有过。

到了下午，我又跟着我的干哥刘友川，去割草。割草是为了过年的时候，我们可以出去玩，而不用去放牛放羊储备的饲料。等到草割好了后，我们就玩，甚至在家里拿出鸡蛋，油，盐巴，铁盆到山上煮来吃。最让人难忘的一次是，和邻居家比我大五岁的哥哥，还有村里的好些伙伴们，一起煨锅锅宴。那次，我在家里拿了几个鸡蛋，邻居哥哥拿了锅和油盐，其他的伙伴，有的拿肉，有的那白面等等。当鸡蛋煮熟的时候，那些比我们大的哥哥，就叫我们小的去捡柴。我说："鸡蛋熟了，吃了再去。"他们却说："还要拿来敬菩萨，等你们捡柴回来就差不多可以吃了。""哦哦。要得嘛！"我们极不情愿地去捡柴去了。等捡柴回来一看，鸡蛋没有了。我急忙问道："鸡蛋呢？"大哥哥们回答："菩萨吃了。""哦哦。"由于我们还小，不太懂，当时也没有说什么。

回家后我告诉爷爷，跟他说："今天我们在山上煨锅锅宴，鸡蛋煮好了没有吃成。""为啥子呢？"爷爷问道。我说："因为我们煮好的时候，就拿来敬菩萨，然后我又去捡柴了，回来就没有了，大哥哥说被菩萨吃了。""我看是被他们那些活菩萨吃了吧！"爷爷笑道。"活菩萨又是啥子菩萨啊？"我还傻傻地问道。后来我才理解到，爷爷当时口中所说的活菩萨是谁？呵呵，那时我们傻吧！

长大一些的时候，我也在寒假里挣钱，每天都去稻田里抠黄鳝和泥鳅，待到赶集的时候就拿去卖。那时，不管天气如何寒冷，我都不怕，每天提着一个竹笆篓在田里转。手冻僵了，就找一些干柴点燃烤一烤，等手不再僵了，又去田里抠。虽然我抠黄鳝不是什么高手，但每次赶集，也能卖几十块钱。当钱拿到手上时，经历的所有的寒冷都被驱走了，带来的，就是满满的一份快乐和自豪。

爷爷在世的时候，每年农历 23 日晚上，都是爷爷敬灶王爷。我看到爷爷杀完鸡，煮熟成整个的，用盘子盛了，放在门前的竹子板凳上，地上摆满香烛钱纸，嘴里还念念有词的膜拜着。大概意思是说，让灶王菩萨保佑我们全家安康。然后到厨房里，又摆上，继续膜拜。等第二天早上我起床做饭的时候，就可以拿灶台上敬灶王

— 31 —

菩萨的糖来吃了，还给妹妹留一些。听老人们说，敬菩萨的糖吃了不生病，不知道是真还是假？那时的我只管能吃就行了。

到了除夕夜，同样也是爷爷接灶王菩萨回来。爷爷过世后，就是妈妈做这些事情了。而每年的除夕前一两天，爸爸跟妈妈就会买过年吃的，用的，穿的等年货。待到吃完年夜饭，妈妈就把吃的拿出来，放到桌上让大家一起吃。爸爸就去拿买来的烟花来放，我跟妹妹也嚷着要放，爸爸也会给我们放。玩到睡觉时，妈妈就把新衣服拿跟我和妹妹，让我们早上起床时，再穿上。

大年初一早上起来，我和妹妹首先就让爷爷坐好，然后跟爷爷跪下拜年，并祝福爷爷长命百岁！爷爷微笑着从他兜里拿出他早就准备好的压岁钱分给我和妹妹。之后就是跟爸爸妈妈拜年，祝福他们健健康康！完了后就吃早饭，吃完早饭后全家一起出门去跟奶奶上坟，祭拜奶奶。完事了我就跑了，去找伙伴们玩，漫山遍野去捡鞭炮来放。

之后的半月里，就是走人户了。今天这家，明天那家。有时一天就是好几家，还走不过来。让我印象最深刻的是，跟着爷爷去幺舅公家。那是每年都去的一个地方，幺舅公是奶奶的弟弟，他生日就是年初一。所以，他每年初二才办生。由于他家有点远，又要过河，我跟爷爷在每年初一的下午就要去。后来有了妹妹，也跟着去，在幺舅公家要玩两三天才回来。回来后，就是去外婆家，舅舅家耍。我喜欢去外婆家，因为，那里有我大舅家的两个表弟，三舅家的三个表妹，还有幺舅家的一个表妹。大家一起很好耍，我们打牌，到河沟里摸鱼，抓螃蟹，到山上掏鸟窝等等。而且每次我去外公外婆家的时候，外公都会给我好吃的，外婆早上还要煮鸡蛋给我吃。他们特别疼我，呵护我。因此，我也喜欢去他们家耍。

刚上中学就打架

当时间蜕变，那些青涩的时光，已成我永远无法追回的逝水，当天使遗落的时候，谁还会眷顾我那曾经没有好好学习的懵懂岁月。

然而，逝去的光阴，再也找不回来了。

时光如长河中的水滔滔向前，从不曾停留半分，最初的感动，最初的记忆，那无数曾深深镂刻心间的丝丝缕缕，原来终究还是要被人遗忘。只留下传说中残存的一丝半点，在悠远的光阴后，被后人不经意说起，曾经的壮烈，曾经的一切，在光阴面前，灰飞湮灭。

经过小学六年的学习，我在 1995 年的下半年，迈入了中学的校园，成为了九八级的学生。报名那天，是爸爸带着我去赵化光第中学。报完名，就跟着爸爸去了他的厂里，爸爸的厂位于富顺县赵化镇花园口。厂名叫"富顺县江阳丝绸厂"，离学校只要五六分钟就到了。我爸爸是厂里的厨师，所以，我上初中后，没有住校，一直住在爸爸的厂里，吃也在爸爸厂里。

报名后接着就考试分班，我成绩不是很好，被分到了五班。听说，一到三班都是成绩好的同学。四到六班就是差的同学。上晚自习的时候，老师来了，就是我们的班主任老师。他叫王鸿宇，是教地理的，戴着眼镜，看起来显得和蔼可亲。可能是大家刚刚来到陌生的学习环境，所以都很规矩，都很认真地听老师讲。待老师讲完之后，就让我们大家自我介绍一下。等介绍完了，老师让我们跟着他一起唱歌。上初中的第一个晚自习，就这样在歌声中过去了。

下了晚自习，我回到爸爸厂里，爸爸早就给我做好了夜宵，是肉丝炒饭，很香。爸爸的宿舍就在伙食团的旁边，方便爸爸上班。那晚，我没有睡好，因为厂里的机器声音很大很吵，让我无法入睡。爸爸又在三点过就起床了，我也跟着起来，跟他到伙食团陪他做包子馒头。等到六点的时候，就去上早自习。从那以后，我都是按时上学放学。到了星期五下午放了学，就回家帮爸妈干点活。

开始的时候，我星期天下午去学校和星期五下午放学回家都是坐车。后来爸爸下岗了，爷爷去世，家里经济条件不好了，我就开始走路去学校，回家也走路。从我家到赵化，走路需要两个小时左右。同在我们家乡的，也有在赵化读书的。所以，我们每次去学校或从学校回家，都相约一起走，在路上也有伴。虽然路途远，但是我们听老师的话，相互照应，一路有说有笑地，从没有觉得累。有时碰到熟人的运沙船，我们就搭顺风船。

上初中才几个星期，我就和班里一个叫张波的同学打架。我很清楚的记得，那次，我的背上被他捅了三刀，当时鲜血染红了我的衣服。那些女同学看到，都吓哭了。还有那些男同学，也都上来拉住我们，用力地把我们分开。

那是在一个没有老师的晚自习课，我坐在中间第三排，和我同坐的同学叫陈俊波。而张波就坐在第二排，我的前面。由于没有老师，我身边的陈俊波就和张波开玩笑，用脚踢他的屁股。张波回过头来，很不友好地看了我一眼，就又看他的书了。而陈俊波，则在一旁偷偷地笑，他是因为我被张波误会而笑。所以，他觉得好玩，便又去踢张波的屁股。同样的是，张波又以为是我，因为他回头正好看到我也在笑，就更加确定是我了。便发火道："是不是要踢？"我说："我又没有踢你。"他没有说话了，又看他的书了。这时陈俊波又要踢，我便阻止他说："你还踢，他都发火了，以为是我呢。"陈俊波只是偷偷地笑着，同时他又踢了张波一下。这次可惹急了他，他二话没有说，起身转过来就在我的背上捶了三下。当时，因为我没有感觉到痛，所以我还以为他只是用拳头在我背上打了三下而已。我急忙跟他解释说："真的不是我踢的，是陈俊波跟你开玩笑呢。"他骂道："你妈的，不是你还有哪个？"我听到他骂我，我马上就说道："你为何骂人？嘴巴可要放干净点。"

　　这时，坐我后面的女同学说："唐刚，你背上流血了，衣服都红了。"我一听，马上让她帮我把衣服撩起来看看。后面的同学纷纷围上来，帮查看，然后到道："有三道伤口，正在流血。"我顿时怒火燃烧，起身就是连环拳，击到张波脸上、额头上、胸上，当即把他打到在地上。就在他倒地的同时，我才看到他手里拿着一把水果刀。我心里的怒火燃烧得更旺，飞起一脚踢在张波的背上。他爬起来，手握小刀朝我刺过来，同学们纷纷躲避。这时教室里哭喊声震天，乱成一团。我躲过后一手抓住他拿刀的手，一手又是几拳打在他脸上，只见他脸上也直流血，刀也掉在了地上。然后，我又把他按在地上，用膝盖抵住了他的脖子。怒

火攻心的我,这时被男同学们强行拉开了。还有一些同学,挡在我们中间,不让我再打张波了。老师也进来了,第一时间就是把我和张波一起送到了医院,进行治疗。

在医院的时候,我爸爸也来了,看到我满身是血,就问那个干的?这时医生正在给我处理伤口止血,示意爸爸别吵。经过医生处理后,说我的三道刀伤有一道很严重,需要住院治疗。而张波的伤,都是皮外伤,只要每天换一次药就没事了。我爸爸听说伤我的是用刀捅的,爸爸就报警了。后来,警察介入调查,了解详细情况后,让张波家人承担我所有的医药费用,还把张波带走了。

张波家人怕我爸爸起诉他,就带着老师一起到爸爸厂里跟爸爸求情,让我爸爸别起诉。说就算起诉,孩子那么小,也就关几个月而已,别耽误了孩子学习。老师也说确实是张波不对,何况他还认错了人,误会了唐刚,还用刀子杀人,触犯了法律。孩子也知道错了,希望我们能够原谅。爸爸本来就是个老实人,心又好,想到他们也承认我的医药费由他们出,还给我送饭,也就没有起诉。但是,由于张波触犯了法律,虽然没有被爸爸起诉,还是被拘留了一个星期。

没有过几天,我在爸爸和张波家人的照顾下,很快就恢复了。医生说伤口长得很好,没有什么问题,可以出院了。等我返回学校,张波也来学校了,还在班上跟我公开道歉。我也接受了他的道歉,也没有跟他计较,事情都过去了。因为以后,我们还要继续一起读书写字,还要做同班同学,还要相互帮助。我们在老师的见证下,握手言和。至于陈俊波,他受到了老师的处罚,罚他打扫教室两个星期。

冬季田径运动会

　　这件事后，班里就有些同学开始崇拜我，都说我好厉害。上体育课的时候，还让我教他们学习武术呢。就这样读了半期多了，学校举行田劲运动会，让大家参加，我当时没有去报名。谁知，体育老师居然把我给举荐上去了，还做主报了跳远、跳高、男子八百米比赛和男子三千米比赛。而且还是到了要比赛的前一天才告诉我，准备明天参加跳远和跳高比赛。我一听慌了："我没有报名啊！怎么会让我去比赛？"班主任老师答道："是体育老师给你报的。他说，你会武术，还从小就开始练起，肯定有能力参加比赛。"我无奈的苦笑。心想体育老师怎么出卖我呢？其实，我在初中的时候，也只有跟体育老师合得来，我们经常在上体育课时，一起聊天。现在他把我报上去了，没法子挽回，也只硬着头皮有上了。

　　第二天早上，吃完早餐，就去学校了。等着比赛开始，由于我没有准备，待到比赛的时候显得很紧张。第一场跳远比赛完下来，我得了第五名。而第二场跳高比赛完毕，我同样成绩不好，只得了第八名。当天我就这两场，比赛完之后，老师还是夸奖我说不错。然后就让我回家休息，准备一下，等明天上午参加男子八百米的一场比赛。

　　为了明天的比赛，我回到爸爸厂里，就开始准备。让爸爸帮我找来他们厂里不用的丝绸，剪成宽约五寸长约三米的条，用来绑在小腿上。晚上的时候，我还到马路上试试了，感觉很好。回

到厂里已是晚上十二点过了，这时爸爸也准备好夜宵了。我匆匆吃过夜宵，休息了一下，然后又开始练拳。练一会儿，休息一会儿，直到凌晨三点过才睡觉。

早上起床，我又跑了二十多分钟。才拿着碗到伙食团，要了两个馒头，一碟泡菜和一碗稀饭。吃完饭，我又慢慢地去学校。到了教室，同学们好热情，而这种热情是我到学校来没有过的，让我感到手足无措。特别是女同学，她们围着我说："唐刚，你要加油哦！不要让我们失望！"我说："算了，你们别跟我加啥子油了。我怕我会让你们失望呢！何况，油多了会滑到。所以，你们别把希望放在我身上。""我本来就没有打算参加比赛的，谁知被体育老师给坑了。"我继续说道。这时，班主任说："别灰心嘛！凡事尽力而为就好了。只要你努力了，就是好样的！知道吗？""哦哦。"我不在意地回答着。

比赛时间到了，我在同学们的热情包围下来到操场，好像怕我逃跑了一样。开始，第一场预赛，我跑到了最后。休息五分钟后正式比赛，我来到跑道的第八跑道，听着口令，慢慢弯下腰，把手按在起跑的边缘上。随着一声枪响，我跑了出去，只听见耳边的风声呼呼地炸响，到了终点，我是第二名。同学们欢呼着，跑向我把我抬起来了，还朝天上扔。女同学则来拿矿泉水，来到我身边给我喝。"帅哥，辛苦了，请喝水。"我心里一麻，回头一看，是班上的高燕同学。就是因为她这一叫，从此，我这个"帅哥"的绰号就在班上出了名。

比赛的第三天，也是我最后一个比赛了，男子三千米长跑。比赛之前，老师，同学们都围着我说："你只管跑，我们帮你数圈数。"老师还说："开始别用全部力气，等到最后两圈的时候，你才全部用上使劲冲刺。"我说："老师，说实话，我虽然从小开始自己练习武术，但我还真没有试过长跑，不知道自己能不能跑下来都还是个问题呢。"老师又说："不要紧，这个确实是要看个人的耐力强不强，我们不需要你能拿名次，只要能坚持跑完全程，就是我们班上的骄傲。""嗯嗯，唐刚加油！"同学们附和道。我轻轻地点了点头道："好的，我尽力就是了。"

比赛开始了，我起跑后，就一直跟在前面的六七人后面。当跑了一半的时候，我看见跑道上的人越来越少，由开始的二十多个变成了十几个。同时，我们之间的距离也越拉越远，而我也是落在了八九人后面。当我们又跑完两圈的时候，有的同学就停下休息，有的就开始慢慢地走，我也好想停下来走，甚至还想退出了，真的累得不行了。这时，守在跑道边上的女同学，看到我跑近她了，马上跑上来把白糖水给我，让我喝几口。另外的一个女同学还递来矿泉水，我接过矿泉水，一路小跑着，喝了几口就全部倒在了身上。当跑到还剩两圈时，同学们开始为我加油了，大声地喊道："唐刚！加油！唐刚！加油！"我听到喊声，知道还剩两圈了，要冲刺了。我使劲开始加速，跑啊！跑啊！超过了前面的一个又一个同学……而这时的我已经恍惚了。感觉自己没有跑一样，而是在飘，我知道自己体能超限了。当我跑过终点的时，恍惚听到同学说："唐刚，你跑了第二名。"这时的我，已经撑不住了，天旋地转，身体不由自主的倒了下去，但是我却没有倒在地上。因为当时正好有几个女同学等在终点，在我倒下的时候，有同学一把扶住了我。让我倒在了她们的怀里，真是香玉满怀啊！然后，她们着急地用扇子给我煽风，同时还给我喂白糖调的温水。

隐约中，我听到老师问她们："唐刚怎么样？""应该没事，就是太累了，没有力气了，休息一会儿就没事了。"同学回答道。

大约半个小时后，我的体力开始恢复了，慢慢地在同学们的搀扶下，回到了教室。同学们都夸我，说我好厉害，要是他们，早就在中途放弃了，而我不但没有放弃，还拼了全力拿到了第二名，把自己累倒了，要向我学习。老师也夸奖我："唐刚，你真的好棒！不但没有让我们失望，还给班级争了光。我还希望你在学习上，也能这样努力，做一个全面发展的好学生。"就这样，我在同学们的赞叹声中，度过了身体疲惫但心情特别的一天。现在让我明白，做任何事情，只要你还没有真正地倒下、只要你继续坚持，就一定会成功。因为，我们往往离成功就是一步之遥而已，再坚持一下，一切就会更好。

收到同学"挑战书"

具体时间，我已记不清了。只记得，那是我们学校的教学大楼建好后，从原来的旧教室搬到了新建的教学楼里。那个时候，也是快期末考试了。我们九八级五班的教室，就在教学楼的二楼。而我，就坐在第五排走廊的窗边。

有一天上午上地理课，下课后，我正在复习地理。坐在我斜对面第一排的同学李强，他就在窗子外面按我的头，和我闹着玩。我说："别闹了，我要看书呢。"他讽刺地说："哎哟！帅哥好久变得这么认真了？想当三好生吗？放心，我批准你做三好生。""爬哟！谁说我要当三好生了？我不就只是看看老师安排的课程而已，何况快期末考试了，还是要看看啊！"说完后，我又继续复习。而他，却还是不肯放弃，趁我看书的时候，又来按我的头。我抬头一看，他又跑远了，当我再次看书时，他又来按。我火了，警告道："你再闹老子不客气了。"他没有回答，跑远了。

我又开始继续看书，谁知他又来了。我从座位上站起来，把头伸到窗外，同时用手指着他再次警告："你再闹信不信老子捶死你？"他听到这么说，也不服输的回答道："我就是要闹，你能把老子怎样？"我说："你试试！"他还真的直径走过来，把我头一按说："我按了，你捶死我撒。"我离开座位，指着他："你别跑，等着。"我走出教室，来到他对面就是一拳，把他鼻血打出来了，刚好这时上课铃响了。他擦着鼻血走进教室，指着我说："放学后单挑。"我说："我还怕你不成？"

在上课的途中，趁老师在黑板上写字时，他就回过头来看着我，嘴里不知道在说什么？我也没有理他。快要放学的时候，他让另一个同学给我递来一封挑战书。我打开一看，书的内容是：中午一点，河边中坝，不见不散。李强。我看了后，若无其事地收起来放到兜里。放学后，就在我就回爸爸厂里的路上，他追上我说："记得一点钟的约会。"然后就走了。

我也没有在意他说的话，回到厂里，和往常一样，打开门拿着碗筷去了伙食团，让爸爸打了半斤饭，一份青椒肉丝，端到食堂里跟爸爸厂里的那些人一起吃。吃完饭，我去了厕所。其实，我是去厕所就是偷偷地抽烟呢。因为怕爸爸知道，就只有每天假装上厕所之名，到厕所里抽烟。上完厕所后，我回到宿舍，躺在床上，正想着我去不去赴约的事情。由于是夏天，又快期末了，那个时候的太阳又大，加上天气特别的热，我就没有去赴约。在宿舍里，美美地睡了一觉，醒来后才去上学。

当我来到学校时，同学们纷纷围了上来道："帅哥，你惹上麻烦了。"我突然感到莫名其妙的，问道："我惹到啥子麻烦了？

你们说清楚点。"其中一个女同学道:"今天中午你是不是约了李强在中坝单挑啊?""是啊!但是我首先声明,不是我约他,而是他约我。由于天热,我没有去。"同学说:"那就是了,今天中午,李强把腿摔断了,可惨了!你说是不是跟你有关?可能要找你赔钱呢!"我辩道:"这跟我有啥子关系哦!凭什么找我赔钱?"这时上课铃响了,数学老师走到教室,刚刚讲了没多久,班主任老师来到教室门口,跟数学老师说有点事情需要我去一下教导处,数学老师点了点头,然后让我跟着班主任走了。

老师把我带到教导处,我在外面叫了一声"报告"。听到里面的老师说:"进来。"之后我走了进去,看到了校长,还有几个主任,另外还有两个派出所的警察在那里坐着。这时他们告诉了我叫我来的原因,他们说:"今天中午,你的同班同学李强,在一点过的时候,爬墙想进入教室,从二楼摔了下来,把腿摔断了,现在在医院里。据他爸爸说,跟你有一点关系!所以我们就来了解一下情况。"我听了后,心里更加不怕了,因为我想,如果我赴约了,可能会有些牵连?我没有去赴约,那就谈不上赔钱的事情,是他自己爬楼摔的,跟我一点关系也没有。所以,我就很镇定站在那里,等着他们问话。经过一个多小时的一问一答,他们让我继续去上课了。

我回到教室,同学们都问我怎样了?有没有事?会不会让你赔钱?等等一系列的问题。我说我也不知道怎么处理,反正我觉得我自己是没有错的。这件事就在同学们的胡乱猜测中,直到期末考试的来临,被逐渐淡忘了。因为,从那天和派出所的谈过后,就一直都没人再来找过我。所以我当时的想法也是对的,这件事确实跟我无关。

而李强,到期末考试时,他也没有来。我想,应该是还没有康复吧！到下半年开学，我才看到他，他也没有再提那件事情。而我和他，后来因为经常在一起耍电子游戏，又成了好朋友。

期末考试后，我第一次考了第一名，受到了班主任老师的鼓励和嘉奖，不过只是地理一科而已。其他的科目，都是中等。我从上小学到初中以来，我的学习成绩一直都是中等。这次地理能考第一名，是因为地理老师是我的班主任老师。所以，在他上课的时候，我真的听得很认真，从没有开过小差。

沉迷电子游戏

到了第二个学期，表弟因为也在光第中学读三年级。大舅就让表弟也搬来爸爸的厂里，和我一起吃住，一起上学。那个时候，我和表弟形影不离，感情本来就很好的我们，突然在一起上学放学，都很高兴。所以，只要一个去哪里？另一个也会跟着。

不久后，由于爸爸厂里的生产出来的丝绸卖不出去，效益不好，爸爸下岗。爸爸下岗后，我和表弟还是住在厂里，只是，我们都到学校蒸饭吃了。慢慢地，我跟着表弟一起去电子游戏室玩。开始的时候，也只是下了晚自习才去玩一会儿，玩得差不多了我们就回厂里睡觉。后来，我逐渐玩上瘾了，连上课都不去，甚至整天整天都不去上课。一直呆在电子游戏室，吃饭都在里面吃。

记得当时，我们爱上了一个叫恐龙特工的游戏。我们俩配合，很轻松的就打翻带了，成了游戏室里，爱玩游戏的人中高手。为了玩游戏，把钱用完了，我还把从家里带来的米都拿一些去卖了。有些时候，我们把饭蒸好了，却没钱打菜吃，我们就去

地里偷菜，拿到厂里自己炒。表弟放风，我打开伙食团的门，在里面做菜，做好了就把门关好，拿到宿舍吃。因为长期缺课，在放暑假的时候，妈妈还被老师叫到学校，和老师一起批评我。让我在暑假里好好反省，希望下学期有所改变，努力学习。

我拿着考得很差的成绩单，跟妈妈回家后，挨了爸爸一顿揍。在暑假里，我和读小学时一样，又拿起竹竿去钓青蛙。就在快要开学的时候，爷爷病倒了。几天后，爷爷去世。

爷爷是个爱喝酒的人，酒和'美食'就是他的命。

有一天我钓青蛙回家时，看到他躺在堂屋一则的门板上，青蓝二色的老衣放在他雪一样白色的头发旁边。

这是要落气了吗？

但奇怪的是：门板的旁边摆了一只竹凳，竹凳上面放了三碟平时爷爷最喜欢的荤菜，一只印了'赵化镇江阳丝绸厂工会纪念'的搪瓷盅里，盛了半盅高粱酒。爷爷咂了一小口酒吞下，将酒盅递给父亲，父亲咕咚了一大口……他们完全像在节日里吃家宴一样，风平浪静，无关生死。

爷爷用筷子夹了一支干煸泥鳅给我，我犹豫着没有去接，父亲推了我一下，让我接了，我仔细地咀嚼着香脆细化的泥鳅，还未吃完，爷爷又夹了一块飘香五花肉给我。

爷爷这才说："唐刚啊，爷爷要死了，爷爷今后不能做干煸泥鳅、飘香五花肉和麻辣兔子肉给你吃了，你只能吃你父亲做的啦！"说着，爷爷一只眼流下一滴眼露水。

爷爷去世那晚，我和妹妹都睡着了。突然，爸爸把我们叫起来，说爷爷快走了，让我们赶快起来看看爷爷。我跟妹妹来到爷爷面前跪下，爸爸妈妈也跪着问爷爷还有什么遗愿？

爷爷断断续续地道："我死后，你们别伤心，我早晚也会死。

你们都好好活着。"然后爷爷又对我说:"唐刚,你要努力读书,听你爸妈的话。爷爷就只有一个要求。希望我死后,每年的初一天,你能来看看爷爷。"我哭着说:"好。爷爷,你放心吧。"我记住了。

然后,爷爷呼吸越来越急,没过一会儿,爷爷就走了,妈妈妹妹和我都哭了。爷爷临死,似乎也在为不能继续展示他的人间绝活,无限懊悔。

只有爸爸,无声地起身,拿出爷爷病后就买好的鞭炮,点燃放了起来。之后,爸爸让我去通知外公,让外公明天一早就来。我擦了擦眼泪,拿起手电筒,出门了。那时,已经是晚上十二点过了。去外公家的路,是山间小道,密林纵横,到处都有坟,还有好多大人们说的经常有鬼出没的地方。我一路哼着歌,一路胆战心惊地走着,终于到了外公家。我使劲喊着外公,拍打着大门,外公起来我就跪倒在他面前说爷爷刚刚去世了,爸爸让我来通知你。外公听到我说爷爷死了,马上叫起外婆,跟她说他立刻跟我去我家。外婆哭着说: "好的,你跟唐刚去嘛,我明早就来。"

然后我和外公一起回到了家里。老家死了人有做道场的风俗,那几天,我天天跟在道士身后,跟各路神仙菩萨作揖、跟爷爷磕头,直到爷爷下葬,我才好好的睡了一觉。

爷爷的去世,我第一次体会到了失去亲人的痛苦,会直入心底,无法形容。

直到现在,我都还时常梦见爷爷,呷着小酒,吸吧着叶子烟,慈祥地看着我——津津有味品尝他做的冷吃兔、飘香炸肉。

眼看又要开学了,而这时的表弟,已经毕业了,他早已出门打工去了。表弟毕业后,就剩下我一个人在厂里住了。那时的

我，成绩更是不用说了，简直是一塌糊涂。上课时不专心听讲，还经常被老师们罚站。

有一回，上政治课，因为我靠窗子边上。望着外面的大树入神，突然，我看到树上有好多的鸟儿。我马上从课桌里拿出弹弓，打中了其中的一只鸟儿。只见鸟儿直接掉了下来，我起身跑到教室外面去了，不顾当时还在上课，不能随意出教室的规矩。当我提着鸟儿回到教室，老师就让我站在那里，引来全班同学一阵大笑。老师说："你知不知道现在是上课时间？"我说："知道啊！""知道你不好好听课，还拿弹弓弹麻雀儿。不仅如此，还大摇大摆地跑出去捡。"老师吼道。"我没有想那么多，一心只想把麻雀儿捡回来。因为我怕被别人捡去了。所以，我才急着跑出去的。"我还有点委屈的回答道。这时，又引来同学们一阵大笑。而我也跟着笑呢。我这一笑，气得老师直跺脚，拿我没法，就让我站在那里听课。

还有一次，是上体育课，我看到学校旁边的稻田里，有好多泥鳅洞和黄鳝洞。于是，我来兴趣了，把鞋子一脱，到田里抠起泥鳅黄鳝来。稻田没有水，是那种倒旱田，我抠到泥鳅后，就用狗尾巴草穿起来。正当我抠得起劲的时候，上课铃响了，我急忙从田里起来，准备去上课。因为没有水，我只好提着泥鳅和鞋子就往教室里跑。当我到教室门前，老师已经到了，我就叫了一声报告，老师说请进！我一进教室，同学们哄堂大笑。老师回过头一看，火了："唐刚，你在搞啥子名堂哦！你这个样子还像是一个学生吗？"我没有吭声。

一手提着鞋子，一手提着泥鳅，一动不动地站在那里，等着老师罚我。老师让我先去把脚上和手上的泥巴洗了再回来领罚。我走后，听到教室里又传来一阵笑声。那节课，我又是站着听完的。放学后，班主任把我叫去了办公室，批评了我一顿。还说："你不想读了，就回家去，别在学校影响其他的同学。你现在太不像话了，成绩越来越差不说，经常无故缺席，上课还弹麻雀儿，现在居然抠起泥鳅黄鳝来了。我看你还是别读书了回家去抠吧！在学校就是浪费你爸妈的钱。"老师这顿批评，确实引起了我想退学的想法。我知道，我即使再呆在学校，也没有用了，因为我已经没有心思学习了。

老师说得对，如果我再留在学校，根本就是浪费父母的钱。

那个学校运动场上跑 3000 米拿了第二名的唐刚，那个喝了女同学白糖开水的唐刚，心已经飞到很远的地方去了。

结束短暂的中学时代，辍学在家

自从那天老师骂我后，到星期五下午放了学，我回到厂里，收拾了一下，就回家去了。

回到家里，我跟爸妈说出了我的想法。虽然被骂了一个狗血淋头，还挨了妈妈的打，可是，这次我已经下定决心了，即使妈妈再怎么打我，我也不松口，一直坚持不去学校了。

那次，我身上被打得到遍体鳞伤，但我并不心疼自己，我的心放开了。

最后，妈妈和爸爸见我始终不愿意再去上学，也没有法，同意了我退学的想法。但是，那次妈妈打完我后她哭了，因为我让她失望了，把她的心狠狠地刺伤了。而我也哭了，我哭是因为我想到，太对不起妈妈的一片苦心。她望子成龙的心愿，被当时爱

玩游戏的我给彻底破灭了。

之后，我在家里，天天跟着爸爸妈妈做农活。干活的时候，爸爸常问我："在农村干活路安逸？还是在学校读书安逸？"我咬着牙说："在家干活安逸，比上学好多了。"记得打谷子的时候，我跟爸爸打，妈妈割，我们用的是老式打谷子，一个桦桶，一张箦席。

天很热，能够恍见人影，我们就开始干活。

我干得大汗淋淋的，手磨破了，脚肚子和脖子上，被禾叶划满了许多伤口。当谷子装满桦桶的时候，我又开始挑，一路上我挑一会儿休息一会儿，才能把湿漉漉的谷子挑回家。因为我年龄还小，所以爸妈没让我挑好多，但是我也觉得很重了。一个多星期下来，我的双肩皮也掉了，全身疤痕累累。实际上，我现在还真的有些后悔，后悔当时没有好好读书呢。

在家的那段日子，不是农忙时节，我就跟着村里的叔叔们一起去稻田里电泥鳅来卖。寒冬腊月的时分，我早早起床做饭。做好了就从泡菜坛里捞起一些咸菜，用油炒一炒，用一只大碗盛满饭，再把炒过的咸菜倒在一起，再拿口袋把饭装好，放到装电瓶的背篓里，以便中午在外面电泥鳅的时候好吃。因为我们去电泥鳅，要走很远很远。每天都是早上出门，快天黑时才归家。回来的时候，猫咪就会围着我叫唤，我扔几条泥鳅给它，它欢喜地叼到一边，呼哧呼哧地享受去了。

因为是冬天，天气特别冷，还要在水里呆着，所以，每当我出门时，爸妈都要问我穿得厚不厚，叮嘱我要注意安全。我们在外电泥鳅时身体冷了，就到一处竹林里，找一些竹叶和枯萎了的竹子，点燃取暖。如果正逢中午，就把带来的饭拿出来吃，吃完休息一会儿后，就接着到田里电泥鳅。

有一次，我和村里的刘明江叔叔，还有我的干爸，到河对岸很远的地方电泥鳅。因为我们不了解当地的情况，在一块稻田电泥鳅的时候，我不慎掉进了像红军过草地时的那种泥潭。干爸和明江叔叔急忙过来帮忙，就在这时，明江叔叔也陷入了泥潭中，只有干爸一个人没有事。干爸让我们把背篼取下给他，因为我们背篼都是用塑料做的，所以可以放到水里，里面的电瓶也不会被打湿。又让我们把身体倒下，不要乱动，以便减缓下沉的速度。然后干爸找来一根竹竿，放到我面前让我使劲的抓住别放手，他就在另一头使劲地拉，不一会儿就我拉出了泥潭。干爸再用同样的方法，把明江叔叔也拉出了泥潭。

当我们被拉出泥潭后，全身已经全部湿了，身体冷得发抖。就找了一个地方，燃烧柴火，一边取暖，一边烤衣服，聊着刚才惊心的一幕。后来我们从一个经过的一位老人家口中得知，那一片稻田到处都是那样的泥潭，让我们不要去那里。他们插秧的时候，都是用打谷子用的样桶来插的呢。我们谢过老人家后，继续烤火闲聊。一直等到衣服干了，我们才离去。

其实，说起我辍学在家的日子。跟着爸妈干活时，真的很累。但当时的我，却没有一点后悔自己做出的决定。因为我确实无心学习了，就算让我干再累的活都愿意，也不愿意再回到学校。

我回家已经两个多月了，马上就要过年了。爸妈准备着给爷爷上新坟而忙碌着，因为到时会有好多亲朋好友，都会来给爷爷上坟，祭奠爷爷。当时来上坟的亲戚中，就有过完年后带我出门打工的胡大表叔。他来的时候，就跟爸妈说过了年要去理塘县做工地，他是包工头，并让我也去。还说反正我也还小，在家也做了太多太累的事情，不如跟着他去工地，或多或少还能挣到一些钱回来。就这样，爸妈同意了胡大表叔的建议。所以，过完年，把爷爷最后的事情忙完，爸妈就送我出门打工了。

二

年少轻狂闯天涯

每个人的梦，都是甜的。

期待着的天涯梦里，仿佛明天将要迎接我的，都是人生的辉煌。

毕竟还是个孩子，相信每个少年的理想，都是那么美好！

当我在我漂泊时，独自守在那繁华的城市，走在空旷而又喧闹的街上，看着远方无尽的路，却发现一丝快乐也没有。

这薄凉的尘世，这浮伤的流年，对我来说，可能注定会失去纯洁与美丽吧！有的只能是被充斥着哀伤的冰冷，映衬着这布满伤痕的世界。

多想回到家里，钻进妈妈铺好的被子里，带着淡淡的愁丝进入没有梦的梦里，伴着这纷飞的雪，这凌乱的夜，不再醒来。

1997 年过完春节，正月 26 日，我就和亲戚一起出门打工。那年，我刚好十七岁。临走的那个晚上，妈妈做了好多好吃的，妹妹也帮着妈妈摘菜，我就帮着烧火，爸爸忙着为我准备出门的行李。吃晚饭的时候，我们一家人围着餐桌，开心地聊着。爸爸一边喝着小酒，一边叮嘱我："出门在外，要听大表叔的话，不要做犯法的事情，要诚实做人，总之，什么事情能做？什么事情不能做？你这么大了，应该分得清了。"妈妈也千叮咛万嘱咐地说："多注意身体！太重的活，就叫叔叔们帮忙，别自己一个人硬扛，你现在还小，正是长身体的时候。"吃完晚饭后，爸爸和妈妈还陪我聊了很久，我们聊了未来，聊了挣了钱该修什么样子的房子等等……那个晚上，我躺在床上，一夜没有合眼，美美地狂想了一夜。那灯红酒绿的城市，是什么样子的呢？未来，那美好的生活，梦想的天堂，会不会实现呢？

望着天花板，又想，对于刚刚从学校里走出来的我，即将离开爸爸妈妈，去面对外面那个陌生的世界，独自生活。自己，是否能适应？那些活，自己能否做得下？可是，一想到自己可以挣钱了，那些担心又瞬间消失了。因为我在想，待我挣了钱，回家的时候，我该买点什么回去？给我那疼我爱我，生我养我的爸爸妈妈！给我那可爱的妹妹，带点什么呢？唉！就这样，我胡思乱想的过了一晚上……

朦胧中，突然听到轻微地脚步声，我睁开眼睛，看到天还没有亮。而爸爸和妈妈，他们却都起来了。妈妈正在做早餐，还问我："好好想想，还有什么忘记带的？让你爸爸给你弄好，千万别忘记了。"

我说："都放到包包里了。"然后，我也起床洗脸漱口。"幺妹今天看家哈。"妈妈说。妹妹回答到："要的。""哥哥，等你找钱了，一定要跟我买礼物回来哦！""好的。不过你要好好读书哦！"我笑了笑说。等我们吃完了早餐，爸爸背起我的行李，和妈妈一起，送我到亲戚家。我们又在亲戚家住了一夜，同样，这个夜晚，激动又有点开心的我，再一次失眠了！第二天早上，天

刚刚发亮，我们就出发了，向着那陌生的方向，向着那灯红酒绿，能挣钱的城市，出发了。

这次一起出门打工的，还有两个跟我年龄差不多的男孩和几个不认识的叔叔阿姨，不过都是亲戚关系。我们一大群人，从我亲戚家，一路向前，穿过了像迷雾一样的森林，经过了一道道山路，走过了一道道弯，终于来到了坐车的地方"琵琶镇"。一个马上就要和爸爸妈妈分别的地方，在等车的同时，大家都忙着在跟各自的家人道别。当然，我的爸爸妈妈也不例外，那晚同样的话语，同样的叮嘱，又一次次地传进我的耳朵里。

这时，车来了，爸爸也上车帮我把行李放好，对我说："包包里有你妈妈给你煮的鸡蛋，饿了就拿来吃。"我点点头："知道了。"说完，我也上了车，找了一个靠窗的位置坐下，同时向窗外望去，看到妈妈和爸爸，就在我的车窗下。这时，我看到了妈妈的眼睛里，装满了泪水，同时也装满了无限的担心和不舍！"妈妈，爸爸，你们在家也要注意身体！别太劳累了，我会听话的，你们放心吧！等我挣了钱，回来好好孝敬你们！"我对窗外的爸爸和妈妈说道。"孩子，钱不重要，只要你在外平平安安，我和你爸爸在家就安心了。"妈妈说。我点头应道："嗯嗯。"这时爸爸又说道："还有，到了那里，记得隔一段时间给家里写封信，别让我和你妈妈担心！"我又点头道："好的，爸爸，我记下了！"

车，开始启动了。妈妈带着小跑跟着车子，用力地挥着她那充满老茧的双手，爸爸地跟在妈妈身后，目不转睛地看着我，对大声地我喊道："一定要记住我的话！"我也使劲地点着头回答："嗯嗯。"望着爸爸和妈妈的身影，渐渐地消失在我的视线里。我的心，莫名地痛了……同时，我也听到了妈妈哭泣地声音，还有爸爸安慰妈妈的声音。我，终于流出了那早就忍不住的泪水，这泪水，也狠狠地刺痛了我的心灵，模糊了我的双眼……

我仿佛又回到了儿时，被妈妈呵护的情景，一幕幕浮现在我眼前。年幼的我，刚上学时，还不会系鞋带，是我那亲爱的妈妈，弯下她的腰，细心地为我系上。还帮我把书包背在我那瘦弱的肩膀上，叮咛我要好好读书，天天向上，长大要做一个顶天立地的男子汉。别像她一样，目不识丁。并带着她那慈祥的脸庞，站在家门口，微笑着一路目送我去前方。那时，妈妈和爸爸，对我的谆谆教诲，直到现在，我都铭心不忘……

就这样，我带着泪水，带着希望，带着爸爸妈妈的叮咛，别了我的故乡……

随着汽车的加速，我们一行人，远离了家乡，踏上了打工的路。而我们的目的地是四川省甘孜州理塘县，听说，那里是世界之最，有"世界第一高城"之称。当时，我和同龄的两个男孩，都很高兴，有幸去世界之最的地方做事。一路上，我们翻山越岭，欣赏着迷人的风景。几天后，我们到了雅安，车停下了。听说，明天要翻二郎山，所有经过二郎山的车，都要在雅安过夜。那晚，大家吃完晚饭，都在聊着这一路的风景。还一起唱歌玩，我也唱了一首歌，是朝阳的《大头皮鞋》，当时，大家还笑话我，说我唱得好难听哦！

第二天，天刚亮，我们又出发了。车行驶了一个多小时，就到了二郎山脚下。车停了，我一看马路上，好多的车，排了几十辆。路边走过来几个执勤的交警，给我们的车拴上了铁链。然后，让我们上山了，车辆一辆接一辆，就像是一个庞大的车队，在上山的路途中，惊险又刺激！因为路太窄了，车也开得特慢，有些地方感觉车子根本无法通过一样。胆子小的，甚至都下车走路了。等到快到二郎山山顶时，已经是下午了。二郎山山顶大雪漫天，特别冷！

旷野中时不时传来几声狼嚎，令人毛骨悚然。待到车子完全下山了，天也黑尽了。翻越二郎山，就花了一天的时间。

我不知道何时睡着了，也不知道睡了多久。当车子停下吃饭的时候，已是深夜，下车一看，才知到了康定市。吃完饭，大表叔就说，这下要分开去理塘县。我和两个同龄的男孩，一个叫王加盟，一个叫胡二娃和大表叔的弟弟，五表叔一起先走。坐公司的货车，他们随后到。就这样，我们又匆忙出发了，经过新都时，正好是中午，司机停下车子，让我们大家下车一起吃饭。我们各自吃了十几碗饭，为何会吃那么多呢？因为，新都这里的饭是用很小的碗蒸的，每碗饭只有两三口饭。所以，我们每人吃了十几碗。吃完饭后，我们又继续向着理塘前进。

初到高原

经过七天七夜的车程，终于到了所谓的世界第一高城"理塘县"，已经是晚上 12 点过了。当我们走下货车的时候，突然感到头重脚轻，走路有点像喝醉了一样，重心不稳。司机对我们说，很正常，这是高原反应，过几天就没事了。

这时从屋里出来一个戴眼镜的人，他就是施工员。他一边问候我们，一边领着我们去了住处，说这么晚了，餐馆都关门了，只有让我们自己煮些面条来吃。到了房间里，他指了我们煮面条的高压锅和面条在哪里，然后离开了。

这时，我才看清楚，我们被领到了二楼。屋中间有一个炭火盆，里面正燃烧着暖暖的火焰。五表叔拿过高压锅，到外面倒了一些开水道里面，放在火盆上烧着，并把面条放到里面煮。可是，我们煮了很久，看面条还没有好。正好，那个施工员经过，他说要把盖子盖上才能煮好，因为空气稀薄，不然，是煮不好的。我们又把盖子盖上煮，过了一会儿，奇怪的一幕发生，面条一根根的从锅盖上那个眼里出来了，直冲到天花板上。我们几个傻了，不知道怎么回事儿？赶紧跑去问施工员，他来了后，把一个小铁帽放到锅盖上，然后笑着说："你们没有用过高压锅？""没有。"我们几乎同时回答。"没事，以后你们就知道怎么用了。"在他离开前，又给我们讲了等下怎么开高压锅后才离去了。农村人，真没见过呵。

第二天，我们起床出去吃早餐。这时，才看清了这个城市的面貌，所有楼房只有二层。大街上，牛羊猪马成群。到处都是牲口的大便，但是却闻不到臭味。因为，天气很冷，还覆盖着厚厚的白雪。而且，还有一个奇怪的现象，就是当我们还没走多远时，都累得气喘吁吁地。后来，我们才知为何所有的楼房只有二层？那是因为这里是世界第一高城，空气稀薄，如果楼层高了，人住在上面，会难以呼吸，甚至导致死亡。由于高原反应，我们吃完早餐就回来睡觉了。

到了下午，大表叔他们也到了。晚上，大家被带到公司的闲置房屋，让我们自己收拾，以后就住在那里了。大家各自选好房间，收拾好，就住下了。过了几天，我慢慢适应了，就去打水洗衣服，让我们惊奇的是，待衣服洗好晾一会儿后，就变硬了。我们一起的有个人，就去稍微用力碰了一下，结果，衣服就成两半了。

过了几天后，我们都适应了高原的反应，就一起出去逛逛这个城市。其实这个城市不大，我们只用了大半天时间就全部逛完了，还没有我们的富顺县城大呢。这里的风沙大，当风沙刮起的

时候，满天都飞舞着沙子，吹在脸上还隐隐作痛。我们用手遮住脸庞，眯着眼睛走路，连马路对面是什么都无法看清。

这个城市没有什么风景可看的，当时连公园都没有，不知道现在有没有？一眼就能望到的就是房屋和街道，只有走出城才能感受到大自然的优美。天与山的连接，彰显着万物生机的灵气。有些山上光秃秃的，只有少数的树木，还有就是石头、黄土和小草，却显得很独特。河边，倒是一片绿油油的，偶尔还会看到一些大型鼠类动物奔跑的身影，还有飞翔的秃鹫。冰冷而又清澈的河水里，有着数不清的鱼儿，在默默地游着。

可是，就在这空气稀薄的地方，听说每年的农历三四月是中药材虫草成熟的时候，五六月又是各种菌类繁盛的季节。那时，满山遍野都是挖虫草的人和采菌子的人，非常热闹呢。

而这里的藏族人却非常热情和好客。记得有一次，我们去了山里耍，碰到一个藏族人，他一看到我们就邀请去他家里做客。他们的家是用石头砌的，外面看起来不怎么样。可一进到屋里，那种雕刻与装饰让人眼前一亮，非常的豪华。我们围着火坑坐好后，一股浓烈带有腥臭的酥油茶味扑面而来，熏得我们差点呕吐。抬头一看，才知道是主人给我们每人端来了一碗热气腾腾的酥油茶和一大碟藏粑，同时还跟我们每人割了一大块生的牦牛肉。听说这是藏族人对很尊重的客人才能有这种待遇，而且客人还不能拒绝，不然他们会认为客人瞧不起他们，甚至还会发生打架杀人的事。所以，我们没有拒绝，但是生牦牛肉我们确实吃不下，就跟他解释我们需要用火烤着吃。他也理解我们汉族人的生活习惯，用手表示随意。走的时候，我们把剩下的藏粑也带走了。

有些山里的藏族人，虽然有钱却不讲究卫生。我们在大街上经常都会碰到随地大小便的人，因为他们大多数穿的感觉就是围在身上的一块布一样，他们蹲在街边上大小便时，以为是她（他）坐在那里休息呢。等他们离开了，才会看到有一堆大便留在那里。而且这时你才会发现，他们大便后，也不会擦屁股。当然，还有很多很多的趣事，都让我难以忘怀，都值得我用一生去珍藏和回忆。

血泪洒工地

我们耍了半个月左右，老家又来了一批人，其中还有我的亲大舅。我看到大舅，特高兴。后来，我和大舅一起睡一张床。等后来的适应了高原反应后，就开始开工了，拆房子，扳钢筋，抬石头等活。有天我感冒了，一直咳嗽不止，拿了好多药吃也没有好。还是在我们工地和我们一起干的两个雅安人，让我买了一种叫螺旋霉素片的药来吃后，才好了。等把房子拆完，就准备挖坑了。我好像走霉运一样，破土的时候，放鞭炮，我又被飞来的鞭炮打中右眼，又治疗了一个月才好。这次受伤，我的眼睛差点瞎了。好了后，就加入了挖坑，土，很难挖，因为地下也冻结了，特硬。

就这样，我们在理塘一干就是四个多月了，我们也修好一层了。正准备开始修二层的时候，出现意外了，老板突然不让我们干了。大表叔是我们的包工头，他天天往公司跑，才知道了原因。原来，是施工员的亲戚带着一帮人来了，他们关系好。所以，才不让我们做了。而我们的苦日子也来了，老板不给生活费，没钱买菜，幸好之前买的米还有，加上还有一袋蒜，这时的我们就是天天吃蒜下饭。大家都怨声连天，都去找老板要钱，让

老板把工资给我们结了,我们好走人,不然就把修好的房子全部拆掉。可是,老板不理我们。最后,终于惹恼了大家,带着家伙要干架。老板才说,让我们去泸定接着做,就只给了我们去泸定的路费。大伙儿气不过,在离开的那晚,带着家伙打了那个施工员后就坐车离开了理塘县。本想好好做,多挣点钱的,结果事与愿违,白白干了几个月。带着失望的我,无奈的跟着大家,离开了这个所谓的世界第一高城,理塘县。

其实,在理塘干活的四个多月里,对那时的我来说,真的吃尽了苦头,我在家从来都没有干活那么多又累又苦的活。抬石头那会儿,我和王加盟一起抬的,因为我俩高矮差不多,所以就分在了一起。

早上一般都是6:00过就要起床吃早餐,当时的我好想好想睡懒觉,不想起来。因为天气很冷,即使不睡觉都愿意躲在温暖的被窝里。可是为了生活,为了挣钱,不得不起来。吃过早餐,我们就要换上已经穿得很脏的上班衣服,一边呵着气一边缩着脖子,把抬石头的工具搭在肩上,手揣在衣兜里往工地去了。到了工地上,都舍不得把手从衣兜里拿出来,冷得感觉手都没有知觉了一样。看着堆积如山的花刚石头,恨不得一下就抬完它们。

王加盟把钢绳套在石头上,我把木杠从钢绳套下穿过,肩并肩和王加盟抬起来,朝着一里外的空坝抬去。就这样来来回回地,一次、两次、三次……每天都抬,一连干了半个月,我们的肩膀磨出了血泡,手长满冻疮,脚后跟也开了口,才把那堆花岗石抬完。

那时的我,每天下班回来就倒在床上躺着,连吃饭都要叫好多次才起来吃。吃完饭,又不情愿的去洗澡,因为洗澡很冷碰到伤口又痛,所以有些不情愿。等到一切忙完回到宿舍,大家都说说笑笑地你帮我,我帮你擦药膏。擦完药后,爱打牌的就打牌,不爱的就躲进被窝里吹牛，苦中作乐。到了晚上十一点过，大家就开始休息了，明天还要继续干活呢。我们一天的忙碌和艰辛就这样无声无息地过去了。

开始建房子的时候，我几乎每天都按部就班地干着，每天都听从大表叔的安排，哪里需要就往哪里帮忙，一天到晚干下来，真的好累好累。可是，就算是这样老老实实地干活，还是要受气挨骂。那些所谓的大师傅们，经常骂我们这些小工，干活稍微慢了一点，就劈头盖脸地骂起来，有的甚至还乱骂。这个时候，我听了真的很生气，很生气，恨不得一砖头拍死他。

记得有一个叫田老十的人，他就是一个砖工，有天我给他打小工，负责给他提水泥浆和挑砖搬砖。一直都好好的，就是因我去方便了一下，没有供应上他的砖，他就开始大声地骂起来："你个屁娃儿跑哪里去了？老子都等了好久了，还没有把砖挑来，还有灰浆，快点，妈的个B。"我听了，几乎肺都气炸了，差一点就把手里的砖头向他砸去。经过内心地挣扎，把火气压了下来，还是不服气地反问道："哎。田表叔，你骂我可以，可你不能超出原则啊！我妈惹到你了吗？大家都是打工的，都是想挣几个钱回家，你何必呢？"他听了没有开腔，继续干他的活。也许是我说得在理吧！所以，这件事情也就悄悄地过去了，没有惊动大表叔。

那时的我，时常在徘徊，很想不做了，太苦太累了，还要受别人的气。但是，我却从来没有说出来过。也许是年轻倔强，也许是为了和别人比。但我的内心，告诉我，我是为了多挣钱，不给爸妈丢脸，不让妹妹失望。等挣了钱，回家的时候，好给爸爸妈妈买东西，好好报答二老，答应妹妹的礼物，我一定要实现。抱着这些想法，就算再苦再累，我也要做下去。所以，几乎没有歇息，还是天天上班做事；也没有特意请过假，尽管我的双肩磨

破了，脚后跟都开口了，甚至眼睛都差一点瞎了，我也没有说不想干了的话。一个人把所有的苦和累藏在了心里，一心就想着多挣几个钱回家。

如今想来还真有点后悔，当初任劳任怨任骂地干，却一分钱也没有得到。

我们经过两天两夜的车程，到了泸定县城。下车后，有好多人都不愿意再去了，就分道扬镳。而愿意留下的，包括我和舅舅一行只有十多个人了。短暂的告别后，我们又坐车到磨溪镇，再转车到海螺沟。到了后，我才知道，这里是原始森林开发区，我们大家来到这里，要做的事，就是修公路。听说工资很高，干到过年的话，可能有四五千块钱呢。

难忘海螺沟

当晚，接待我们的老板，是大表叔那里的人，大家都叫他陈大哥。吃晚饭后，他就带着我们十多个人，来到一个彝族人农家，说这里就是我们以后的住的地方。

第二天早上醒来，这家的主人已经做好饭了，叫我们一起吃饭。他们一家五口人，两个老人，一个儿子儿媳，还有一个小孩。他们家的房子，是立料的，都是木头盖的。吃过早饭，大表叔叫了两个人跟着他，去磨溪镇买米买菜。留下的，就一起出去到处走走看看，熟悉一下环境。

转了一个上午，我大概了解了，我们身在一个山沟里，两面都是很高的山，可以说是悬崖峭壁。沟的底是一条河，里面的水冰凉刺骨。河水是来自不远处的雪山，听说那个雪山一年四季都是雪。两边，则是灌木丛生。各种各样的树木也长得很茂盛，还有许多猴子在峭壁上的树林里上窜下跳，偶尔还听见野猪和野牛的叫唤。这样的地方，真的很美，空气就不用说了。

而这里的人，都很热情，民风淳朴。就是没有钱，他们吃的是土豆和大米放在一起煮。走人户，没有钱的就送一斤大米，因为大米在他们这里，是最珍贵的。不过，他们养的猪可肥了，一头猪都是四五百斤，这是我有生以来，见过最大的猪。他们虽然没有钱，可家家户户都有腊肉，而且都是几年以上的腊肉，非常好吃。可能你会问，腊肉怎么能搁上几年呢？因为，海螺沟这里，夏天只有一个多月。而且，就是在夏天，晚上都要盖被子。白天站在有太阳的地方，会很热，但是只要站在树荫下，十几分钟后，就会感到冷。所以，他们的腊肉可以放上几年，甚至更久。当然，这里是原始森林开发区，有很多很多其他的野兽，晚上还能听到狼嚎和猫头鹰的叫声。还有熊，豹子，老虎等等。

后来，就在我们没有上班的时候，我经常和同龄的朋友，一起出去偷偷摘苹果和核桃。我记得，有一天，我们吃了中午饭，大家都在休息。我们几个孩子就悄悄地跑出去，偷核桃。我爬到树上，摘了往下扔，胡二娃和王加盟就在树下捡。等我无法摘到了的时候，我就在上面用力摇。当时，核桃就像下冰雹一样往下掉，王加盟见状立即跑开了。可怜胡二娃，头上被砸了好几个包呢。……

到了晚上，大表叔他们回来了。除了米和菜，还买了我们用的生活必需品。我们耍了几天后，就开始开工了。因为我们只有十多个人，大表叔就只包了五百米来干。我们从砍树，挖土，炸山崖，修路，安砌马路挡墙和水沟，到最后的填路，也花了几个月的时间。

在这些日子里，我们虽然做得很累，也过很快乐，也有过悲伤。开始的时候，我们白天干活，晚上吃完饭就玩牌，玩来输烟。我赢了好多好多烟，有一个月没有去大表叔那里领过，还把赢来的烟跟舅舅一起抽。后来，有几家当地人到镇上买了录像机回来，让我们去看录像。每晚放到十二点，一个人收取一元钱，给他们带来了财富。那时，我特别喜欢看的，是梁朝伟演的侠客行和倚天屠龙记。记得有一天，我们放假，相约去雪山玩。一路上泡了天然温泉，还像猴子一样的吊着树藤，穿越山涧。在干活期间，我们吃过很多野味，特别是野牛肉，当地狩猎人每次打猎回来，就卖给我们这些修路的。也就在这里，我吃伤了一种菜，就是葵瓜。唉！说起葵瓜，那时，天天吃，葵瓜烧肉，葵花炒肉，炒葵瓜丝，一直吃了一个月。所以，现在的我不吃葵瓜了。

说到我们这十几个人，都是亲戚连带关系。而我的大舅，他和大表叔是血表关系。因为有天晚上，大表叔喝酒喝多了，正好碰到了在理塘县的那个老板，带着情人来海螺沟玩。因为大表叔醉了，不知道怎么就跟他动手打起来了，没有打赢。他就回来找我们，正好我们刚要出去看录像。听他说被人打了，还是理塘县的那个老板，大家马上就拿起家伙跟了出去。在我们平时看录像那个地方找到了那个老板，二话没说，就打起来了。我记得很清楚，当时，我们三个同龄的，就打那个女的和一个男的，打翻了就跑了。后来，还以为那个老板会报复我们呢，结果什么事情都没有。

眼看我们干的那段路快完了，而我们又面临了经济困难，上面不给钱买米买菜。而大舅因为没有酒喝，就跟大表叔闹翻了，叫大表叔算账要回家。几天后，大表叔拿到了钱，说算清账是不可能的，要等全部干完了，道桥公司才给钱，所以，就只给了大舅几百元和另外两个要走的人。就在大舅要走的头天晚上，让我陪他喝酒聊天，并叮嘱我要好好的做，听大表叔的话，算账的时候，要多长个心眼。那晚，我和大舅聊到很晚才回去睡觉。

第二天早上，我很早就起来了，帮着大舅收拾行李。其实，我也好想跟着大舅一起回家。因为，我想家了，想爸爸妈妈了，真的好想好想。当我送大舅上车的时候，我眼眶湿了。感觉只剩我一个人了一样。在外打工这些日子，大舅很照顾我。抬石头时，他让我抬杠头远点，他抬很近，这样的话，我就会轻松很多。遇到重一点的活，大舅也帮着我做。所以，当他要离开时，我依依不舍。运送材料的货车来了，大舅上了车，跟我挥了挥手，就随着车子消失在我眼前。我在返回的路上，终于低声地哭泣了。走了一会儿，碰到了一起干活的人，他问道："你大舅走了啊！""嗯。走了。"我答道。然后抹了一下眼泪，就赶着出去干活了。因为我知道，伤心只是一时的，人，不能时时依靠别人，自己总要独挡风雨的时候。

生病回家

就在大舅走后不久，我的腿突然就开始痛了，痛得连活也不能做了。大表叔带我去磨溪镇上看，也没有结果，就是拿了点药来吃。但是，疼痛却一直不减轻。就这样过了几天，每天承受腿痛的我，好想回家了。那滋味，不知道该怎么说。刚开始的时候，就是一阵阵地痛，痛了一个小时左右，又不痛了，差不多要隔上大半天才又痛。幸好，活路马上就接近尾声了。大表叔和其他老乡就说，等几天，干完了一起回去。之后，大表叔买了一些

止痛药给我，让我在家里休息，等着结算。

可是，当我熬到活路干完，道桥公司还是没有给我们结账。由于天气的原因，海螺沟这里要下雪了，大表叔只要到了回家的路费。剩下的，他一个人留在这里等着，待拿到钱了，回家再给我们。

我们一行人，共八个，每个人拿着两百块钱的路费，就开始坐车回家了。在走的那天，我的腿也没有痛。我们的回家路线是，先坐汽车到泸定，从泸定县坐车再到石棉，然后从石棉到乌师河，再坐火车到峨嵋，最后坐汽车到富顺。因为我们在海螺沟的时候，离磨溪镇远，来回都要十五六个小时。所以，头发就一直没有理过。当我们到了乌师河后，第一时间就去买票，火车是第二天凌晨3：00点的。买好车票后，我们就一起吃饭，吃完饭，我还去了理发店理了头发，当时我的头发还卖了二十元钱。然后，就在候车大厅等火车，到了12：00点过的时候，我的腿又开始痛了，很难受！要不是有很多人的话，我真的想哭，我熬着疼痛，一直到上了火车，都还在痛。不知道过了多久？也许是因为痛苦减轻了，也许是因为实在是困了，我就睡着了。不知不觉，到了峨嵋，我醒来了，腿也不痛了。我跟着大家下车，出了火车站。正好驶来一辆到泸州的客车，大家就一起上去了。一会儿车开了，他们都在高高兴兴地聊着。只有我，一直望着窗外，那些飞逝的树木入神。我在想，从家里出来的时候，本想多挣点钱回家。可是，如今钱还没有拿到，自己又得了一个不知是啥的腿痛病，能不能治好？这个问题，一直在我脑海里打转。

突然，我听到大家的欢呼声。"哦。到了，到了富顺。"我一看，还真的到了，已经是中午过一点了。大家下车后，相互问候了一下就各自坐着车回家了。我也坐上了到双鹿的客车，途经豆十口时，我下了车。下车后，我望了望我家的地方，长长地舒了一口气，终于回到家乡了，我的心里特高兴。我就在马路边上的商店里，给爸爸买了一条五牛烟，放在包里。至于其他的，我什么都没有买，因为没有多余的钱。然后，走向旁边的一条乡村公路。这条路，可以一直通到离我家不远的地方，因为我不知道的腿，什么时候会痛起来？所以，我就叫了一辆摩托车送我。由于家乡昨晚下了雨，那时还没有打水泥路，所以路上很滑。摩托车司机说要十五块钱，本来平时只要八块的。我没有跟他讲价，坐上摩托就往家的方向开去了。

一路上，我看着那些我特别熟悉的地方，那些我每个暑假都会走的地方，嘴角不禁微微一笑。想起我读书的时候，每次放暑假，我都会和村里的伙伴一起钓青蛙卖钱。而我卖的钱，妈妈都存起来，到开学的时候，就拿来交学费。

大约过了二十多分钟，终于到家了。我由于有些激动，下车取行李时，把摩托车尾上的灯给弄掉了，当时以为司机会让我赔，谁知，他说没事的。然后我付了钱，背起行李就开始往家里走。从我刚下车的地方到我家，只要几分钟就到了。刚刚要走到离家只有一百米左右，正好碰到爸爸。他正跟村里其他的叔叔们一起抬楼板，爸爸和叔叔们看到我，就停下来了，和我聊了几句。在说话的同时，我从口袋里拿出烟来，每人一支，还帮他们点上。我问："爸爸，妈妈在家里吗？""在的，你先回去嘛！我等下就回来。""嗯。"然后，爸爸他们又继续抬着楼板走了。我也回家了，走到家门口，妈妈正在门口微笑着，看着我。"妈妈。"我大声喊道。"哎！回来了啊！""嗯嗯。"然后，妈妈就来帮我拿行李。同时，我隐约看到了妈妈眼中似乎装满了泪水。可我知道，那是高兴地泪水。

四

可怜天下父母心

　　其实，每个人的父母亲都一样，为人父母的，永远都只有为孩子付出，永远都不图我们回报。这，就是人世间，永恒不变的真爱。我们做儿女也好，我们做父母亲也罢，希望我们都能永远的记住一句话，那就是"可怜天下父母亲"这句经典名言。

可怜天下父母心

门前那棵梧桐树下

等着我回家的妈妈

她的双眼装满了泪水

望着那条乡间小道

游子要归来的消息

点燃妈妈思念的心

早就已经迫不待及

只想看看自己的孩子

屋里那微弱的灯光
映着我亲爱的爸爸
含笑地脸庞充满慈祥
听我诉说在外的漂泊
担心我年幼的身体
是否适应外面的生活
可怜天下的父母亲
不图回报只为了孩子

子欲养时然而亲已不在
逝去的永远不会再重来
现在的我已不再是小孩
终有一天也会两鬓斑白

我年少得病的时候
就是我那爸爸妈妈
千里不辞劳苦的背我
踏破双鞋走遍山与河
就是为了把健康给我找回
从不说出他们的累和苦
可怜天下的父母亲
为了孩子花白了双鬓

村头不远那家医院
躺着我亲爱的爸爸
就他在生病的时候

还依然不忘我的伤痛

他说我亲爱的孩子

不要担心爸爸的病情

在家要好好的休息

千万保重自己的身体

子欲养时然而亲已不在

逝去的永远不会再重来

现在的我已不再是小孩

终有一天也会两鬓斑白

久违的团圆饭

进入院子后，我就坐在凳子上。"你跟爸爸都好的撒？"妈妈说"好的。""妹妹呢？""她还没有放学呢。""哦哦。她读书如何啊？""不得行，一天到晚只晓得耍，还厉害呢。""呵呵。"我笑道："要看她自己了，但愿妹妹会比我好。"随便聊了几句后，妈妈问我："想吃啥？要吃肉的话我马上去商店买。"我说："随便。"然后我就把身上剩下的钱，全部给了妈妈，让妈妈拿着钱去商店买。

直到了天快黑的时候，妹妹放学回来了，爸爸回来了。我们一家人一起，分了工，高高兴兴地动起手来，爸爸负责切菜，妈妈负责煮饭，妹妹负责烧火，而我则负责炒菜。忙了大概一个小时，一顿香喷喷的团圆饭就做好了。妈妈摆上碗筷，妹妹端上饭菜，我给爸爸斟上小酒，开开心心地围在一起吃饭聊天。

"你在外面吃得不好啊？都瘦了。"妈妈问道。爸爸突然接过说："孩子那么小，就做那么重的活路，肯定瘦了，不过，磨练磨练吃哈苦也好。谁叫他当初读书不好好读，要伙起他表弟去打电子游戏。"爸爸转而对妹妹说道："还有三妹，你看你哥哥，在外面恼不恼火嘛！所以，你要想不像你哥哥一样去做那些苦活累活，就好好给我读书，听到没有？""就是。"妈妈附和道。妹妹没有吱声，只是伸了伸舌头。"嗯，妹妹你要努力读书哦！别跟我学。"我说。"对了，哥哥，我的礼物呢？"妹妹怕挨骂，故意岔开了话题。"过年拿到工钱了再跟你买。"我一边吃饭，一边答道。"哦哦。好嘛！到时别忘记了哦！"我说"晓得了。""成绩不好就不买，成绩考得好的话才跟你买。"妈妈突然说。"又不是让你买。"妹妹委屈的说道。"哈哈哈……"这时引来我们一家人一阵大笑。

当笑声停下来后，我就和爸妈他们分享了我在外面的所见所闻，对于我的病，我想到等到发作了再跟他们说。而爸妈和妹妹他们，听了我的见闻，就很稀奇地问这个问那个，我呢，则认真的回答着他们的每个问题。

然而，这顿原本我们吃得很快乐，而又是我在外期待的，久违的团圆饭时。因我突然腿疼起来的情况下匆匆吃完。妈妈就让妹妹去洗碗。然后，热水让我洗澡。等我洗完了澡。我才跟爸爸妈妈，如实地诉说了我在海螺沟修建公路时腿就开始痛的事情。爸爸妈妈听后，起先高兴的心情顿时没有了，随后带来的，是他们的担心和忧虑。一阵沉寂后，爸爸安慰我说："没事的，只要是病，就能治，明天去村医王大双那里看看，让我别担心！"

其实，我知道，爸爸妈妈他们的心里，比谁都忧愁、着急、担心。他们只是不想让有病的我，再背上那无助包袱而已。第二

天，我跟妈妈去了看腿了。当时，那个王大双给我打了针，开了三天的药。回家后，我感觉好点了。接下来的几天，我天天去打针，没有痛过。可是，一停药就又痛，而且间隔的时间越来越短。渐渐地，痛起来就是几个小时，晚上也睡不好。从那以后，我就天天吃药打针，从不间断。

爸妈背行千里求医

我莫名其妙的腿病让爸爸妈妈整天忧心，愁眉苦脸。听别人说哪个医生好，能治我的病。他们就背着我，不管多远，不惧万难，也要把我背出山去医治。

让我记忆最深刻地一次，就是妈妈听说乡间有个叫龚连第的医生好，就和爸爸一起，背着我去了。那时，交通也不方便，全靠爸爸和妈妈背。我们从早上出发，一直到天快黑的时候，我们才到了那个龚连第医生的家里。而这一路上，爸爸背累了，就换妈妈又背，妈妈背累了，又换爸爸背，而爸爸和妈妈身上的衣服，一次次的被汗水湿透，又一次次的被风吹干，就这样爸妈反反复复地换替着背我，也不知道换了多少次？才把我背到。

我们刚到龚连第家，那个医生就给我诊断，说是股骨头坏死。然后给我开了药，马上就让他老婆去熬药，还给我打了针。他对爸妈说道："没有问题，吃一个多月的中药就好了，就是药费很贵。"还说："你们来我家不容易，那么远，还背着孩子，今晚你们就住在我家，明天才回去。"妈妈说："只要娃儿能治好，就是砸锅卖铁也要治啊！"妈妈说完，她眼中的泪水就流出来了。"没得事得，你也别哭，你娃儿的病好治。"医生道。当晚，我就开始喝了他开的药。

第二天，我们带着医生开的药离开了。同样的是，爸爸和妈妈跟来时一样，交换着被我。回到家里，妈妈还来不及洗澡就弄晚饭吃。而爸爸，则是给我熬药。经过爸妈一个多月精心的照料，换来的还是没有效果。我的腿一样痛，而且越来越严重了。

邻居提议，到大医院去做详细检查，看看到底是什么病？爸妈听了，开始带着我去了县里的晨光医院，经过检查，说不是股骨头坏死，还说我没有病。就是一般的风痛，吃吃药就好了。吃了医院的药，和之前的一样，刚开始的时候是松了。可是，接着又开始严重了。后来，爸妈又带着我去了泸州第一附属医院检查。结果还是一样，医生说没有病，髋环节处未见异常。

爸妈带着失望的心情，又把我背回到了家里。回来后，村里人都问怎样了？妈妈告诉他们，还是没有检查出来是啥子病？就是一个结果"没病"。"没病怎么会痛啊？"邻居说。"是啊！大医院都检查不出来是什么病？这到底该怎么办啊？"妈妈哭泣着说。"总会有办法的。你们也不要悲观！"邻居安慰道。"是不是贯闪痰哦？"突然人群中有人道。"可能是？"又有人附和道。"要不去哪里哪里看看，都说他很得行的。"有人对妈妈说。

然后，妈妈打听了那个治闪痰医生的地址，就和爸爸又背着我去了。也是从早上出发，中午过一点就到了。这一路上，爸爸和妈妈一样是被汗水浸透了衣服，又一次次的被风吹干，才把我背到那个医生的家里。当时我痛得厉害，刚到那里，医生就给我打了一针止痛的。经过他诊断，说就是闪痰，要求我住在他那里，方便他每天针灸治疗，一个星期就好了。还保证一个星期后，我可以自己走着回去。爸妈听了很高兴，到处看了这么久，终于有希望了。所以，就同意了医生的建议，把我留下了。

说来也奇怪，在他那里，经过他每天针灸，又按时吃他老婆

— 71 —

给我熬的中药，居然没有痛了。到了第三天，虽然我走得有点慢，可我还跟着他出去钓鱼呢。经过一个星期的治疗后，按照当时的约定。妈妈一个人来接我了，谢过医生后，我跟着妈妈一起回家。

路上，妈妈还很高兴地说，真的好了。可是，当我走到一半的时候，又开始痛起来了，连路也不能走了。妈妈高兴的心情，一下就没了，泪水又挂满了脸庞，抽噎道："究竟是啥子原因嘛？"同时又陷入了愁眉苦脸的样子。怎么办呢？又只得让妈妈背了。这次，妈妈一个人背，妈妈的衣服再一次被汗水湿透了。妈妈背着沉重的我，迈着艰难的步伐，一步一步的向前行走，背累了就歇一歇。就这样，我们走了好久好久才回到家里。爸爸看到我又是背回来的，同样也唉声叹气地说："你娃儿到底是怎么了，到处都医不到。以后的日子该怎么办啊？"这时，我同学的妈妈经过我家门口，问了情况后，说谁谁谁能治，让妈妈带着我和她一起去，还借给我们两千元钱作为治疗的费用。

第二天，她就和妈妈带着我去了。也是很远，到了后，那医生跟之前的差不多，开了药后，在他家住了一夜后才回来的。同样的结果，钱花了，没用。妈妈崩溃了，大哭了一场。我听到后，心里也好难过，也狠狠地哭了一场。

从打工回来的这些日子，爸爸妈妈为了我的病，不知付出了多少？跟亲朋好友借了多少钱？背着我走过了多少路？踏破了几双鞋？流过了多少汗水？最后换来的，是父母更加苍老失望的容颜和全家无尽的眼泪……

望着烟花哭泣

眼看着，春节就要到了。爸妈为了给我治病，已是负债累累了。可是祸不单行，我的病还没有好，爸爸又出事了。腊月二十六的那天，因为快过年了，爸爸要忙着干农活，我为了省钱就吃了止痛药，独自跟妈妈一起坐车去看病，走路虽然有点瘸，还有点慢，但是是坐车，妈妈一个人还可以。妈妈带着我，看完病后，都快中午了。妈妈去餐馆买了点包子，我们一边吃，一边等车，刚刚吃完，车就来了。我们就坐上了回家的车，当我们回到安溪的时候，已经是下午四点过了。

到了码头，又等船，等了好久船才开。快到家的时候，正好碰见我干爸的儿子，他气喘吁吁地对我们说："快……快点。表叔被古六用刀砍到了。""现在我爸爸在哪里？"我问道。"还在古六家门口呢。"我马上就跑去了，也不顾上自己的腿还痛着呢。"慢点跑，你的脚还没有好呢。"妈妈在后面着急地喊着。

当我赶到时，看见爸爸的左耳朵被砍掉了一半，脖子上还有一条大约五寸长的刀伤，一直往外冒着鲜血，湿透了他身上的毛衣。妹妹则在爸爸身旁大声的哭着，我上前帮爸爸捂住伤口，爸爸也在这时晕了过去，我忙喊干爸和我一个同学的父亲帮忙，一起抬着我爸爸往村医疗站去。这时，妈妈也赶到了，她一到就眼泪直流，守在爸爸身旁哭泣。我跟着干爸和同学的父亲，还有妈妈和妹妹，把爸爸送到了村医药店。王大双马上给我爸爸做缝针等一系列急救处理，我跟妈妈妹妹都等在外面。

接着，我就看到大舅和幺舅赶来了，原来，就在我爸爸被砍

— 73 —

伤的时候，我的另一个同学就跑去通知他们了，当大舅和幺舅听到后，就立即报了警，我让妹妹和妈妈在村医药店守着爸爸。而我，则跟着大舅幺舅一起又去了古六家，他还拿着砍我爸爸的那把刀站在他家门后，谁去他就一阵乱砍，无法靠近。没过一会儿，警察来，拿出了手枪，叫他投降，不然就开枪。他还真的听话，放下了刀，随后被警察用手铐铐住。而大舅和幺舅，还有我，立马冲上去，打了他一顿后，就被警察带走了。之后我们跟着大舅他们，回到村医药店，等到天快要黑时，手术做完了，医生说没事了，让我们放心。然后大舅安慰了妈妈，就和幺舅回家去了。到了半夜，爸爸醒了，妈妈又哭了，妹妹跟我也在旁边哭了。

后来，我才得知，爸爸被古六砍伤的原因。听妹妹说是，她玩了回家时，看到古六家的鹅正在吃我们家的麦苗。于是，妹妹就跑回家里，告诉了爸爸。爸爸就去找古六说理，让他把鹅看好，谁知古六就从家里拿出菜刀，砍向了爸爸，由于当时他走近的时候，把刀藏在身后。所以，爸爸避让不及，耳朵被砍掉了一半，同时，脖子上也被砍伤了。妹妹也在场，吓得妹妹大声呼救，向干爸求救。于是有了之前我和妈妈碰到干爸的儿子去通知大队干部时，正好碰到了回家的我们。

当天晚上，妈妈就就在村医药店那里陪着爸爸，我跟妹妹就回家。接下来的几天，妹妹负责做饭炒菜，我就帮着烧火。等饭菜做好了，妹妹还负责给爸妈送饭，送完饭回来了，我跟妹妹才开始吃饭。转眼除夕来临了，别人家都是热热闹闹地吃着团圆饭。而我们家，爸爸还在村医药店住着，妈妈也在那里照顾爸爸。家里，就是我跟妹妹两个人，默默无语地吃着简单的饭菜。夜晚，我们望着天空，看着远处那些盛放的烟花，我哭了，妹妹也哭了……大颗大颗的泪水，如释放的洪流一般，肆无忌惮的流着。陪着那烟花，陪着我们那无助的心灵，流向了夜空。

忽然，我看到所有的烟花都灭了，原来天空下起了雨，把那些放烟花的人，都淋到屋里去了。而这时的我，仿佛看到的，那是因为老天也被我们家多灾多难的命运感动了，所以，它也才跟着我们哭泣了，哭泣这个世界的不公。我爸爸那么老实的一个人，从不跟谁争什么，也不多话，又爱帮助人的一个大好人，却被古六那样小人给砍伤了，还失去了一半耳朵。我们的泪水和老天的泪水，容在了一起，把所有的烟花浇灭了。就是为了让我们在寂静的夜晚，为爸爸祈祷，祈祷爸爸早日康复！

说起古六，村里人人皆知，他名叫古纯友，是村里的惯偷。我小时候和爷爷在家时，喂养的那两只狗就是被他用土制炸弹给炸死后带走卖了的。还有我家的猫咪，也被他偷去了。当时，他带去赶集卖的时候，经过我干爸家，怕被他们听到猫咪的叫唤声，就用绳子系紧了点。结果死了，就扔在那里，刚好被人看到。总之，古六就是我们村里的祸害，什么都偷。不过现在，他已经死了，俗话说的，恶人恶报，被人打断了脚后，没几年就死了。

我爸爸虽然身住在医院里，可是，他还念念不忘我的病情。我也是后来才到听妈妈跟我说的，妈妈说，当我爸爸醒来的时候，就问她："唐刚的腿医生是怎么说的？是啥子病啊？能不能治好？"我听了心里好不难受，爸爸自己都身在医院，却还处处关心着我。这就是我亲爱的爸爸，我心中顶天立地的爸爸——在我彻底病倒后，还为爸爸特意写了一篇诗歌《父亲，是我生命中的城墙》。

年过完后，爸爸开始康复了，出院了。可是，我们却又欠下了几千元的医药费。后来警察找过我们，说古六，他家也穷，平时都是偷这个偷那个，有了一点钱，就醉酒，哪有钱赔你们哦！

我善良的爸爸说没有钱就算了，以后我们自己慢慢挣来还。

爸爸出院不久，为了给我治病，爸爸白天干活，晚上就和干爸他们出去电黄鳝泥鳅来卖。每次赶集，妈妈就拿去卖。而当妈妈要走了时候，爸爸都跟妈妈说同样的话："唐刚在吃药，吃药的人想吃肉，你卖了，就买点肉回来做给他吃。剩下的，就留着给唐刚看病用。"

……

迷信偏方，迁坟改门

经过一系列治疗后的我，仍没有好转。这时村里就有人说，是不是你们家的坟山有问题哦？如果是坟山的问题，取了重新埋过娃儿就慢慢地好了。本来有点迷信的妈妈一听，感觉别人说得在理。就跑去跟外公说，外公听了也觉得可能是。于是，便请来了一个所谓很精通阴阳的人来看。

我还依稀记得那个被外公带来的人——名叫李阴阳的人，六十岁左右，他戴着眼镜，短短的白发，看起来很有本事一样。当他刚刚走到我家大门口，就连连摇头，嘴里还不断地喃喃自语道："要不得。要不得。你这向山是哪个给你们看的哦？难怪娃儿会残。"然后，他就从背包里取出一个罗盘，在大门口那里仔细的对照起来。过了一会儿，他对外公和我们说道："你这个门口向山是残山，要不得。你们自己看嘛！远方那座山，被打石头的打得残破不堪，这个就称残山。以前你们修房子的时候，那座山是完整的，所以娃儿没得事。现在被开采了，就成了残山，所以娃儿会脚杆痛。"我们听他说得头头是道，都很相信。

看完家里后，外公就带着他去山上看爷爷奶奶的坟，我也忍着疼痛跟着去了。来到奶奶的坟前，他又取出罗盘，放在奶奶的坟头看了看说："这个坟可以，无论从山势、地里来看都很好，以后还要靠这个坟发展呢。"外公笑着说："啥子发展哦！只要能保佑他们家人平平安安就是最好的了。"当我们来到爷爷的坟前，他就摇头晃脑的说道："就是这个坟，跟家里的大门一样，残山。怪不得你外孙的脚杆到处都看不好。只要把这个坟取了，埋在他奶奶的旁边就可以了。"说完爷爷的坟后，他还在旁边的两个坟头看了一会儿，同时拨了一棵坟头上的草看了看说："这两个坟都是女坟。"外公惊奇地问道："你怎么晓得呢？你从来没有来过这里。"他有点傲慢地道："女坟坟头的草根是直的，男坟坟头的草根是弯的，不相信你们可以看看。"我和外公分别拨了其他几座坟头的草来看，果真如他所说。看来，他确实有些本领。

第二天早上，爸爸就请来了帮忙取坟的人，按照李阴阳说的，先煮一甑子饭带到爷爷坟前，再带上钱纸蜡烛香在爷爷坟前烧。等到他们挖开爷爷的坟了，打开棺材盖时，就把饭全部倒在棺材旁边的坑里。然后起棺材，拴上绳子抬到新的安葬处重新埋葬。其实，当我们大家看到爷爷棺材打开的时候，有几个叔叔就说："着了，取拐了。"为什么他们会那样说？因为爷爷棺材里，干干净净地，尸骨也是金黄色的，还有曾经爷爷去世时，装烧过的钱纸灰灰的坛子，里面的钱纸灰也很整齐，就像是没有烧过的钱纸一样，一叠一叠的放在一起。出现这样的情况，就证明爷爷埋葬的这个地方是一块好地。如今挖开了，就算再埋回去也没有用了。也就是说见了光了，这块地的灵气就消失了。

爷爷的坟迁好了以后，爸爸又请木匠拆门改门。同时还请来了七八个石匠，按照那个李阴阳师定的向山，改门就要重新把石梯改道。我家现在的石梯，就是为了当时改门，而重新修建的。

— 77 —

还有，坝子边上的围墙也是改门后砌的。所以，我家变成了里外两道院墙，之前的石梯是在院子的正前方，也只有外面的一道围墙而已。

等忙完了爷爷坟迁的事情和家里的大门改造后，妈妈又听别人的话，请来了司嬢子（就是巫师）。一波接一波的，都是差不多的做法，在家里请以故的老人回来和亲人说话，送花盘泼水饭等，说是还前世的冤孽。

那时，每个司嬢子都是在深夜零点开始。我们则要预备好一只大公鸡，还有必用的钱纸蜡烛香。一切就绪后关掉电灯，在堂屋里的桌子四方点上一支蜡烛，桌子中央放一面镜子。司嬢子就开始念念有词，趴在桌子上，也听不清她到底在念什么，还时不时地喊着妈妈烧钱纸。突然，司嬢子全身发抖，说话的语气就像是去世的老人，妈妈就问她我为何会得病？还让她去看看我的花树（即生命之树）如何？她就说好，开始去阴间了……过了一会儿，她说遇到一条河了，没钱过河，需要妈妈烧钱纸才能过去。妈妈立即照办，点起香烛，烧了一些钱纸。她说过去了，又遇到什么什么了，又需要钱，妈妈又烧些钱纸……就这样折腾半个小时左右，她说看到我的花树了，有个女人在我的花树旁放虫子。她问她说，你为何要在唐刚的花树上放虫子呢？那个女的说，唐刚前世欠我的，前世他对我不好，我嫁给他后经常被他打骂，所以我死后就是要缠着他，让他来世不得安宁。司嬢子又说，那你要怎么样才放过他呢？她说给她送个花盘，烧碗水饭，再烧个男人给她，她就不放虫子了。司嬢子问妈妈："记下了吗？"妈妈回答："记住了。"然后司嬢子又是一阵乱舞乱抖的，一会儿她就醒了，说刚刚发生的事情都不记得了，问我们记住了吗？妈妈说记住了的。

这时，已经是凌晨两点点过了。妈妈端出一个麻筛，放好需要烧的东西后拿上手电筒就跟爸爸一起出门了。司嬢子叮嘱说一定要到三岔路口才能烧。等把这些忙完，已经是凌晨三点多了。

第二天早上，司嬢子吃完饭就要走了。妈妈就拿出事前准备好的一只大公鸡给她，还另外付 200 元钱给她。唉！总之，所有迷信方面的，都是按照巫师的说法全力以赴去办，花了很多钱。

在这期间，我同时也在吃药，妈妈一直每天给我熬药。还听别人的建议，用民间的偏方治疗。什么奇奇怪怪的药方，妈妈都弄来给我吃过，外敷过。还有一个偏方，是我每天都在坚持洗脚泡脚的李子树根根，这也是有人跟妈妈说，让我用李子树根煎水洗脚，每天早晚都洗，千万别放弃。

那时，妈妈为了给我挖李子树根，每天都到处去找，到处去问。每天挖好回来，还要给我煎成水，就是为了能够保障我天天能泡能洗，从不会间断。总之，只要别人说好的偏方，妈妈从不嫌麻烦，都要全心全意的亲力亲为。

折腾来折腾去，我的腿痛稍微减轻了，虽然一瘸一拐的，但是可以慢慢地走路了。我记得是我表弟来我家看我，吃完中午饭后，他陪着我出门走走。当时我还带了读书时玩的弹弓，和表弟跟着马路转，碰见了一个刚刚搬到村里来的年轻医生。当时，我们经过他药店门口，他看到我还问了一下是什么病？我们还聊了一会儿天。

可是，好景不长，过一段时间后，疼痛再次袭来，我又不能走路了。要看又要过年了，我的同学来看我，鼓励我，邀我过年出去玩，我都哭了。想到他们可以到处走，可是自己只有呆在家里，哪儿也不能去。

越是临近春节，我只有无尽的哭泣。到了腊月二十六那晚，我跟爸妈说："去帮我买些止痛药回来吧！过年我好出去走走。"妈妈说："都这个时候了，还有几天就过年了，村里的医生都回

家去了，到哪里买啊？""前段时间，我和表弟出去耍时，看到村里又来了一个医生在开店，当时我们说了一会儿话。得知他是本村一个人家的女婿，他要二十九才关门呢。妈妈，你去帮我看看嘛！"我带着哭泣地说。"明天我就去，在的话就跟你买。"妈妈充满忧伤的回答。

第二天，妈妈带着那个刚来我们村不久的年轻医生来家里了。他帮我诊断了一下，从他的药箱里拿出针剂，给我打了一针，还开了一个星期的药给我。并说："我先给你打一针，开点药，如果松了，正月初六你就来我店里拿药打针。"

"嗯嗯，好的。"我点点头道。之后，他就走了。而我，上午他给我打针后，下午就不痛了，又可以走路了，我好高兴。妈妈爸爸妹妹都说，看来还有效果了，希望这次可以真的一直不会痛了。慢慢地，我越来越好了，自己感觉这次是真的在好转了。

今年过年，我们虽然没有钱，但是却迎来了久违的开心。因为，从我去年打工回来起，爸妈就为了我的病，带着我东跑西奔。去年过年时，大表叔回来了，以为可以拿到工资。结果，他跟我们说没有拿到，可能是白干了。一直到现在，我那年打工的钱，一直都还没有拿到。

到了正月初六，我和妈妈一起，去了那个医生的店里。他是在我们村里租的房子，离我家也很近，走路只要七八分钟就到了，而且还在马路边上。我跟妈妈到了，他看到我就说："可以走路了啊！那就好了。只要继续吃药打针，应该就没问题了。不过，这下你要天天打针和输液，一天输一次，早晚再打一针。"妈妈说："只要能治好，他自己都愿意天天来打。""我娃儿是啥子病啊？要医多久？要好多钱啊？"妈妈又问。医生说："我看多半是骨髓炎，这个病也确实不是很好治，可能他要吃半年的药，也要输很长一段时间吊针，可能需要四五千块钱。""哦哟！那么多钱啊！"妈妈心疼地说。医生接着道："钱是可以挣的，阿姨。等他好了，肯定不止找你那点钱吧！"妈妈又说："希望这回找对人了，不要像之前那样就好了。以后，你自己要记得按时吃药，按时来这里打针。""我知道了。"我也高高兴兴地回答道。

日子一天天的过去，我的腿果然再也没有痛过了。而爸妈他们，每天都干活，干完农活，爸爸还一直坚持着去弄泥鳅黄鳝来卖。同样是为了我的医疗费用，至于还债，现在还不行。而我，每天除了帮家里煮饭外，其他的农活什么都没有做。不是我不做，是爸妈不让做，他们生怕我再复发，都说翻病难医。所以，我也听爸爸妈妈的话，一直全心全意的养病，争取可以早一点好起来。来报答他们，报答我那亲爱的爸爸和妈妈！因为，他们付出的，实在是太多太多了，就算人生真的还有下辈子，我也无法报答他们对我的恩情！何况，又有谁知道有没有来生呢？

人生第一次进厂

我通过每天去输液，打针，和那个医生熟悉了。他年龄稍大我一点，姓郭名叫雪飞，家里排行老五，跟我很谈得来，我们就以兄弟相称。我叫他五哥，他也很亲切地就叫我幺弟。还把他刚出生的女儿，教她学着叫我幺爹。之后，我们两家就开始来往，逢时过节，都走走，串串门。就这样，在我每天坚持打针吃药，和爸爸妈妈的精心呵护下，逐渐地恢复了，基本可以干活了。

1999年的某有一天，妈妈和爸爸一起去赶集时，正好碰到我们这里的制革厂招工，妈妈就去给我报了名。当妈妈回到家里就问："唐刚，让你去制革厂上班，你要去不？听说一个月还是有

七八百呢。"我问道："好久去嘛?""明天就去,都帮你报名了,厂里让你明天去面试。"妈妈回答。"哦哦,要得。可是,不知道厂里好久下班? 要不要求住厂里,就算可以不住厂里,下班后,回来还要过河。来得及不啊? 我还要打针啊! 怎么办?"我一下问了一大堆。妈妈说："应该可以不住吧! 我看到我们村里的曾勇跟他老婆每天都是去过渡船,他们就是在制革厂上班的。""管他的哦! 明天你去面试了,就知道了。"爸爸说。"嗯,就是。"妈妈接着道："下午你去五哥那里打针,跟他说说,如果回来不到,就让他多开点药,把针药给你,你在街上找个会打针的医生打。""嗯嗯,要得。"

下午,我又去五哥那里打针了,就跟他说了妈妈给我报名的事情。他说："你妈妈也真是的,你都还没有完全好,干嘛跟你报名啊?"他又接着说道："万一整翻了,就不好办了。你自己考虑吧!"我说："我明天去看看,看看活重不重? 重了就不做。""还是要得,你不要住厂里,还是每天回来打针,这样会好点。"五哥说。

第二天,我很早就起来了。在吃过早饭时,妈妈说她跟我一起去,我说要得。吃完早饭,我便和妈妈一起去了制革厂。当我们赶到厂门口的时候,已经聚集了很多前来应聘的人。妈妈说:"好多人啊! 不知道能不能应聘上?"我说:"既然来了,就随缘吧!"

我们没有等多久,厂里的人叫我们一起上了三楼会议厅,妈妈则在外面等着。大约过了一个小时左右,有人直接来到会议厅,拿着名单点名,带走了一批。接着走来一个人,和刚开始那个一样,又带走一批。就这样来来回回,已经带走几批人了,我以为自己怕是过不了关了,正在想如果没有人看上,就跟妈妈回家。

"唐刚。"突然，我听到有个女的叫我的名字。"到。""出来。"然后，她又叫了几个人，让我们跟着她走，去了车间。她一共带走五个人，让其中两个去绷板组了，然后让我们三个去了晾晒组。和大家熟悉后，说了上下班时间，就让我们回家，第二天八点正式上班。我出了厂门口，见到了妈妈，就说他们让我明天来上班。我了解后，活还挺轻松地，应该没有问题。于是，我跟妈妈高高兴兴地回家了。

第三天早上，我去上班了，出门的时候，爸妈叮嘱了几句。我来到厂里，还没有到八点，就和昨天一起来应聘的人聊天。聊着聊着，时间到了，我们刚来的都认真学习着怎么做。刚开始时，我们晾得很慢，一天才晾几百张皮子。也许是因为我是刚来的，加上又住在河对岸，所以，下午还没有到下班时间，车间主任就让我下班回家了。而且，一连半个多月，都是这样。

后来，我跟厂里的人越来越熟悉。加上我很容易跟人相处，大家对我也很照顾，很快全厂的人都知道了我。而我，还成了当时大家口中的小弟弟。因为我的确也是这个厂里最小的一个人，成了名副其实的小弟弟。时间过得很快，一个月又在不知不觉中溜走了……我终于拿到了我人生的第一次工资。

我清楚的记得，当时我得了700多块钱，激动啊！回到家里，我把钱交给了妈妈，妈妈乐了。然后又从里面给我两百块说："这是你下个月的船费和生活费，要省着点花，你知道的，家里还欠着好多钱，你还要吃药打针。""知道了。"我回答道。当晚，妈妈去商店里，买了一斤卤猪香嘴儿回来吃。我心里特别高兴，我现在可以挣钱了，可以帮着妈妈还我治病时医的钱了。只要我不断努力，我相信，用不了多久，就会把债还完。

而在我上班期间，我每天下班，都要经过五哥的药店门口，顺便我打针，打完休息一下就回家。从没有间断过。药，就不用

说了，天天吃。吃得我都不想吃了，曾经我还问过五哥："我可不可以停药了？"五哥说："现在还不行，起码还得吃半年，巩固一下，以免复发。"唉！没法，我得听他的。虽然还不知道，我还要花多少钱来吃药。但是我相信，只要我身体健健康康，就不怕了，俗话都说"身体是革命的本钱"，只要身体无碍就好。

在我上班的时候，我也吃得很俭省，每天早晚在家里吃，中午在厂门口吃面，或者吃馒头包子。我两天抽一包烟，买的是八角钱最便宜的腊梅烟。还有就是，除了每天早晚过河的费用两元钱，就再也没有花钱的地方了。

很快到了澳门回归，那天，我正在晾晒皮子。车间主任走到我身边，对我说："唐刚，你去领钱没有？""领什么钱啊？我不知道啊！"我回道。"那你，快去财务处，今天是澳门回归，每人发五十块钱呢。""哦哦。好的。"听说有钱领，我特高兴，马上放下手中的活，跑去财务处了。发工资的那个大姐，让我签了名字后，就给我了五张崭新的十元的钱。我笑着放到兜里，离开了。刚刚回到车间，组长姐姐又问我："你去领钱了吗？"我说："领了啊！刚刚领过。"她说："你领了多少？""五十撒。"她又说："还有三十块，你去行政部领去。"

我又马上去上行政部，还是一样，签了字后领到了三十元，也是十元一张的。不过，这次是旧的，呵呵。刚刚拿到手，还没来得及放到兜里，又有人告诉我到厂长办公室领钱去，我惊奇地问道："还有啊？"那个哥哥说："是的。"我又马上去了厂长办公室，厂长看到我，笑了笑："领钱啊！小弟弟。""是啊！厂长好！"厂长就从抽屉里给了我二十元。那天，我领钱领得很开心，想到这个厂真好。有节日的时候，还要发钱，还是领几处呢。所以，我下定决心，以后就在这个厂里，好好做，争取能够转正成为正式工。帮助爸爸妈妈他们，减轻还债的负担。

因为自己感觉腿已经好了，我就断药了，加上厂里比较忙。所以，我就住进了厂里的宿舍，和一个烧锅炉的人一起住一个宿舍。他叫唐复全，家住自贡贡井，跟我同姓，排行老四，我就叫他四哥。他为人幽默，说话时自己不笑，却惹得在听的人哈哈大笑。又平易近人，我和他耍得很好。

　　有一天，我下班后。比我后来的一个弟弟，跟我闹着玩，我追他的时候，突然大腿根部不适，过一会儿又好了。以为没事的我，就在厂门口等四哥，准备跟他去他家，帮他种麦子。我们坐车到了他家后的当天晚上，我的腿就开始疼痛起来。第二天，又没有痛了，我就跟着他去种麦子。种完后回到厂里，我那晚上夜班，在烘房里收那些被烘干的成品皮子。可能是因为湿气太重，我的腿又痛起来了，这下实在熬不住了。天刚亮就请假回家找五哥，他帮我打针，开药给我吃，吃了就没事了。可是，却不能断药，一断药就会痛。

　　之后，我就经常请假，又开始到处看病。五哥带我去了自贡第一人民医院检查，没有结果。然后又去泸州医学院附属医院，同样没结果。经人介绍，说有种药叫措骨腰椎丸吃了好，我就买来试试，吃了还真的控制住了，同样的是不能断药。就这样，我就靠着这个药一直吃。因为这药贵，为了我不断药，我家又欠下了很多钱。到了年底，厂里生产的皮子也卖不出去，导致厂倒闭了。所有的人都离开了厂，我也回到家里，等候通知。

　　很快就到了春节，除夕之夜，我们全家人一起吃年夜饭的时候，爸妈问我："你的脚是不是只要不断药就没事？""嗯嗯。一断药就不行。"我回答。"我跟你妈妈商量了，过完年就跟你三保保他们去贵州遵义打工，找钱还账。你就在家里照看妹妹。能做好多农活就做好多，不能做就请人帮忙，到时我跟你妈妈把钱寄回来开药钱。"爸爸又说道。我说："要得。"然后妈妈和爸爸又

说了很多很多叮咛我和妹妹的话，我跟妹妹都点头表示一定听话。我还说道："我会好好的把家看好，照顾好妹妹，在家等着你们挣了钱回来。"

二十岁操持整个家

二十年来的欢笑，二十年的悲伤。二十年的冰冷，二十年的温暖。都在凌晨钟声响起的那一刻，翩然结束，无声无息，却承载了许多，许多。

然而我在爸爸妈妈的庇护下，我走过了十九年的温暖而幸福时光，在这期间，我尝过了人世间的痛与伤。现在的我，只知道家人团聚便是永远的幸福。

童年的我，最是快乐。每天沉寂于玩耍中，便是最大的幸福。那时的时光，过得很快，只知自己每天在日起日落中，找寻那份属于自己的快乐，天真的笑容时常挂在脸上。盛夏的夜晚，仰起头，看着满天的繁星，仔细地寻找属于自己的那颗，找到了，会手舞足蹈地欢笑，这便是快乐。哭了，可以依偎在父母的怀里，寻找温暖与安慰。那时的爸爸妈妈，便是自己的天下。

少年得病的我，初识悲伤。少年懵懂的心理，承载了不该有的酸楚。想哭的我，知道什么是愁，什么是伤。我可以一夜夜地无眠，幻想着自己的未来。可以一次次地埋葬那些凌乱的忧伤，去体会那些沧海桑田的变化。

十八九岁的我，早已不是青涩的少年，早该担起整个天下，

却在最得力的时候承受着无尽的痛苦与悲伤。我知道，如果没病的我，自己早已经已经是个双肩可以担起一切的男子汉了。我纵容自己遗失在最美的少年时光里，回忆着那些过往。我不愿意舍弃那些难以舍弃的少年青涩的回忆，因为那里有我最美好的过去，即便承受病魔袭击最痛的时候，我不愿忘记成长岁月里的一点一滴。

我等在那个划破时空的钟声响彻在寂静的深夜，那一刻，我二十岁。那一刻，我明白，我的病即使还没有好，我也该用我的双肩，担起整个家的天下。因为，我已不再是曾经的那个青涩的少年，我可以无知地游荡在美好的梦中，也可以随意地泛滥自己幻想的情感，甚至还可以在自己，脆弱的心里埋下一份份痛苦悲伤。但我，不得不承认，我，已是一个可以顶天立地的男子汉了。

我只有带着那过去二十年或甜蜜或悲伤的回忆，带着二十年或冰冷或温暖的过去，坚定地走向自己的漫漫红尘路，一路走下去。一路欢歌，我会用生命唱下去。一路风雨，我用肩膀化作羽翼。我相信，现在的我，可以撑起一个家的天下。

和妹妹相伴的日子

过完年后，爸爸和妈妈走了，留下了我和妹妹在家生活。等到开学了，妹妹读书了，我就在家干活。每天早上吃完饭，我就开始喂猪喂鸡喂狗还要给猫咪盛一碗，做完家务事。就该轮到山上了，先把羊子牵到山上，然后挑粪浇胡瓜。等我慢慢干完，差不多中午了，又开始做午饭，等待妹妹放学回来吃。妹妹吃完有时帮我洗碗，洗好了她才去读书，如果来不及，就是我洗。等妹妹走后，我又开始宰红苕来煮，要宰一大锅，准备晚上和第二天早上喂猪的。

　　日子，就这样一天一天的过去。该到插秧苗的季节了，我扛着锄头去田里挖田壁，铲田口。可是那天，我刚刚把那块田干出来，我的腿又开始痛了，我又不得不去五哥那里打针吃药，之后我又每天都去五哥那里。由于腿痛没法，我就把田送给村里的人做了。不久，胡瓜熟了，我就摘下来用背篼背到离我家不远的商店那里卖，一块钱一斤。有时要忙别的事情，就让卖肉的幺舅父帮忙卖。到了晚上，我就去拿卖胡瓜的钱。

　　一天到晚，没有忙着什么，就过去了，还累得很。终于体会到当家难，柴米油盐什么琐事都要管。晚上吃过晚饭，我躺在床上，望着天花板想，还是有爸妈在家好。还想，我的腿到底是怎么了？为什么总是痛？不知不觉就睡着了。天亮了，我和往常一样，起床把所有家畜管理好了，就上山去砍柴。刚刚砍完回家说摘胡瓜去卖，就听到商店里的干妈叫我去接电话，说是妈妈打回来的。商店里的老板是我在腿痛时，信迷信而认的干爸，老板娘就是我干妈。

　　说起我这个干妈，她心地很好，美丽又善良。当时我们是听取阴阳师的话，说我命里缺贵人，才会多灾多难，需要认姓韩的人当干妈才能避开。我还清楚的记得那时的情景，当阴阳师走后，爸爸和妈妈就开始想谁符合这个条件？最后就想起了开商店的韩学芬，决定把我拜给她。

　　第二天爸爸和妈妈就带着我去了商店，跟韩学芬说明情况后，韩学芬一口就答应了，并决定在三日后举行认干妈的礼仪。三日后，韩学芬和她老公来到我家，大家一阵嘘寒问暖后就让她们坐在堂屋中央，我就跪在她们面前叩三个头，大声叫道："干

爹干妈，儿子给您二老叩头了。"叩完头后，干妈用一根皮带给
我栓上并说："乖儿子，快起来！以后我们就是一家人了。希望
干妈能够给你带来好运！"从此，他们就成了我的干爹干妈。

话又说回来，我急急忙忙地跑到商店里，拿起电话。"喂。
妈妈吗？"顿时我的眼泪就流出来了。"嗯，唐刚啊！"妈妈那边
答道。我强忍着哭泣说到："是的。你跟爸爸也还好吧？"同时妈
妈也说："你跟妹妹在家都还好吧？""好的，我和妹妹没事。"我
回答。妈妈又问："你脚还有没有痛啊？"为了不让爸妈担心我的
腿又在痛的事情，我没有告诉妈妈和爸爸。我说："没有，只要
吃药就没事的，你和爸爸放心吧。"妈妈又说："我和你爸爸跟着
你三保保在遵义，你爸爸做馒头包子来卖，我每天去农家买菜挑
到城里卖。现在刚刚开始，生意不是很好。过段时间才给你们寄
钱回来。"我说："要得。"之后妈妈又叮嘱了我一些话后，说电
话费很贵，没事就挂了。我把电话放下后，抹了抹眼角的泪水，
给了干妈一块钱接电话的费用后就回家了。

请人收麦子

眼看要收麦子了，地里一遍金灿灿地，再不收割，麦粒都要
熟掉了。我急啊！因为我腿痛，无法收割。就去找人帮忙，可是
村里的人都忙着收割自己家的，没有空。我只好求助外公，外公
让我回家明天买点菜，他叫人来帮忙收割麦子。

第二天早上，我很早就起来了，并且把妹妹也叫起来帮忙，
让她烧火做饭。我就去地里拔了些我种的莴笋回来。然后一边喂
猪一边切菜炒菜，还抓了一些泡菜起来炒炒。把早饭做好后，外

公和那些人还没有到，我就让妹妹先吃，吃了好去上课。我把羊牵出去拴到有草吃的地方，又回来喂鸡。等我忙完后，外公他们来了，我早已把碗筷摆好，他们一到就自行盛饭来吃。待到吃完饭，外公就带着他们去地里收割麦子去了。

而我，就在家开始忙中午的饭菜。因为不赶集，买不到什么菜，我就到商店里称了三斤肉。然后回家里，开始发蜂窝煤炉做饭，等蜂窝煤燃起后，我就把肉洗好放到菜板上，用刀把肥的和瘦的分开，肥的切成片，瘦的切成丁，还切了一点瘦肉片。又从泡菜坛里捞出泡姜泡辣椒和泡酸菜，一一切好，放着炒的时候好备用。饭蒸好后，我就开始炒菜了，第一道菜，青笋丁炒肉丁，第二道菜，泡酸菜炒肥肉，就是酸菜回锅肉，第三道菜，炒鸡蛋，第四道菜，炒花生，第五道菜，青笋叶煮滑肉汤。等我全部做好的时候，外公和他叫来的三个人也回来了。我先用盆打好的水，让他们洗手洗脸，然后再吃饭。吃饭时，他们都夸我真能干，又会做饭菜，而且做得特好吃呢。外公在旁附和道："他爷爷，爸爸都是厨师，他自然是会做饭菜了。"听了外公的夸赞，我心里还乐呵呵地。

吃完中午饭，外公和他们一起聊天，休息了一会儿就去地里了。我则在家煮猪的饮食，一边煮一边晒他们挑回来的麦子。到了下午五点过，麦子全部收完了，我让外公他们吃了再走，但是他们都执意要回去吃，还谢谢我的热情款待。我说："应该我谢谢你们，能在百忙中抽出时间来帮我家收割麦子。谢谢你们！"他们说："听到你外公说你脚痛，麦子又黄了，不能自己收割。所以都抽出点时间来帮个忙，又没什么的，不用谢！"说完，我就拿出一百六十元钱给外公，外公每人给四十块钱后，把剩下的四十块给我说："我的就不用了，你自己拿着跟妹妹俭省点用。""知道了。"我说。我带着感激的心情，把外公他们送走了。外公

— 91 —

就是对我好，处处为我着想。

我和妹妹在家的主要经济来源，就是爸爸下岗后每个月能领到一百多块生活费。我们都是在没钱用的情况下，才会去爸爸厂里领。记得有次，村里的干部让我们缴纳农税提留，我就去了赵化爸爸的厂里，找到了曾经的副厂长，领了钱回家。把钱交给了村里的秘书，也是我平常口中叫的表叔。由于我当时不懂，加上他又是我的表叔，所以没有让他开发票，证明钱是给他了。

过了二十多天，村里的干部又让我缴农税。我说我已经缴了啊！三百多块钱，交到秘书那里了。他们说他没有报上去，也没有听到他说我已经缴了农税。我就去问他："表叔，我不是已经把农税缴给你了吗？他们怎么还让我缴啊？""你好久缴的哦？我怎么没有记忆了呢。一般交了的都要开收据，你的收据呢？拿来我看看。"他说道。

我一听傻了："当时你没有开收据给我啊！我问你一共好多钱，你说是三百四十八块钱。我就拿了两张一百的，还有两张五十的，还有四张十块的和一张五块的一张两块的一张一块的。我还说，这是我刚刚去爸爸厂里领的工资。"他说："好久哦！我怎么记得你没有交给我。"我急了："那天我去爸爸厂里领了工资，还没有回家就给你了。""反正只要缴了农税的我都开了收据的。你没有收据，那就是你还没有缴。"这时，我不知道该怎么办了？说不过他，默默地回家了。

爸妈临走时，还嘱咐我要多一个心眼，可是我还是让秘书给坑了。后来，他们经常来催，我没有钱缴，就一直拖着，直到爸爸回家后又重新缴。当时我特别的恨秘书，爸妈不在家就吃我的钱。在我病了后的一天，他从我门前过，看到我还诅咒说："你娃儿这么年轻怕是要死在我前面咯。"结果，他却死了几年了，而我还活着。这就应了那句老话"恶人有恶报，不是不报，是时候未到"。

又过了一个星期，村里的邻居过五十岁生日。平时，我们家有事情，她的儿子儿媳们都来了的，这次我也要去。可是我没钱送人亲，我想了很久，决定去跟五哥借。我带着忐忑不安的心情，来到五哥的药店，等他跟我打完针我就厚着脸皮跟他说要借一点钱走人户。他说："没事的，以后你有什么困难，尽管跟五哥我说。"我听了很高兴，在五哥那里拿了五十元。到商店里买了一瓶酒十五块，买了一斤糖四块五。就带着妹妹，去走人户了。妹妹在路上还问道："哥哥，你哪来的钱买礼物的？""跟五哥借的。""哦哦。"到了邻居家，我拿出二十块钱，和礼品给了主人家，并祝福她生日快乐！健康长寿！那天吃过午饭，我就在邻居家帮忙，忙完又吃了晚饭才回家。

也许是我一直吃药打针，病情又控制住了，也没有吃药了。而这时，我已经欠下五哥很多药费钱了。但是，五哥从来都没有问过，我们没有生活费，五哥还经常借跟我。说："我不相信你这辈子还不起我这点钱。"我听了，觉得五哥说得对，我有了好的身体，何止才挣这点钱。我想，等我以后挣了钱，要好好报答我这个没有血缘关系的哥哥。

卖猪砌围墙

时间就像山下的沱江水一样流走了，家里的红薯没有了，我又没有钱买，无法再养猪，就准备卖了。卖的钱要拿来买砖砌围墙。自从门改了以后，因为没有钱买砖，所以院墙一直没有砌。爸妈走时曾说过，等红薯喂完了，就把猪卖了买砖砌围墙。我找

来买家，两头猪一共卖了一千多块钱。我拿着钱去了外公家，让外公帮我去买砖，并找车子把砖拖到家。

等外公把一切办好后，砖终于拖到商店门口，下载到那里。由于当时我们这边的马路还没有修，所以不能拖到家门口，外公又找来几个拉机公车的，把砖运到到家门口。这次买砖和运费一起，一共花去了一千零几十块钱。之后，我就天天到家对面的山上，带着手锤和钢钎在那里打泡沙石。打好后又用竹兜装好挑回来，再在家里慢慢地锤。接连半个多月，沙石差不多够用了，我才没有再去。

我在家里休息了几天，就去找村里的砖工刘三表叔，让他和我一起砌围墙。并给他五十块钱一天，还在我家吃饭。他说："要得。"然后又问道："好久开始砌嘛?"我说："如果你没有什么事情，就明天开始嘛。""好的。"他回答。

第二天，我一样是很早就起来做饭，又让妹妹帮忙。在妹妹煮饭的时候，我就去挑水，把水缸灌满。想到砌围墙也要用水，我把水缸灌满后又挑了两挑水把其他的盆啊桶啊也盛满。这时，刘三表叔带着他的家伙来了。我们吃过早饭，就开始干起来。我拌沙和水泥，他就牵线测量。等我拌好，他也好了，我们就一点一点慢慢地砌起来。累了，抽支烟休息一下，休息好了又干起来。在砌墙的时候，三表叔还教我怎么砌才好。虽然我之前在理塘县做过，但毕竟不是很会，我一边砌一边听他说的，按照他教我的去做。

我和三表叔经过一个星期的努力后，终于砌完了，一道崭新的围墙砌起来了，看上去很壮观。我心里特高兴，想到爸妈回家的时候，看到也会高兴吧! 吃过午饭，我把工钱给了三表叔说："谢谢三表叔! 这段时间辛苦你了!"他说："没事的。"然后拿着钱走了。我又开始清理垃圾，清理了两天才彻底搞好。

兄弟情义

有一天晚上，五哥来到我家，和我一起睡。其实，之前五哥也经常来跟我一起睡，他也是一个人在家，他老婆在外打工。由于我天天跟他接触，对输液这些也学会了，也经常和五哥一起去出诊。让我最深刻地一次是，一晚上我们跑了几家。

开始，我们去了离我们大概有三公里的易家，到了那里已经是晚上八点过了。帮他家病人输好液后，主人就让我们在他家吃饭。输完液我们又翻山越岭，去了五公里的一个山沟里，一路上，我们一边吹牛一边走路。

在去病人家的路上，我们碰到了村里的刘四和文四，平时我们都在一起耍过。然后他俩也跟我们一起去，说说笑笑，不知不觉就到了，主人很好客。待我们跟病人挂好瓶子后，拿出十瓶啤酒说："每人两瓶。"我们也很干脆地说："喝就喝。"主人家又拿出花生来，一边喝酒一边聊天。等输完液，对面的又让五哥去看看。我们四个人又去了对面那家，我们都认识，他姓韩，因为背有点驼，都叫他韩三驼背。他让五哥给他妈妈看看，然后又输液。他就从酒坛里打出大约是三斤烧酒，同样拿出花生来让我们一起喝，同时我们还猜拳。等到他妈妈液输完，我们把那点酒喝完时，已经是晚上十二点过了。五哥收拾好医药箱，我们就开始回家了。

在回家的途中要经过文四家，到了他家门口，他又让我们进屋耍一会儿。谁知道一进屋，他也搬出酒坛来。我们四个又开始喝酒，下酒菜也是花生。这下，把刘四表叔表叔给喝趴下了。我们三

个都还在喝，直到酒坛里没有酒了，才停下。五哥也喝得差不多了，走路的时候是飘的，只有我和文四还没事。这时看看时间，到了凌晨三点过快四点钟了，五哥说回我家睡觉了。文四怕五哥摔倒，而我一个人无法把他带回家，就跟着一起送我们回家。

到了我家后，我敲门让妹妹开门。妹妹开门时说："哎哟！你们才回来哦！一个二个喝得二麻麻的。""哪个喝酒了哦？"当时文四开玩笑地回答。我们到家后，文四也没有再回去，也在我家一起睡下了。第二天早上，妹妹起来做饭，我就没有起来，就连她叫我吃饭我也没有起来。因为实在是太困了，等到我醒来起床的时候，他们两个还在睡呢。五哥一直睡到中午才醒，在我家吃完中午饭后，去了店里。而文四，他比五哥先起来，在我家洗过脸就回去了。

我吃过饭后，出门去商店买东西，就听卖肉的幺舅公跟我说："有人说你昨晚偷了人家的兔子来吃，我才不相信你会做那样的事情。""哪个哦？我连兔子毛都没有看见，怎么会偷他的呢？而且，就算送我，我还嫌难得打整。"我说。幺舅公说："是啊！可人家就说是你们偷的，昨晚你是不是跟刘四文四他们一起嘛？""是的。"我说。"人家就是说你们偷来做你拿手的冷吃兔去了，当然我一听就不信。"幺舅公说。我说："管得他的哦！自然会有人找他给我们澄清的。"

果然，就在第二天，文四就去找肖华金，让他给我们说归一，不然就不客气。说起文四，就是后来我在昆明落难时，是他帮了我一把。因为他曾经是个吸毒的，也是昆明的一个老大，所以在家乡名声有点不好。但是他乐于助人，在家从不生事，还经常帮助需要帮助的人干活。也赢得了很多人对他看法有所改观。肖华金一听，连忙改口说弄错了，希望他不要与他计较，还连连道歉。文四不依，说要让他到商店里当着那些人道歉才肯罢休。

商店，那个地方只要不是农忙时候，会有很多人在那里耍，打牌的，吹牛的，说七说八的什么人都有。肖华金当时就在商店里冤枉我们偷他家的兔子来吃，让很多的人都听到了，坏了我们的名声。所以文四才硬要他在商店里澄清这个事情，并给我们道歉！这样才能让我们大家都好过，不然，去商店耍的时候，人多嘴杂，就会有人在我们背后指指点点的说一些难听的话。肖华金没法，只有答应文四的要求，把我，五哥，刘四，都叫到商店里，然后当着所有人的给，我们道歉，说对不起！并澄清说兔子不是我们偷的，以后不会没有证据就冤枉别人了。

我在商店里也声明说："我虽然喜欢做冷吃兔，但都是杀我自家养的兔子，从来没有偷盗过别人家的兔子来做。当然，大家喜欢吃我做的冷吃兔，你们可以把自家的兔子捉了来我家打平伙，千万不要去捉别人的兔。像肖华金家的兔子，是看一眼也要不得的。"

商店里一遍嬉笑声。

二十岁生日

其实，人生之中很多人在自己二十岁的时候，都要热闹一番。2001 年农历 4 月 29 日，我二十岁那天，本来以为会没有人记得。准备自己买点肉，和妹妹一起过的。就在我生日前夕，我正在家里喂鸡。突然听到有人叫我的名字。我到院墙外一看，原来是外公赶集经过我家门口，他正喊我呢。我忙答应道："在的。外公去赶集啊?"外公回答："嗯。"并且还对我说道："29 号那天你到我家来，你外婆说跟你过生日。"我一听，很高兴，急忙

回答："要得。"然后外公就走了，临走时还叮嘱我要早点过去。

到了我生日那天，我和妹妹吃早餐时，告诉妹妹："等中午放了学，你一直去外婆家。"妹妹问道："为何去外婆家？今天不是你生日吗？"我说："外公叫我去他家过。""哦哦。那还差不多，我还说放学早点回来陪你一起做饭呢。既然外公喊去，那肯定比我们自己做的东西要多了。"妹妹高兴地说。

等妹妹上学后，我把家里的卫生打扫了一下。把鸡狗喂了，又把羊子牵出去拴好后，才把门锁好去外婆家。当我走出家门的时钱，我家狗狗看到也跟着我走。一路上，我唱着歌，狗狗就在前面走走停停，时不时回头看看我。看我还在后面很远，它就坐在路边等我，待我赶上它了它才又起身走在前面。快到外婆家时，我让狗狗回家去，它不肯。我就蹲下摸着它的头说："乖！快回家把家给我看好，等我晚上回来给你带好吃的。"狗狗听了后，在我的腿上蹭了几下就跑回家去了。

我刚到外婆家，就叫道；"外公外婆，我来了。"外公坐在坝子里抽烟，听到我喊他，他微笑着说："唐刚来了啊！""嗯嗯。外婆呢？"我问道。"你外婆在厨房忙呢。"外公回答。"哦哦。那我去帮忙。"我说。"你刚刚到，就耍一会儿吧！又没有什么好做的，你外婆一个人就可以了。"外公对我说道。我又说："没事的，反正我也习惯做家务活了。"说完，我就去厨房了。

来到厨房门口，看到外婆正在煮饭，我就去烧火。外婆笑着说："唐刚来了啊！""嗯。还有啥子要做的？我来做。"我说。外婆说："没得啥子得。你就烧火嘛。""好的。"我就坐在那里帮着外婆烧火。这时外婆问我："幺妹呢？你跟她说没有？让她放学走这里来。""说了的，她晓得。"我回答。然后我就和外婆闲聊，她问我脚还痛不痛？有没有好？这些。还问爸妈他们在外面是否安好？我都跟外婆说了。忙完了该做的和不该做的后，外婆说现在还早，等中午点再炒菜，让我到院子里耍一会儿。我起身来到堂屋里，端了一根凳子到院子里挨着外公坐着。

　　刚刚坐下没多久，外婆拿来两个煮好的鸡蛋给我，让我吃。这时外公说道："你外婆早上就跟你煮好了放在那里，说等你来了就给你吃。"我笑着回答："谢谢外婆！"同时还把另一个给外公。外婆说："你外公吃了的，这两个是给你留的。"可我还是又递给给外公，外公没有接，说："我不吃，你吃吧！"最后让我给消灭到肚子里去了。

　　快到中午了，外公让我炒菜，外婆烧火。因为外公知道，我炒的菜好吃，所以才会让我炒。其实，从我长大开始炒菜后，每次只要去外公家，爸爸不在就是妈妈或我炒。我很认真的炒着每一道菜，一共炒了五个菜，鸡鱼肉小菜等。还有外婆炖的猪蹄汤和煮的腊肉香肠，很丰富的一顿午餐。等我们把所有的菜都弄好，妹妹，表妹，表弟他们放学回来了。就开始吃饭了，大家有说有笑的，好开心！

　　吃过午饭后，妹妹他们又上学去了，我则帮着外婆洗碗收拾。完了我就到堂屋里看电视，外公也在，外公说："还剩那么多菜，晚上早点弄来吃，吃了你好回家。"我说："要得。"不知不觉就五点了，我和外婆又开始做饭。刚做好妹妹他们也回来了，然后就吃饭，吃完饭我跟妹妹告别外公外婆和表弟妹他们就回家了。

　　在路上的时候，我和妹妹边走边聊天，走到一个弯道处，妹妹害怕。因为那里是我们常常听说有鬼出没的地方，加上天又快黑了，四周又无人家，我们就跑着过去了。跑过害怕的地方，我和妹妹的心都跳得厉害，庆幸什么都没有发生。很快我们就到家了，我让妹妹先回去，我又到山上牵羊子。狗狗看到我们回来，高兴地又蹦又跳摇尾巴还叫唤呢。妹妹从书包里拿出骨头，给狗狗吃。还摸

着它的头说："辛苦你了，在家看家。"狗狗也许听懂了，也许没有听懂，但是却轻声叫唤着，蹭着妹妹的腿。之后妹妹写作业，我等鸡回来了就关门看电视，看到晚上十点过才睡觉。

妹妹的家长会

就在我生日过后不久，妹妹学校要开家长会，让我去参加。之前爸爸参加过我的家长会，多少知道一些，成绩好的受到表扬，成绩特差的家长都要挨骂，还丢面子。妹妹吧，还好！她当时的成绩是中等，我去至少不会被她老师骂。我问妹妹："几点钟开始？"妹妹说："九点钟。""哦哦。要得，我把家里的事情做好就去。"我说。妹妹又说："记得别迟到了，我先去给你端板凳。开始时要在操场开，过了才回教室里开。""晓得了。"我回答。妹妹走了。

我忙完家里的事情，就去了妹妹学校，我还是第一次去妹妹学校呢。到了校门口，操场上已经来了很多家长了。我看到妹妹，她也看到了我，像我招手示意我去她身边。我走到妹妹旁边坐下，妹妹说："等哈这里散会后，你把凳子端到我的教室，就在二楼的第二间。教室里的课桌上写着我的名字，你看到就知道我坐哪里了。"我轻轻地点了点头，妹妹说完就离开了。大会在九点的时候开始了，那些老师在上面讲了很多，但是我却没有听进去多少。到了奖励的时候，我才认真的关注，我也跟其他家长一样，希望能看到妹妹也能上台领个啥奖之类的。果然，妹妹还没有让我失望，台上的老师突然说道，我校唐英会同学，因班级绘画比赛，获得第三名，特此颁发奖状以此给予奖励！望再接再厉！欢迎唐英会同学上台领奖！我听了，在下面使劲的鼓掌。其实，妹妹这次绘画得奖，就是我得奖。呵呵。因为几天前，妹妹就叫我帮她画一幅画。由于当时我们没钱买画笔，我就用妹妹从学校里拿回来的五色粉笔来画的。画里面，我随手画了一幅山水加一个宝塔还有南飞的大雁。让我没有想到的是，竟然得了第三名。老师们发完奖状后，就通知家长回到各自孩子的教室。

我端起板凳，来到妹妹的教室，进门就看到妹妹的名字。就在中间第三排的课桌上，我走近坐下，一边看黑板上写着"欢迎各位家长参加学校组织的家长座谈会"几个粉笔大字，一边等待着会议的开始。这时，妹妹端来一杯茶让我喝，又和我聊了一会儿直到会议开始才走开。老师大概说了半个多小时后，就让家长们自由发言，互相交流及提问等。又过去半个小时左右，才结束了。然后，我来到老师身边，问了一些妹妹在校的事情和她读书时听不听话，调不调皮等就和妹妹回家了。

回到家里，我又和妹妹聊了一些老师说她不好的地方，让她要改正不良习惯。并且嘱咐妹妹今后要认真学习，将来一定要比我强，不要像我一样，初中都没有读完就辍学了。妹妹吧，当时倒是使劲点头，回答得挺好的，还说我会努力的。可是后来，妹妹读书成绩越来越差，不过还是混到了毕业，比我要好些。而我，毕竟连毕业证都没有混到手。所以，妹妹还是比我强。

其实我很笨，嘴巴不太会说话，妹妹就不同，她很会说话。记得有一次因为我们没有生活费了，就准备抓只鸡去街上卖。就是我不会说话，怕卖不到好价钱，就让妹妹背着去。早上我起床，逮了一只大公鸡，用稻草搓成绳子套在鸡脚上，放到背篓里后，就叫妹妹背到街上去卖。妹妹走的时候，我还跟她说卖了再买点菜回来。妹妹说要得，说完就出门了，正好碰到村里的熟人也去赶集，我们平时都叫她表娘。妹妹就跟着表娘一起走，我还

让表娘多照顾妹妹，怕她小被骗。表娘说："没事的，放心吧！"那次卖鸡，妹妹还真的没有让我失望，她不仅卖了个好价钱，还买回来了菜呢。

中午吃饭时，妹妹把剩下的钱给了我。我又从她给的钱里拿出两块给她，让她想买啥子吃的就去买。妹妹也很高兴的接过，放到她兜里。然后跟我说她不买吃的，要买笔，剩下的就存起来。我笑了笑夸赞说："妹妹也懂事了哦！"她听了，调皮地伸了伸舌头，什么都没有说。从那次后，我们生活费困难时，又卖过几只公鸡，都是妹妹背去卖的，而且每次卖的价钱都很好。

就是因为家里没钱，我还差点跟着文强他们去新疆打工呢。记得有一天，我在商店里耍了回来，和妹妹刚刚吃完饭。文强和文四刘四他们来了，说邀我一起跟他们去新疆种棉花，文强的姐姐是包工头，钱稳当，不怕拿不到钱。我听到他这样说有点动心了，因为当时跟他一起来的文四和刘四都要去。所以就跟妹妹商量，说我想去新疆打工。妹妹说："你走了家里怎么办？谁来看家呢？"我一想也是的。如果我走了，家里就剩下妹妹一个人，是不行的，何况她还要读书呢。我想，等妈妈打电话回来再跟爸妈说一下，如果他们生意也不好，那我就去新疆，让爸妈她们回来一个人带妹妹读书。

可是一直没有等到爸妈的电话，我就跟妹妹去找外公商量。外公听了后同意我跟文强他们去，外公说等我去了那边，再打电话跟爸妈说，叫他们回来一个人。当时我没有路费，文强说要两百块钱的路费，外公也没钱，就让外婆去了她们村里认识的人家，在那里给我借了两百块钱拿给我。我带着钱，和妹妹回到家里，然后我和妹妹说了很多，叮咛她要好好的等妈妈回来。晚上还没有吃饭，文强他们就来了，我背起妹妹帮我收拾好的行李，跟着他们走了。妹妹哭了，我看到心里很难过。可是为了生活，为了把家里的债务还清，我不得不强忍着离别的痛苦，狠心地丢下妹妹走了。

我们来到安溪渡口，因为天黑了，渡船已经不渡人了，叫了一个小船送我们过河。到了镇上，文强的姐姐安排我们在旅馆里住下。之后不知道为什么？文强和她姐姐吵起来了，文四很忌讳这些，说刚出门就这样不吉利，毅然决定不去了。我听说他不去了，我也就说我也不去了，我心里实在担心妹妹一个人在家，放心不下。刘四看到我们两个不去他也不去了，文强同时也决定不去，把她姐姐气得发火走了。

文强出门借来一辆摩托车，载着我们三个人去赵化耍。在途中，我们差点出意外。就在途经银市溪急弯处，迎面行来一辆货车，没有开灯导致我们差点相撞。文强急忙把摩托车往马路里面打，撞在一块大石头上，我们全部被摔了出去。所幸的是，我们全部都没事，一点都没有伤着。然后，文强扶起摩托车又继续往赵化开。当晚我们在赵化过了一夜，第二天早上吃了豆花才回到安溪拿行李回家。

我回到家里，妹妹已经上学去了。只有狗狗在门口迎接我，我打开门，放下行李后，心里的所有担心一下全没有了，也踏实多了。我到商店里，买了一点肉回来切好中午炒。等妹妹放学回来，看到我还在家里，心里也很高兴。还问了为何没有去？我就把昨晚发生的事情跟她说了。妹妹听了说："不去好，你本来腿还没有完全好。等以后彻底好了再出去打工。"我和妹妹，又恢复了之前的平静生活，虽然有时会为了生活费发愁，但是我们相依为命，也很幸福！

眼看又要过年了，爸妈寄了五百块钱回来，让我们过年用。虽然我和妹妹吃不了多少？可还是得准备一点。春节前一个星期，妹妹和我上山砍柴，清理屋后的水沟，打扫卫生等等。然后

上街买鞭炮，钱纸蜡烛香，还有吃的。到了腊月二十三，我也学着爷爷一样，祭拜灶王菩萨，除夕夜又接回来。和妹妹吃过年夜饭，我们拿出买回的两支烟花来放。然后看春节晚会，到了十二点我又放了一圆鞭炮后睡觉。早上起床，吃完早餐。我又跟妹妹一起，去山上跟爷爷奶奶上坟，之后我们就各自出门玩去了。

　　过年那段时间，除了走人户我们几乎都是在家附近的邻居家耍。

六

漂泊天涯的脚步

一个破旧的背包，一个自己的影子。一个人，为了生活，拖着沉重的脚步去流浪。

我走在霓虹灯下，那么多陌生的面孔，那么多缤纷的装饰。

可是，他们不属于我，属于我的，只有身后的背包，和脚下自己的影子。

匆匆地走过街边的橱窗，我看见了黑色的十字项链。记得小时，那年冬天，我自己送了一条给自己。

只是，这一条永远不是那一条。那一条上，有着我的理想，这一条，没有。

城市的钟声敲响。十二点。时针和分针终于重合，可是却又匆匆分离。

分针一次次从时针身旁走过，却一次次地留下了寂寞。

我躲在昏暗的房子里，突然，门被打开。

阳光照进来，黑暗却缓缓退去。

它们，最终谁也没有留住谁，谁也没有等到谁。

流浪的脚步

一个破旧的背包
一个自己的影子
在陌生的城市里 流浪

一路的心酸坎坷
一路的陌生彷徨
我怀揣着自己的 梦想

一支香烟来解愁
一杯烈酒来诉说
我尝尽世间悲欢 离合

灯红酒绿的歌舞
纸醉金迷的生活
可否知道心中的 寂寞

天崖流浪的脚步
充满多少酸和楚
我在夜晚陪着 清冷的月亮哭

天崖流浪的脚步
还带着家乡的土
我在夜晚望着 故乡的月亮哭

只身前往贵州

2002 年年初，妈妈和爸爸突然打电话回家说让我去他们那里，爸爸回来带妹妹读书，顺便好做家里的田土。我走的头天晚上和妹妹说了很多话，当然都是些叮嘱她要乖的话，在爸爸回来前除了看好家以外，晚上不要随便开门等等。

第二天早上，妹妹送了我一段路程。分别的时候，我们都不舍，我的心里又担心妹妹这段时间一个人在家，晚上的时候怕她害怕。白天又担心她回家还要自己做饭，上学时会不会迟到？而妹妹一边挥手一边哭泣。直到我们看不到彼此了，才把手放下。我到了踏水桥，坐上了去隆昌的客车。看着窗外飞逝的树木，不禁黯然神伤。我和妹妹相依为命一年多，就像这眼前飞逝的树木一样，一瞬间就消失了。

到了隆昌火车站，我去买了到贵阳的车票，是凌晨三点十五的车。我没有到处去走，而是一直呆在候车室里等。透过玻璃窗，我看着人来车往的马路上发呆。大多数的人，都是在为了生活而忙碌着。而我也不例外，远赴千里就是为了生活能过得好些。

天渐渐黑了，在霓虹灯光的笼罩下，一点也不觉得黑暗，反而更多的人在公路上或公园散步。不像我们农村，天一黑就就没有人在外面了。这时，我也饿了。背起行李来到车站旁边的一个餐馆，餐馆里坐满了吃饭的男男女女，我找了一个角落坐下。看看桌上的菜单，要了一个最便宜的蛋炒饭。吃完后，我又回到候车室等车，一直到凌晨三点检票，我都没有睡觉。

　　终于，我坐上了来往贵州的列车。在列车上，我没有怎么睡觉，大多数都在欣赏着窗外的风景，憧憬着美好的未来！每到吃饭时间，旅客们都纷纷买饭吃，也有和我一样的旅客，为了省钱，没有买来吃，都从自己带的行李中，拿出食物来吃。而我，也拿出在家煮的鸡蛋和水，慢慢地吃起来。

　　经过一天两夜的车程，快中午的时候到了贵阳。我下车后跟着人群，向出站口走去，刚刚到出站口，就碰到二保保来接我，二保保就是我妈妈的亲堂妹的老公。二保保说是爸妈让他来接我的，并让我先到他家吃了饭再去爸妈那里。之后，我就跟着二保保一起坐车开往他租住的地方。等我们到的时候，大保保早就把饭做好了。一阵寒暄后我们就开始吃完饭，在吃饭时，我向大保保问到我爸爸那里还有多远？需要多少车费时，我才发现钱包被偷了。虽然里面没有多少钱，可是我的身份证在里面，我有点着急，但也没办法只好算了。吃完饭二保保就送我去车站，帮我买好票送我上车说我爸爸会在终点站等我。那也是我人生之中，第一次被小偷偷。

　　又坐了两个小时的车，我才到了爸爸他们那里，贵阳市白云区龚家寨贵州铝厂，终点站是中坝。在车子进站时，我就看到了爸爸和一个我不认识的叔叔一起在那里等我。后来才知那个叔叔是我们家乡人，里我们老家不远，他也在那里做炒鸡生意。下车我就叫了爸爸一声，爸爸给我介绍说这个你喊李叔叔，然后他们带着我回到了租住处。妈妈正在家里忙着出摊用的东西，搬到三轮车上。看到我，妈妈眼眶就湿了，忙问："你跟妹妹在家都还好吗？"我说："还好。妈妈你不要担心！妹妹也很听话。"之后爸妈和我聊了一些我在家的事情，就推着三轮车摆摊去了。爸妈还让我也跟着去看看，熟悉一下环境。

　　在路上，爸爸骑着车子，我跟妈妈坐在后面，到了上坡路段，我和妈妈就下车在后面推。到了摆摊的地方，爸妈就开始忙活起来。我就看看了四周，这是铝厂职工的家属区，大概有二十多栋楼房。在爸妈摆摊的旁边有一个卖烤豆腐干的婆婆，还有一些卖水果的摊贩。等爸爸摆好后，就告诉我他们每天下午五点左右出来摆摊，卖到晚上八点过才收摊，早上就到菜市场买鸡买佐料等需要的东西，回到家里再把杀好的鸡清洗好，又把需要的佐料配好准备着下午好卖，其他就没有什么可做的了。

爸妈正和我说着，来了一个客人要炒鸡。妈妈就问客人："要半只还是一只？""一只。"客人说。妈妈从客人手中接过他选好的鸡称了一下说："五十八块钱。"然后就拿起刀在菜板上砍成小块小块的放到盆里。爸爸也打着火，把油到锅里，待到油温适合时就炒起来。大约炒了十几分钟后就起锅了，香气四溢，我都流口水了。妈妈帮客人装好，收了钱说了一声"慢走"。等到客人走远后，爸爸说这个客人是常客，每隔几天就来买一次。我就问："这鸡炒的是不是很好吃啊？不然怎么会几天就来买一回呢？"爸爸说："肯定了，等晚上回家我炒给你尝尝。顺便教你怎么炒才好吃。""好啊！"我吞着口水回答。

就在这时，听到不远处的家属楼道口传来一声："炒鸡的，帮我选一只五斤左右的鸡炒好，等下我让儿子来拿。"妈妈大声地回答道："要得。马上帮你炒。"同时又来了一个女顾客，也是经常来光顾爸妈的熟人。她人还没有到摊前就开始朝妈妈喊道："还有鸡没有？今天我家来客人了，没有买菜，准备炒只火锅鸡来吃。"爸妈同时回答："有的。"然后妈妈开始称鸡砍鸡，爸爸就把两口灶同时点燃，倒下适量的油等着妈妈砍好。我见爸爸同时炒两口锅，不停的颠锅，火光耀人很羡慕。因为那时的我，还不会颠锅呢，就是在爸爸走后我才慢慢学会的。在爸爸还没有炒好的时候，又来客人了，妈妈和爸爸一直忙到鸡卖完才停下来。

这时妈妈一边收摊一边说："没想到今天生意会这么好！五只鸡都卖完了还不够，往天最多才卖三只鸡，要是知道今天就多杀几只了。"爸爸说："哪个晓得呢？晓得的话就多杀几只咯。"妈妈笑着说："可能是唐刚来了，带来了好运。"爸爸也笑了："以后每天都能这样就好了。"我也高兴地帮着爸妈收摊回家。

回到家里，李叔叔和他老婆还没有回来。爸爸让妈妈在家做饭，他带着我去菜市场买些菜，晚上让李叔叔他们一起吃。我跟着爸爸去了菜市场，爸爸买了些肉和一条鱼，还带着我逛了一下才回家。这时，李叔叔他们也回来了，和我们住一个院子，只是他们住在楼上。妈妈就问他们鸡卖完没有，如果没有就拿一只称一下卖给我们，并让他们不要做饭，晚上一起吃。李叔叔说："没有，还剩三只呢。称啥子哦！拿去炒就是。人家唐刚刚来，我这个叔叔还是表示一下撒！"然后，他就让他老婆拿出一只鸡给妈妈。

晚上，爸爸亲自下厨，让我在旁边观看，认认真真地教我鸡是怎么炒的？叮嘱我要好好学，等他回家以后摆摊就是我自己炒了。我也很认真地看着，记着每一个炒鸡的步骤。爸爸对我说："炒鸡要大火，先放菜油，待到油温 85 摄氏度时，放入姜和蒜爆香，再放入鸡块炒，待到鸡块发黄时加入豆瓣酱、油辣椒、老抽和料酒一起炒，然后再放盐巴和我们炒鸡特有秘方中草药香料少许，加水少许焖一会儿，最后放入青椒或蒜苗加味精鸡精翻炒几下起锅。"就这样，一盘香喷喷的青椒童子鸡就炒好了。

菜炒完后，妈妈就让我上楼叫李叔叔他们下来吃饭了。吃饭的时候，爸爸叮嘱了一些有关他回老家后的事情，还让李叔叔他们多多照顾我们。吃过饭，我又跟着爸妈李叔叔他们出去逛街，我从李叔叔他们口中得知，爸妈的生意一直不好。最多的时候卖三只鸡，卖半只或一只的时候占多数，只能够生活费而已。爸爸妈妈来这里也是二保保他们叫到这里来的，之前爸妈在遵义市三保保那里，爸爸卖包子馒头，妈妈卖菜还挺好的。听二保保说这边卖炒鸡好，才过来贵阳这边，谁知到了这里生意并不是想象中那样好，能维持房租水电生活费就已经不错了。主要原因是二保保给爸妈找的地势不好，人太少了。人家李叔叔他们都在菜市场门口卖，他们的生意就很好，一天最少能卖七八只，最多的时候卖十七八只到二十多只。我听完后，心里暗暗决定等爸爸回老家后就重新找地势，重新开始。那晚，我们逛到晚上十二点过才回家睡觉。

刚刚回到家里，因为我坐车没有怎么睡觉，所以一躺下床就睡着了。早上醒来，爸爸又带着我去中坝菜市场买鸡，跟卖鸡的老板熟悉一下，以后就是我来买鸡了。同时指点我该怎么选活鸡，什么鸡炒来才好吃等等经验都教给我。买好鸡回到家里，爸爸又带着我去了龚家寨最大的菜市场转悠。就是在转这个菜市场时，我跟爸爸走散了，我还差点没有找到回家的路呢。

我记得我和爸爸是经过一个职工家属区去的菜市场，进了菜市场后，因为人多拥挤，就走散了。到处没有找到爸爸的我，就开始往回走，由于家属区到处都差不多，我就分不清了。也没有问当时爸妈住的地方是什么地址，所以导致我无法向别人问路。无助的我，望着人来人往的马路上发呆。突然，我看到一辆公交车从我眼前经过，是到中坝的，由于我身上没有钱，就想我为何不跟着公交车的方向走呢。因为公交车是到中坝的，只要到了中坝，我就能找到回家的路了。

我决定了后，就开始跟着公交车的路线走。而这一走，就走了大半天才到中坝。在途中，我走走停停，停下是因为了我走到了岔路口，不知道该走哪条才对？所以就等公交车来，看车往哪条路开。就这样，我在繁华的都市像一个有神经病的人一样，跟

着车屁股跑。我也不知道我走过了多久？走了多少时间？才走到中坝。当我看到熟悉的地方时，心里别提有多高兴了，同时也想到爸妈肯定正在为我担心呢。我在高兴的同时，又埋怨自己真没用，居然会走丢。我回到家里，爸妈他们正着急的跟李叔叔他们商量去找我呢。

看到我回来，爸爸有点生气了说："你跑道哪里去了，都过了大半天了才回来。"这时，我才知道我走了有多久。让我没有想到的是，我跟着公交车走会绕了那么远。我说："就是因为我迷路了，找不到回来，后来是跟着公交车路线走到了中坝才找回来的。"爸爸说："没得用得，连路都不认识。"李叔叔笑着说："他刚来还不熟悉，多走几回就知道了。"同时李叔叔又夸我说道："唐刚你还是很聪明的嘛！在找不到路又没有钱的情况下，还想到跟着公交车走回来。"我说："因为我正好看到那公交车是到中坝的，而中坝到家里的路我知道怎么走，所以只有跟着公交车走咯。"这是我第一次在城市里走丢，从那以后，我再也没有走丢过。因为我每到一个陌生城市，都会很留意路边的招牌和有些什么特别的，以免再次出现不识路找不到回家的路了。

妈妈匆匆帮我热好饭菜让我吃，然后他跟爸爸就去摆摊了。我吃完饭把碗洗好也去了摊位上，正好有顾客来炒鸡，爸爸就让我炒。当时顾客还问道："他炒的好不好吃哦？"爸爸说："放心吧！他是我儿子，从小就跟我学的，炒出来菜一样好吃，以后都是他炒了。""为何呢？你不炒了吗？"客人又问道。爸爸回答："我要回老家种田，顺便带着我女儿读书。""哦哦。你还真是个好父亲，什么都会做。"顾客笑着说。这时，我也炒好了，爸爸让顾客尝了尝，看看他满意不？顾客尝了一块连连点头夸道："不错，好吃。那以后你走了，我们也就放心了。"妈妈笑着说："那以后要经常来哦！"顾客回答："一定一定。"然后拧着炒好的鸡肉走了。而我的心里也乐滋滋地，没有让爸妈失望。

爸爸带我一个星期后，就准备要回老家了。临走的头天晚上，妈妈买了些菜，也叫了李叔叔他们来一起吃饭。在饭桌上，李叔叔他们都希望爸爸别走，说让我炒鸡，爸爸就做包子馒头来卖。爸爸说："想法倒是很好，可是家里妹妹没人带，又是一个女孩子一个人在家，放心不下啊！"李叔叔说："也是，晓得就该让她哥哥带过来，在这边读书就好了。"妈妈说："当时没有想那么多，只是想到唐刚的脚杆不好，经常发痛不能做田土，才让他换他爸爸回去好种点粮食。"说到我的腿，李叔叔问道："唐刚，那你现在还痛不痛呢？""痛是不痛，就是有一种说不出来的不舒服的感觉。"我回答。李叔叔说："也怪了，到处都检查不出来，隔几天在这里的医院去看看吧！说不定这次就看出来是啥病了呢。""还是要等有钱了才能去，现在你看我们的生意弄差的，只能维持房租水电费，哪里还有多余的钱去医院检查啊！"妈妈说。"可是娃儿的脚杆是大事哦！"李叔叔又说。那晚，基本上都是在讨论我腿的事情，直到夜深人静之后才各自睡觉了。

第二天，我和妈妈很早就起来了。我鸡都没有去杀，是叫李叔叔帮忙去杀的，我和妈妈就送爸爸去坐回老家的车。一路上妈妈叮嘱爸爸："回家后不要太劳累了，农忙的时候请点人帮忙干。"爸爸说："知道。你们在这里也要好好的，也不要太节省了，该吃还是要买来吃。"不知不觉就来到了车站，我们把爸爸送上了车。看着车子逐渐地远去，妈妈流泪了……我和妈妈都舍不得和爸爸分开。可是，为了将来的生活，不得不忍着暂时离别的眼泪，继续为未来奋斗。

爸爸走后，我就正式接替了爸爸的炒鸡工作，妈妈还是砍鸡收钱。做了几天，炒鸡用的香料没有了。妈妈说要去贵阳二保保那里跟他买，她跟爸爸来的时候都是从他那里买的，好像是一百

块钱一两。我一听不乐意了，心里想那么贵，还是亲戚呢！于是我马上打电话问我的三舅，因为我知道他就是在贵州炒鸡卖的创始人。三舅听我说把情况完后，立马就告诉了我，并让我用笔记下了要用的各种中草药材料。然后我跟妈妈到菜市场去买，磨成粉后一算，才五六十元半斤。我就跟妈妈说："你看嘛！二保保他们还是亲戚呢。你们刚来生意不好应该扶持不说，还卖这么贵给你们。"妈妈没有说什么，也许是因为亲戚的关系，不好说。

因为二保保帮妈妈她们选的地方不当道，过往的人少，生意不好。我就在没事的时候，独自去了龚家寨同心路菜市场看了看，了解了一下那里的情况。据我观察所知，那里的菜市场不算大，但是人来人往很多，大部分是铝厂的员工。市场内有一家当地人在炒鸡，他的生意马马虎虎的，还算可以。可是他炒的味道，确实没有我们四川人炒的好吃。我又去了菜市场管理处，向管理市场的人员打听，如果到这里摆摊每天需要交多少元的摊位费等相关事宜，待我吧所有的事情打听好了后就回家了。

回到家里，跟妈妈商量去不去？妈妈听完后也同意去试试。第二天早上，我杀了三只鸡加上昨天还剩一只，一共四只鸡，下午四点过我和妈妈就去同心路出摊了。到了菜市场摆好后，等到五点过就有人来问价钱，妈妈说："10元一斤，因为刚刚来，所以三天特价10元一斤，过了三天就12元一斤。"那人说："不知道炒来好吃不？""好吃的哦！不好吃你给我提回来。"我答道。"好嘛！那给我来半只青椒童子鸡，先试试看，好吃明天再来。""半只青椒童子鸡。"我大声叫道。妈妈就开始称来砍，等妈妈砍好后，我也开始把火点燃炒起来，颠锅时故意把火苗弄得旺旺的，引来不少人围观。刚刚要起锅人群中又有人说道："给我也来半只试试。"我又故意大声吆喝道："好的。又来半只鸡哦。"就这样四只鸡一个小时就卖完了。

在收摊的时候，妈妈还说："晓得该多杀几个来的，还有好几个都没有买到呢。"我说："哪个晓得呢？晓得的话，我看今天就是再有四只可能都能卖完。"再和妈妈说话的同时，我们把摊收好了。我骑上三轮车，妈妈坐在后面，高高兴兴地回家了。

接下来的日子，我们的生意都还可以，比在原来的地方好些。我相信我的手艺，只要在同心路我们做久点，就会越来越好的。正当我和妈妈都在高兴地时候，我的腿又开始痛了，妈妈只好带着我又去医院看。结果跟在老家一样，不知道是啥病？吃药就不痛，不吃药就痛。这段时间挣的钱，又被我给折腾完了。

晚上的时候，我听到妈妈在哭泣，我的心里难过死了。恨自己为何得了一个不知道为什么经常发痛的病，我该怎么办？如果以后的人生一直都这样，那未来的美好生活又怎能实现？我把被子盖过头，无声的抽噎着，任那泪水打湿我的枕头……不知不觉天就亮了，因为没钱看病了，何况还要杀鸡来卖。妈妈只好去楼上跟李叔叔他们借了一千多块钱，一边给我治病看医生，一边做生意。最后，终于在一家私人诊所，把我的腿痛给控制住了。

而在我腿痛的日子里，都是妈妈一个人推着三轮车去炒鸡卖。妈妈不会骑三轮车，只有慢慢推着去，又一个人推回来。回家后，还要做饭给我吃，吃完饭又给我熬药。妈妈真的好累，好辛苦！可是，我却从来没有听到妈妈说辛苦和累。她宁愿自己一个人悄悄地躲在被窝里哭泣，也不会让我看到她担心和忧愁的样子。这就是我的妈妈，我至亲挚爱的妈妈，疼我爱我的妈妈。而我能做的，就是听妈妈的话，乖乖吃药打针，争取早一点好起来。

就在爸爸回家后三个多月，爸爸突然打来电话说妹妹叛逆管不住了，让妈妈回家。妈妈就跟我商量："我要回去帮忙管教你妹妹，你一个人在这里行不行？"我说："没事的，你放心回去

吧！我不能总是呆在你们身边啊！我总有一天也会面临独当一面的时候。"妈妈又说："其他我倒是不担心，就是你的脚杆我很担心！""没事，我会注意的。现在妹妹得赶快纠正，久了就不好管了。"我回答。我和妈妈商量好后，又跟李叔叔借了 1000 元钱，让妈妈拿回家，我留在这里慢慢挣来还。

过了两天，妈妈买好带回家的东西，就准备开始走了。因妈妈不识字，我就一路送妈妈到贵阳火车站，买好车票后就打电话到老家商店，让干妈通知我爸爸在两天后的中午到隆昌火车站接妈妈。打完电话，我就送妈妈上了火车，帮妈妈找好座位。"妈妈，回去的路上多注意，你不识字不要到处乱跑，下车后就在车站里等爸爸就可以了。"我跟妈妈说道。妈妈说："我晓得，我走后你也要注意你的腿，出摊时慢慢地推。至于你李叔叔的钱，只要你有点就还一点，还完了再往家里寄。""嗯。我知道了！"然后我就下车了，看着火车慢慢地离开了，我又流下了不舍的泪水……

直到再也看不见妈妈坐的火车了，我才擦了擦眼角的泪水，走出了火车站。来到站外，我又回头望了望，像是在期待什么？可是，除了人来人往的旅客，并没有什么值得我期待的。爸爸回去了，妈妈也回去了，留下了孤单的我，在这个陌生的城市里独自闯荡。为了以后能过上美好的生活，我一个人在这不属于我的灯红酒绿里，唱着我那寂寞的歌，一步一步地向着未知的未来慢慢前行。

空手回家

　　爸妈走后，我开始还不习惯，因为所有的事情都是一个人做。早上起床，跟着李叔叔一起到菜市场杀鸡买佐料，回来自己慢慢地清洗。等忙完所有的活，快到中午了，又开始做中午饭。吃完饭，有时在家里休息几个小时，有时跟邻居一起玩牌。到了下午四点半，我就开始准备出摊用的东西，然后又一个人骑着三轮车去摆摊。在摊上，我自己吆喝，自己称鸡砍鸡切佐料炒鸡收钱。晚上又一个人骑着三轮车回家做饭吃饭，然后和邻居出去玩一会儿再回家睡觉。

　　在这期间我还每天吃着腿痛的药，等我刚刚把李叔叔的钱还完时。从贵阳来了一个姓黄的叔叔，说要把三轮车骑走。原来，当时爸妈他们从遵义来到这里时，没有活动资金，是二保保从这位姓黄的叔叔那里借的三轮车给爸妈用。现在人家要收回，我没法说不字，只有眼睁睁地看着他把车骑走了。这时的我不知道该怎么办？晚上躺在床上睡不着。心想，买一辆吧！又没有钱。回家吧！还是没钱。何况没有挣到钱我也不好意思回家啊！于是，我决定帮人，等帮到过年的时候就回家去。

　　正好前几天有个老家的人来这里，也来过我的摊位上玩，说他也想炒鸡，还没有找到合适的地方。他叫黄文全，比我大十来岁。虽然我们之前并不认识，可出门在外遇到一个家乡人是很亲切的。也因为我们聊得挺好，他又在我忙碌的时候帮我砍鸡，我就称呼他为黄大哥。知道他是一个人来到这里的，也知道他租住的地方。我就去找他，说了我的事情，他也欣然答应一起做。并

在我炒鸡的同心路菜市场里租了一个门面,用我的家伙,除了没有三轮车,我其它都是有的。

我和他经过几天的忙碌,终于把一切都准备好了,又开始在同心路炒起鸡来了。刚刚炒了几天,老家又来人了,这次是我认识的。记得那天我们不是很忙,我守在摊位上,东张西望。突然看到一个熟悉的身影,正好她也望着我。

"唐刚。你怎么在这里啊?"她喊道。"韩二姐。你也来了啊?"我问。"是啊!我跟我老公一起来的,也准备在这里做,不过我们是做香草鸡。"二姐回答。"哦哦。没有听说过呢。呵呵。"我说。然后我跟黄文全介绍了下二姐和她老公。跟着二姐一起来的还有她老表,大家都叫他罗二,他是帮二姐她们的。晚上收摊后,我们一起吃饭,一直聊天聊到很晚才睡觉。

之后几天的时间,二姐她们也把摊位定了,开始卖香草鸡,开始的那一段时间生意真的火爆。好多人都去买香草鸡,我们的炒鸡也淡了些。二姐她们做了半个月后,生意才逐渐淡了下来。正好二姐老家的老人病了,她们要回去,就把所有的用的留给了罗二哥,并让我跟罗二哥一起做香草鸡卖。我答应了,因为这时黄文全的老婆也来了,她老婆有点不喜欢我跟黄文全一起做。所以,我就答应了二姐跟罗二哥一起做。而我和黄文全做了快一个月,分了1000多块钱,寄了500块回家,就分开了。

本以为和罗二一起干会赚些钱。谁知?没有赚钱还亏了。我的腿也不争气,又开始痛起来,我就在同心路市场里的一个社区医院治疗,被控制住了。而罗二却因为生意不好就不做了,去帮黄文全了。我一个人无法做香草鸡,加上我的腿没有好,离过年也还有几个月。没法子,也厚着脸皮去帮黄文全。他老婆说帮他也可以,每月给200元的工资,我为了方便继续在社区治疗腿,也就暂时答应了。

由于黄文全的生意也不是很好，就开始试着做竹筒鸡来卖。开始的时候生意也是很好，但是后来就不行了，他老婆天天念叨说，生意不好还装老板，还要养两个闲人吃饭。我和罗二听了，心里都不舒服，只有闷在心里。谁叫我们端别人的碗呢？既然端了就得受气。

　　记得有天下午，我推着炒鸡的车子去摆摊。不小心撞到一个人，蹭到了他的脚踝。我连忙对他说："对不起！我不是有意地，请谅解！"那个人冲着我吼道："你眼睛瞎了吗？说句对不起就行了吗？"我自知理亏，轻声说道："那你想怎么办嘛？"他说："给1000块钱就算了。"我说："大哥，你没有受伤啊！干嘛要我赔那么多钱？何况我在外打工也不易啊！"他摇了摇头说："就是要你赔1000块钱，怎么样？我要去医院检查治疗。"我说道："那好，我陪你去医院看，多少钱我付就是了。"他却不愿意了，让我非要把钱给他，他自己去看，不要我陪着。就这样僵持了很久，我好话说尽他还是不同意。我心中的怒火终于燃烧了，我拿出一支烟给那个人，假装很委屈地说："大哥，是我错了，是我不对，你先抽支烟，有话我们慢慢说。"他得意地把放到嘴里，让我给他点。我打着火给他点燃，瞬间我从他嘴里拿出点燃的烟，一手撅住他的后脑勺，把烟倒过来猛地插进他嘴里。同时用膝盖用力顶了他的下巴，把他顶了一个仰天倒。"你他妈的，给你脸不要，还得寸进尺的。现在还要钱吗？"我骂道。这时菜市场里很多卖东西的摊主都来拉住我，怕我再打他。他捂着嘴巴从地上爬起来，用衣角擦了一下嘴边的血指着我说："你等着。"然后他就从菜市场消失了。

　　晚上收摊后，罗二哥和黄文全怕那个人来惹事，都让我回家去。说我们毕竟是外来的，他是本地人，让我防不胜防。我一想也是，加上我不愿受他老婆的气，当晚我就收拾好行李，离开了

龚家寨赶往贵阳坐车去了。到了贵阳火车站,已经是晚上十二点过了。我买好车票,一看是明天八点的车,把车票放好后缓步走出了候车室。坐在广场的路灯下,望着霓虹闪烁的夜空,不禁黯然神伤。出来时,抱着美好的希望,到最后又没有挣到钱就回家了。

回家后,我告诉了爸妈在他们离开后,我在贵阳的所有经历,但是却没有告诉爸妈我在贵阳打架的事情。爸妈听后说:"什么都不重要,钱是挣不完的,重要的是人安全回来就好。"父母亲就是这样,不管自己的孩子挣没有挣到钱,在他们心中的安全健康才是他们最关心的。

从我离开贵州,就记住了我在白云区龚家寨同心路医院给我开的处方。那里面有一种药叫"吡啰昔康片",而这种药我一吃就是十年,后来导致我患了股骨头坏死的主要原因之一。由于这个药伤胃,回家不久我就胃痛,又花了家里好些钱。心里很不好过,我在外没有挣到钱回来,反而花爸妈的钱。为了减轻心里的压力,和不想让爸爸那么劳累,白天和晚上我就代替爸爸出门去烧泥鳅黄鳝,让爸爸在家好好休息。

我记得腊月的一天,我出门去河对岸电泥鳅,早上吃了早餐就过河。那天,我的运气很好,电了很多泥鳅,还有好多鱼,心里很高兴。可是,我刚刚准备回家时,被一个喝了酒的人拦住,说我刚刚电泥鳅的那块田是他的,鱼也是他养的,要我把鱼留下。我不愿意的说:"你又没有插标有养鱼的牌子,凭啥说是你养的?"他说:"我说是就是,把鱼篓给我留下。"说完就要来拿我装鱼的家伙。正好他的朋友也来了,都喝了酒,一共七八个人,看上去就是地痞流氓那种。我没法,被他们按住,鱼和泥鳅还有电瓶家伙事都被强行被拿走了。我只好远远地跟在他们后面,看他们到哪里落脚?以便找他们算账,等我知道后就回家了。

第二天，爸爸和村里的干部去找那个人，让他归还我的电瓶。结果爸爸把所有家伙带回来时，鱼篓空了。爸爸说："那个人说我的鱼篓里本来就什么没有，看到我在他田里烧才把我的家伙收了。"我当时一听很生气地说："我下午就过河去找他。"爸妈怕我惹事，就拦住我说："算了，吃亏是福。"后来我知道爸妈说的对呀，吃亏是福！

人生有三福：平安是福，健康是福，吃亏是福。人生有三为：和为贵，善为本，诚为先。吃亏是福，这是老祖宗留下的一句深入民心，流传甚久的古训了，但现在的人们都特聪明，个个都猴精猴精的，哪个还愿意吃亏呢？有的人认为吃亏是福这句古训是为老实人准备的。

难得糊涂，吃亏是福，与世无争，这些人生哲学是被老实人拿过来，当成了自我麻痹的良药，逐渐丧失斗志，任人宰割。但有的人也认为吃亏是福，能吃亏是做人的一种境界，会吃亏是处事的一种睿智。难得糊涂益身心，有些亏是吃得难受，但你何必自己苦自己，不妨装糊涂，才有安然平顺的心情。任何人都是在不断的吃亏中成长和成熟起来的。说多了，呵呵。

流浪昆明

2003年正月初八，我跟爸爸一起前往云南打工。转眼又到春节了，和往年一样。初一吃完早餐就去跟爷爷奶奶上坟，然后就是和同学一起耍，讲着各自在外的经历。初二就去么舅公家，在吃饭的时候，他的儿子，也就是我的二表叔，说让我们跟他去云

南修公路打隧道，能挣到一百多元一天，生活吃自己。爸爸想了想答应了，说好在初八就出发，而我也跟着去。在离开的前夕，妈妈为我们收拾行李，还煮了鸡蛋鸭蛋给我和爸爸。第二天早上，妈妈送我们上了车，当车开走的时候，妈妈含着泪水，不舍的向着我们挥起了手，直到看不见车了，才停下来。转身默默地哭泣着回家了……这是我后来回家听到邻居说的。

经过了三天三夜的车程，我们终于到了云南楚雄市的一个偏远的小镇上。下车后，还坐了一个小时左右的拖拉机才到目的地。一个名叫"孔家庄"的地方，我们就在这里打隧道。一眼望去，远远的山顶上还有未化的积雪，不远处有几户农家，坐落在半山腰上，那高高的群峰，层层叠叠缠绵在一起，给人的第一感觉就是很荒凉。而我们的住的地方，是一个山沟里，也是我们当天到了后自己动手搭的工棚。当时没有什么人，除了我们一行的十多个人，就只有一些包工头在，加上我们搭的工棚才三个。早上和晚上又特别冷，中午出太阳的时候又热，空气也干燥。我们才来一天嘴唇就被吹裂了，时不时的流着鲜血。休息了几天，就继续搭工棚，因为会有人不断的来到这里，我们就是搭好让后来的人住。

由于我刚到这个地方，有点不适应，可能是水质和气候的问题。还拉了几天肚子，加上我在家过年的时候胃一直不舒服，就是胀得很，吃不下饭。二表叔知道后还预支工资给我去镇上看医生呢。我连去了两次，拿了药并且还打了针，过了一个星期左右就没事了。而且，我却带着控制腿疼的药"吡罗昔康片"，我的腿我自己清楚，经常会有不适的感觉，吃两颗药就没事了。当时我爸爸也说不舒服，他是在来的途中，因为路面不好车辆颠簸厉害，不小心把胸口撞到了。伤到了肋巴骨，也休息了半个月，同时也到小镇上拿了好几次药来吃才好的。

我们什么都做，其实就是小工，哪里需要就去哪里。那些活中，让我最不适应的就是下水泥，而且每天都要下好几车呢。每天只要水泥车一到，我们无论在干什么？都要立马就去下水泥。即使水泥车晚上零点过才到，我们也要起床去下完了才能休息。下水泥的时候，每人一次一包，尘土飞扬，弥漫着整个场地。我在人群中不停的穿梭，用我的肩膀扛着一袋又一袋水泥，从不输给任何一个人。他们扛多少次？我也扛多少次？虽然我们都戴着口罩，可还是一样会吸入不少的尘土。每次下完水泥，每个人都是一个颜色，灰色，只能看到一双眼睛。而我们吐的口水，都全部是黑色的，甚至要到第二天，下水泥时才能变白色。可是，又有没有办法呢？刚一变白又要下水泥了。我虽然恨透了下水泥，但是看到别人都在做，爸爸也在做，都是为了一个字"钱"。所以我也不能搞特殊，加上我有点好强，就算自己有些吃不消，也会咬着牙关干。

　　就是因为这个天天下水泥的活，才是我爸爸后来死于肺癌的主要原因吧！我爸爸平时本来就有轻微咳嗽的老毛病，而这个下水泥的活就给爸爸埋下了隐患。要是早知道，我们宁愿日子苦一些，也不要爸爸去干那个活。那样我的爸爸或许就不会那么早去世了，或许我也不会弄成一个残疾……可是，世上没有或许、如果，只有残酷的生活节奏，让我们去承受，去一点点适应。

　　在这荒凉的山沟里，我们每天除了上班，也没有什么特别的事情。下班后，就一起爬山耍，晚上睡觉前也玩一会儿牌。不上班的时候，也去镇上玩，这里的交通工具主要是拖拉机和马车。而我们去镇上大多数都是坐马车，因为感觉挺好挺新鲜的。镇上也很偏僻，还没有我们安溪镇大，卖东西的挺多，都是农村的人来卖。在孔家庄这里做事的日子，一切都很平常。我的腿时不时的会疼，经常休息，去镇上看医生，拿点药吃吃。也就是这个原

因，在我做了三个多月后就独自离开了，本来是要回老家的，因为在昆明时出了一些意外的事情，所以就留在了昆明。

记得，我走的那天，由于出来的背包坏了，加上又是夏天了，没有多少衣服，我就自己做了一个包包。是用工地上的编织袋做的，看起来就电视里演刚到城里打工的二货差不多，特别土气。我准备完了，爸爸送我到高速路上，途中，爸爸说："回家后听妈妈的话，跟你干爹的女儿也就是你二姐去成都上班。"我说："要得。"不一会儿就来到了高速路上，爸爸帮我拦了一辆楚雄到昆明的车，让我上车，然后说："路上注意安全！"我把头探出车窗外答道："嗯嗯。爸爸，你也要注意身体！我走了……"随着车子的离去，我的话还没有说完，就看不到爸爸的身影了。仿佛间，我突然感觉看到了爸爸老了，两鬓都有点白了。

就在车子快到昆明的时候，我心里有些不甘心，想到又没有挣到钱就回去了，到时在乡亲面前多没有面子。我就想等到了昆明，干脆就不回去了，独自决定留在在昆明闯一闯。突然，我脑海中想起我的一个同学，他叫文廷平。过年我们一起耍的时候，从他口中得知，他就在昆明的梁家河上班。还有，之前在家经常一起耍的文四也在昆明做事。心想，何不去找他们看看，能不能帮忙找点事情做。

车子到昆明南窑车站了，我下车后首先找了一个很便宜的旅馆，因为我在想，如果没有找到他们，自己没地方睡觉。这个陌生的城市，我又是第一次来不熟悉，所以要以防万一。我把行李放好后，就走出旅馆，找了一辆摩托车，让他搭我去梁家河的神工床垫厂找我的同学。当我们来到梁家河一问，才知道神工床垫厂已经搬到了马街，在石安高速公路旁边。摩的师傅又带着来到马街，终于看到了神工床厂的销售部，我们下车问了问。由于销售部的人是新来的，当我提到有没有一个叫文廷平的人在厂里上班？她告诉我："没有这个人。""您再想想，真的没有这个人吗？"我急着问道。她不耐烦地说："跟你说没有就没有，你这个人怎么这么罗嗦啊！"这下完了，我想如果找不到他们就麻烦了。因为我的钱没有多少了，本来就只够回家的路费，我下车又打旅馆，还坐摩托车到处找人。要想再回老家，那是不可能的了。既然没有找到，以后就只有靠自己了，于是我返回旅馆了。

在旅馆里我拿出身上所有的钱，数了一下，一共还有135.80元。数完钱后，我就倒在床上想着自己该去找什么事情来做呢？这里的住宿费要30元一个晚上，就算我不吃不喝也只能住四天。心里正盘算着做什么时，听到外面有人喊吃饭。这时，我才觉得肚子饿了。然后起床，走出旅馆，来到一个面馆叫了一碗面条，又花去了5元。吃完面条，我在外面转了一圈后回到旅馆。洗了个澡，又准备数一下钱。接下来发生的事情，让我快急疯了，因为我的钱不见了，身份证也丢了。心里不断地问自己："这下我该怎么办？怎么办啊！"……钱是小事，可要是没有了身份证，就没法找工作。这时的我好后悔，后悔自己为何要想独自就在昆明，后悔吃完面条出去到处乱逛。如果没有做出就在昆明的决定，如果刚才没有去转，就不会被小偷盯上把钱和身份证偷去了，我也不会感到这么无助了。不过，我想了一会儿后，就不再想了。因为我知道，事情已经发生了，再怎么着急也没用了。所以我就什么都不想了，躺在床上睡觉，俗话说车到山前必有路。

第二天早上，我收拾好行李，离开了旅馆。在陌生的城市里流浪，到处找工作。每看到贴有招工的都上前去试试，可是都是需要身份证他们才肯录用，就连餐馆的洗碗工也要。我提着行李，在昆明城里走了一天，也没有找到工作。肚子也饿了，天也快黑了，我来到了马街。从身上掏出唯一的5元钱，花了两毛钱

坚墙
JIANQIANG

买了两块炸土豆。这是我昨晚吃面条时，拿的 10 元给老板，老板找我的 5 元。当时我随意放在了衬衫兜里，才没有被小偷一起偷走。我拿着土豆走到铁路边上，找了一个可以睡觉而又隐蔽的地方坐下，慢慢地吃着土豆。

当我吃完土豆的时候，天色渐渐暗了下来，黑暗，覆盖了整个城市，接着又被不断闪烁的霓虹灯，笼罩上了一层薄薄的光晕，更衬托出了这座城市的美丽和繁华。但它对我而言，却是一个陌生的城市，也是我人生中走过最心酸的城市。因为在这座城市里，我尝尽了苦难……

我静静地点上一支烟，而我身上的烟，是我临走时爸爸给我的一包。然后用行李枕在头下，默默地吐着烟圈，仰望着天上的点点繁星在想……我，在这座城市里会有什么样的经历在等着我呢？而我，又会在这里留下什么样的事情呢？一切的一切都是未知的，走一步算一步吧！这时，我陷入了沉思，想起我的了家乡。在家多好，不知道家里的妈妈怎么样了？妹妹是否听话？妈妈、妹妹，我好想你们！你们在家都还好吗？突然，一阵疼痛，把我从沉思中拉回，原来是蚊子在咬我。看到成群的蚊子，在围着我飞舞，都想吃我的血。

唉，我已经很不幸了，蚊子也来欺负我了。

接下来的几天，更惨了，只差没有去乞讨了。我唯一的 5 块钱用了 15 天，每天固定买两毛钱的炸土豆，到最后我认识新朋友时，身上还剩下 1 块 6 毛钱。在这半个月里，我烟瘾犯了就到处捡烟头来抽，饿的时候，就跑到菜地里偷菜来吃，我生吃过的菜有：白菜，黄瓜，番茄，茄子，空心菜，南瓜等等。渴了就喝菜地旁边水坑里的水，早上洗脸和晚上洗澡也是在水坑里洗，累了困了，就躺在铁路边上的一个平台睡觉休息。

这段日子，我天天这样过。白天，我几乎走遍了整个昆明城、关上、船房、大观楼、黄土坡、马街、梁家河，南窑、官渡、滇池等地，都没有找到工作。晚上，只要合适有的桥底公园，就是我休息的地方。就在我穷途末路的时候，碰到了一个新朋友，名叫花红赵，大理的人。那天，我记得我从船房回到马街的路上。是他不小心撞到了我，他急忙跟我道歉："对不起！""没事的。"我回答道。他说："因为忙着去面试，赶时间，才撞到你。请见谅！"我笑着说："没关系的！"。随即，我听到他说是去面试，就急忙问道："做什么呢？我也正在找工作，能否和你一起去？"他说："好啊！是一个收废铝合金的厂，具体做什么要面试了才知道。"我说："我刚到这里就被小偷偷了，没有身份证，不知道可不可以？"他说："管他的哦，先去看看呗！"我点点头："嗯。"

然后，我就跟着他一起去了。到了废品厂，老板见了我们，听完我的讲述说："没事的，只是我这里工资很低，25 元一天包吃包住，你们做不？"我一听，心想虽然工资低，但包吃包住对现在的我来说，就是天大的好事了，我什么也没说就留下了。花红赵也留下了。然后老板带我们来到住的地方，让我们自己选睡的床，弄好后就吃饭。

那天，我终于吃上大米饭了，还有回锅肉，我吃的好饱好饱。晚上也睡上床了，躺在床上的我，回想着这半个月的流浪，多么的让人心酸，不知不觉地流出了眼泪……庆幸的是我遇到了花红赵，要不是他无意撞到我，我现在怕又是睡在铁路边上了。哪来现在舒适的床铺和热腾腾的饭菜？

我们在这里每天早上 8 点上班，中午 12 点下班吃饭。下午 1 点半上班，晚上就不定时，有时 6 点下班，有时 7 点甚至 8 点才下班。而我们做的活，就把废铝合金上的螺丝取下。在这个厂里，有七八人在一起做事，还是挺热闹的，大家都是有说有笑的

干。我也是在这里学会骑自行车的，不管下班早晚，我都拿同事的自行车来学。才一个星期我就会了，而且还没有摔过跤。

有天，我在废品中看到一根和拇指大的铜管，非常喜欢。因为我从小喜欢笛子，心想，如果做成笛子该多好。于是，我就拿来放到一边，等下班了再拿出来做。我利用厂里的车床，经过三四天的细细打磨，终于把它做成了。有一头还弄了一把尖刀，再用一节铜管罩上。外观上看是笛子，也可以吹奏，遇事时也可以防身。

过了差不多二十多天，花红赵就走了。他说他原来做木地板的厂开工了，他要回那里去干，并留了地址给我，让我没事的时候去他那里玩。就在他离开后不久，这个厂的老板犯了事，厂被封了。而我的工资也没有拿着，现在又面临着要过流浪的日子了。

这时，我想起了花红赵，按照他留给我的地址找到了他。他让我暂时和他住一起，但是要在晚上天黑以后才能去。因为，他们厂里有规定禁止外来人员留宿。吃饭也是，他每次都多打一份饭菜，就是给我吃。在这期间，他带我去他好朋友那里玩过。也托他朋友帮忙给我找事做，因为我没有身份证，很难找到。我自己呢！每天也骑着他朋友的自行车到处去找工作。

暂时吧！我算是有了依靠，不愁吃饭睡觉的问题。可是好景不长，花红赵因家里奶奶去世回家了。我就只有又过起流浪的生活，又开始睡铁路边上了。而他朋友那里，因为我不太熟悉，只去过一次。那是我很饿了，假借有没有帮我找到工作的名义去的，而且又是半下午。当我到他家时，只有他老婆在家里，他上班去了。他老婆见到我说："正好，我要出去你就来了，要不你在家里耍，我出去一会儿。"我说："好的。"等他老婆走后，我就打开他家的碗柜门找吃的，看到有一盘肉，我毫不犹豫地端来吃。因为我太饿了，又几天没有吃饭了，虽然肉是冷的，也没有饭，我也吃得津津有味。

刚刚吃完，他老婆回来了。看到我正在吃她中午炒的菜，当时就不高兴了。虽然没有说出来，到我感觉到了气氛不对。我说："几天没有吃饭了，饿惨了，把你家的菜端来吃了。不好意思哦！"她说："没事的。不过，你这样不行的，我们不可能让你长期在我们这里吃饭，都是在在外打工的，你知道撒！""我知道。"我有点羞愧的说。然后，我又说道："我走了，谢谢你家的菜。"她说："晚饭吃了再走吧！"我说："不用了。"后来，我再也没有去过她那里了。

为了有饭吃，我同样每天还是不断在昆明城里和郊区一边流浪着，一边找工作，天天都走到天黑，走到哪里就在哪里睡觉。也不知道又过了多少天？我来到云南的云安会都公园。天黑了，我拿出从菜地里摘来的黄瓜，坐在公园的椅子上吃。这时，一个熟悉的声音传入我的耳朵里。"唐刚，你怎么在这里？"我抬头一看，是老家的文四。我就像遇到了救星一样。高兴的站起来道："我找你们找得好苦啊！今天居然无意碰到了。我好高兴！"文四说："把黄瓜丢了，我带你去吃饭。""嗯嗯。"我带着抽咽的声音答道。说完文四就带我去了餐馆，点了饭菜让我吃。我一边吃一边说着我是怎么来到昆明的，还到神工床垫厂找过你们，当时没有找到你们，自己就弄成现在这个样子了。

吃完饭，文四带我回到他上班的地方，叫来了我的同学还有老家认识的很多人。其实，他们都在这个厂里。只是当时的我没有到厂门口问门卫，要是问了门卫，我就不会弄得如此狼狈了。大家一起聊天聊到很晚，文四安排我暂时就跟我的同学一起睡的。吃饭也是一个熟人那里吃一天。后来，因为我身份证掉了，长久没有找到工作，在缺钱的情况下悄悄用假钞换掉文廷冰的 50

元钱，被赶了了出来。

没几天后，我就在梁家河当了保姆，帮别人带孩子和做饭。没有工资，但是包吃包住。对现在的我来说，只要有住的地方又有饭吃，就已经很不错了。所以，我决定只有先做着再慢慢的找其他工作。我在帮老乡带孩子的期间，除了晚上不需要我带，白天都是我带。早上我不做饭，中午就是我做好，老乡和他老婆回来就吃，吃了就去上班，晚上也不需要我做饭。因为孩子很小，只有一岁左右，也不哭，很好带。所以很多时候我也带着孩子，骑着自行车出去找工作。

配菜师，陪酒员

皇天不负有心人，终于让我找到工作了。记得就在我当保姆快二十天左右，那天我带着孩子，骑着单车在马街逛的时候，看到一家餐馆正在招配菜师。我就上前问了问，本来我没有抱什么希望的，谁知老板娘听完我的遭遇后，什么也没说就让我第二天去上班，工资在试用期给 250 元一个月，试用期满后给 350 元一个月，提供食宿。我答应了，然后回到老乡那里，把我找到工作的事情说了，老乡也说可以。

第二天，我去上班了。来到餐馆时，老板娘还没有来，只有那些打工的妹妹和一个厨师来了。他们看到我，很热情的给我端上早餐，围着我问这个问那个，很快我就和他们熟悉了。这家餐馆不大，只有十张餐桌，有一个厨师，三个妹妹，还有一个是老板娘的表弟，加上我这个配菜师一共六个人。

我每天主要的活就是负责煮饭和配菜，不忙的时候我也帮忙做一些其他的。还向厨师学习炒菜，那个厨师也很随和，和我也谈得来，经常教我做菜。

记得有天晚上，有人包席，非常的忙。在忙碌的配菜中我不小心切到了手，当时鲜血直流，一看才知道左手中指被切去了一大块。老板看了急忙送我到对面的医院包扎，让她表弟替我配菜。等包扎好了，我回到了餐馆。但是却什么也不能做，只能在旁边看着他们忙。由于包席的是老板的朋友，所以老板陪着喝酒，我看到老板已经喝得不行了。我索性就走过帮老板喝，这一喝我就变成了后来的陪酒师。因为老板见我喝酒厉害，就让我做了陪酒师，没人喝酒时，就去做配菜师。

当然，工资也就给我涨了，1200 元一个月。就是涨工资后我也就买了人生中的第一部手机，那时买成 1080 元，是一部白色的波导翻盖手机。做了不久我又胃出血，上吐下泻，都是血，看了挺可怕的。我急忙去医院，经过医生检查，是因为我喝太多酒引起的。然后医生说以后别再喝酒，让我又住了十五天院。花去了2000 多元，因为我在住院期间，老板生意好，又招了一个人来做。等我出院时，已经没有我要做的了。

于是我辞去工作，在不远的一个餐馆又做了配菜师。这个餐馆比较小，只有五张餐桌，有一个妹子，炒菜的是老板娘，老板就负责接待客人和收钱，老板和老板娘都是我们富顺人。老板四十多岁，身材干瘦，戴着一副眼镜，犹如一个汉奸的模样。什么事情都是精打细算的，从不愿意吃亏。老板娘尖嘴猴腮，同样也是为人很抠门。开始的时候，我也和起初那个餐馆一样，煮饭和给老板娘配菜。每到该我们吃饭了，老板娘就让我来做。我为了讨好老板他们，每次都做出一些他们没有见到过的菜来吃。他们都说好吃，也问我怎么做的？我也好无保留的教给她了。

有一天，有个客人点了一个干焙土豆丝，老板娘不会，就让

我做，客人吃后连连说好。后来老板就让我会的菜都列出来给他看，他们有不会的就让我教，还说以后就让我来炒菜，按照厨师待遇给我算工资。谁知他们说话不算数，等我教会他老婆一些菜后，还是让我做配菜师。正当我准备要辞工回家时，因为生意好老板又招了一个妹妹，名叫姚美丽，人如其名，长长的头发、圆圆的脸、细细的眉毛勾魂的眼，总之，人很漂亮。那是我人生中第一次对异性动心，本来是隔几天就要走的我又决定多做半个月，想和那个妹妹多处一段时间。

正当和姚美丽一切发展还比较顺利时，眼看快过春节了，为了一个承诺，我不得不回家了。我的承诺就是爷爷临死前，我答应他的，以后每年都要去他坟前看看他。为了那个妹妹，那个我爱的姚美丽，我没有辞工，只是请假回家了。记得我回家那天，她拉着我的手哭着说："过年后，你一定要来哦！我在这里做着等你！"我也不舍的点点头说："嗯嗯。你放心吧！我一定会来的。"其实，我和姚美丽的交往只是很一般，就连最起码的约会也没有过。不过，我还是挺高兴地，因为就在我要离开时，她至少流出不舍的泪了，还是为我而流下的。

我，回家去了，在火车上，我陷入的未来的憧憬中……带着明年的希望和美好踏上了回家的路。和往常一样，当我快到家的时候，仍然看到我亲爱的妈妈，她依然站在家门口，那棵梧桐树下，望着我归来的方向等着我。不一样的是，妈妈又憔悴了，两鬓也添了些许白发。

"妈妈！我回来了！"我老远就看到了，忍不住叫起来。妈妈微笑地应道："哎！"然后走下石梯，帮我拿行李。回到家里，我把身上所有的钱拿了出来，清点了一下，有1000多元钱，我留下了100多元，其余都给了妈妈。然后问道："妹妹呢？怎么不见她？"妈妈说："她割草去了，还没有回来。""你妹妹没有读书了，不争气的，读不走了，就在家里跟你当初一样。"妈妈又接着说道。"哦哦。读不走也没法啊！那她拿到毕业证没有嘛？""好像拿到了。对了，你那里好找工作不？过完年你把她带出去打工吧！她在家里，也帮不到好多忙，不如让她出去找点钱自己用，免得家里养她。"妈妈唠叨道。我说："像她这样的，到餐馆还可以，厂里怕是不会要的。"妈妈说："那也要得啊！""哦。"我有点不情愿的答道。因为如果我带着妹妹，在外面我就没有那么洒脱了。然后，我从行李箱拿出我给妈妈和妹妹准备好的礼物都给妈妈，等妹妹回来了让妈妈给她。

晚上，妈妈用手机给远在云南楚雄的爸爸打了个电话，没有说多久就挂了。那时的电话费很贵，长途加漫游，所以不敢久说。吃过晚饭，我跟妈妈和妹妹分享了我这年在外所有的事情，还有爸爸那里的情况后就睡觉了。但是我却隐瞒了我在昆明困难的情况，因为都过去了，我不想让妈妈担心。也没有告诉妈妈我认识姚美丽的事情，什么事情在没有任何定论前，我觉得最好还是先不要提。

我在家呆了半个月左右，在这半个月里，我帮着妈妈到山上砍柴，做农活和家务活，还去抠黄鳝来卖，妹妹就割草管理羊子。转眼春节又到了，爸爸也寄回了过年的钱，还让我们在家吃好点。

正月初一，吃完早餐我们就去给爷爷奶奶上坟，拜祭他们。之后我们就走了几天人户，看望亲朋好友们。到了正月初八，我就带着妹妹离开家了，去往云南昆明。我和妹妹走时，妈妈一路送我们到镇上坐车。当车子开走的时候，妈妈又流下了不舍的泪水。叮嘱的话语，在我和妹妹的耳畔久久不曾散去。就这样，我带着妹妹从安溪坐车到宜宾，再坐火车到昆明。一路上，妹妹对外面所有的事物都觉得新鲜稀奇，不停地问这个那个。饿了就吃

妈妈给我们煮的鸡蛋鸭蛋，困了就睡觉。经过两天一夜的车程，我们终于到了昆明。

那时，已经是凌晨三点过了。因为我没有老板他们住的地方的院子门钥匙，所以我和妹妹就在餐馆门口等。一直到了五点半左右，老板娘和老板来了，还有一个我不认识的妹子。他们看到我和妹妹都挺高兴，打开餐馆的门就做早餐给我们吃。吃完早餐，老板把钥匙给了我，我就拿上行李带着妹妹回到住处休息。直到下午，我睡醒了才到餐馆帮忙。我没有看到姚美丽，于是我就问老板："那个姚美丽怎么不在？"老板说："她奶奶去世了，就回家了。""哦哦。她有没有说还来不？"我又问道。"没有。可能不回来了。"老板回答。我陷入了沉思……我的第一次动情就这样无声无息的结束了。

当时的我有些后悔，后悔我不该回家，要是我没有回家，或许我和姚美丽就能走到一起。不过，既然已经结束了，我也没有感到伤心难过。因为，我和她，毕竟还没有真正的开始。上天只是给我了一次爱的机会，是我没有把握住而已。又或许她就注定是我这一生中一次美丽的相遇，让我今后有个美好的回忆吧！

晚上吃饭时，我跟老板说让我妹妹也帮他，老板没有答应。他说："现在生意不好，多一个人就要多开一份工资。还是让你妹妹找其他的事情做吧！""哦哦。"我有些失望的应道。老板又说："在你妹妹没有找到事情之前，你妹妹可以在这里吃饭。不过，也帮忙做事哦！不能白吃白住。"我听到老板这样说，心里特不高兴，不过也没有法子。过了一个星期，由于妹妹太小，还没有找到工作，老板他们有些不高兴了。时常说妹妹这个做得不对，那个也干得不好这些。妹妹也听出来了，没事的时候，妹妹就到旁边那个餐馆耍。认识了那里的老板娘，她们很谈得来，妹妹就告诉了她在这里有些受气的事情。谁知，那个老板娘听后就叫我妹妹去她那里上班，第二天妹妹就到她餐馆做事去了。

从妹妹去那里上班后，我这个老板更不高兴了，说妹妹跟他对着干。明知他们两家餐馆本来就有矛盾，我妹妹还去帮她，对我也开始说七说八的。我什么都没有说，谁让我端他的碗呢。本来年前说好我来就让我烧菜做厨师的，可是我来了这么些日子了，老板提也不提，还是一直让我做配菜师。我心想，等我做了一个月拿到工资后就离开这里，重新找事情来做。

又过了几天，我和妹妹都请了三天假，因为我们相约一起去爸爸那里耍。当我们看到爸爸时，我突然有了些许感伤。因为爸爸又苍老了很多，身体也瘦了，再不是之前那棒棒的而又结实身体。爸爸看到我们，特别高兴，还带着我和妹妹去镇上买东西，又买了一些菜，然后还亲自下厨做饭菜给我们吃。我们在爸爸那里耍了几天后，就回昆明上班了。

回来不久，妹妹那个餐馆里有个女服务员过生日，她让妹妹来叫我晚上下了班也一起去玩。那晚，我们一共有七个人，五个女的两个男的，玩到很晚才回来。就是因为太晚了，我没有回我住的地方，就去了妹妹她们住的地方睡觉。她们那里的底楼全部是给员工住宿的，我跟那个男的一起睡，他叫蒲启彬，也是一个配菜师。让我印象最深刻的是，他的脸上有一道被油烫伤的伤疤。

我睡到凌晨快五点左右，突然听到他喊了一声："贼娃子！偷到老子这里来了。"我忙睁开眼睛问道："怎么了？有人偷东西吗？"他说："是的。你看看你的衣服被钩走没有？"我伸手一摸惊道："完了，我的裤子不在了。"这时，我们才把灯打开一看，他的裤子也被钩走了，还有两件衣服也被偷了。我们准备出去追，可是没有裤子穿，他就把他唯一的一条裤子给我穿着，他就到外面收了一条女孩子的牛仔裤来穿上。接着，我们追了出去，出去时，他又让我拿一把扳手，他则拿了一条锁自行车用的铁

链锁。

到了外面，我们分头追，一人追一条巷子。我没有追着，他逮到一个女的，还抱着一些衣服裤子。不过，却没有我们的。蒲启彬就开始打那个女的，问她其他的人在哪里？那女的开始不说，蒲启彬又给她猛打。女的被打哭了，终于说出那些往什么地方跑了。我对蒲启彬说："你在带着她去派出所，我去追。"他说："好。你自己小心点哦。""嗯嗯。知道。"我一边回答一边朝着那个女的所指的巷子跑去了。

那条巷子很暗，路灯也没有，因为一出巷子就是农家菜地了。所以，当我追到一望无际的田野，就不知道该往什么方向追了，我只好折了回来。快到派出所的时候，看到一群人在围着蒲启彬打。我想也没有想，就冲了过去。一个女的喊道："小心，后面来了一个。"但是，她还是晚了，当她声住时，有个男的已经被我打倒在地了。其他的有些就朝着我围了过来，蒲启彬这时也站了起来。我们很快就背靠背在一起，大约两三分钟，就打翻了五个在地上躺着。我恍惚中看到有个女的跑了，我猜肯定是去叫人了，剩下的六个不一会儿也被我们打倒了。

这时，我看见不远处，刚刚跑掉的那个女的带着很多人来了。我见事不妙，就对蒲启彬喊道："兄弟，快跑！又来了二三十人。"然后，我们各自分开跑了。我穿过几条巷子，跑到我的住处时，累得双腿发软直打颤，却又进不了门。因为我的钥匙都挂在裤子上，如今已经被偷了无法开门。刚好餐馆的妹子起来开门正要上班，我就随着她开门的同时，倒在了地上。她一声尖叫后，看清了是我后，就把我扶了进去。来到她睡的床上，找来脸盆到上温水帮我清洗身上的血迹。老板因为听到妹子的尖叫也就起来了，看到我满身血迹问了一下怎么回事后，让妹子先照顾我一下，他们两口子先去餐馆，顺便打听一下外面的情况。

老板走后，我逐渐恢复了体力。这时我才感觉到我的手臂、大腿和臀部很痛，一看才知道是被所谓的狼牙棒打伤的。我谢过妹子就回自己住的屋前，抓着门扣一扎，门开了。我简单包扎了一下伤口就躺在了床上，回想着刚刚发生的一切时，才感觉到了害怕。可能是体力透支，我不知不觉的睡着了。中午，妹妹来了。她给我送来了饭菜，这是她们老板娘给我们两个准备的，还告诉我，我们的老板连饭菜都不给我弄，妹妹还把我放在蒲启彬那里的手机也拿回来了。还告诉我外面的情况，让我们先不要出门，昨晚那些偷东西的都是吸毒的，正在满大街找我们两个，扬言要报仇。而且，警察也在抓你们呢。

　　一连两天，都是妹妹的老板娘给我们做的饭菜，让我妹妹专门送。我的老板，居然问也不问我啥子情况，好像我不存在一样。第三天，妹妹送饭来说晚上她们的老板娘给我们准备了车，为了我们的安全，要送我们离开昆明。说在这里肯定是不能呆了，警察在找，那些瘾君子也在找。

　　晚上，一辆白色面包车驶来，把我和蒲启彬接走了，蒲启彬直接到南窑火车站买了票回家去了。而我，则是来到我同学那里住了一天。然后去了孔家庄爸爸那里，跟爸爸说了我在昆明的事情。爸爸很担心，也让我离开。在爸爸那里住了三天后，2004 年年 4 月中旬，我踏上了开往广州佛山的火车，开始了广州的打工之路。

到广东，被骗入传销

　　2004 年，我在昆明闯祸后，就去了广东开平。因为在 2003 年年底，我的干哥哥刘强，不知道从哪里得知我的电话。突然联

系上我，说他在厂里当车间主任，让我去他那里做管理。那时，我还没有想过要去，直到我在昆明出了打架事件后。没法了，才决定去他那里看看。

我从爸爸那里回到昆明，见了妹妹，跟妹妹说我要去广东。让妹妹去爸爸那里，她一个人在昆明我们都不放心。谁知妹妹却说没事的，她说就让她留在昆明，老板对她也很好，她也该学会独自生活，不能总是依靠着我们。让我和爸爸妈妈放心，她会照顾好自己，每个月拿了工资，除了她自己要用的外，都会寄给妈妈的。我妹妹的脾气我知道，她也是很倔强的。虽然我心里一直担心她，但是又拿她没法子，就把她留在了昆明，让她自己去铺自己的人生道路。直到后来，听妹妹说在我走后，她开始的几个月都很好，直到马街改建她被迫离开餐馆，也吃过很多苦。……

我按照刘强说的，先从昆明坐开往佛山的火车，到了佛山再坐公共汽车到开平。一路上，我听干哥哥说得那么好，还憧憬着我美好的未来是什么样子？同时也回想着在昆明的经历。在昆明差不多一年时间，我尝尽了人生的各种磨难。只是我不知道的是，我在广东又会有怎样的命运在等着我？

经过两天三夜的车程，我于第三天凌晨到了广东佛山，下车后我就闹出了笑话。在我随着人群走出车站的时候，突然一个的士司机走过来用广东话问我："先生，有没有行李啊？"我答道："不累。"因为我当时以为他是问我有没有很累。呵呵。直到后来我才知道他说的是啥意思。

这时，正好有一辆开往开平市的车来了，我急忙上了车。可能是售票员知道我是刚刚来广东的，就收了我 60 元的车费，而实际上只要 25 元就可以到开平了。更可恶的是，还没有到开平就说到了，让我下了车。我下车打电话后才知道离开平还有半个小时才到呢。而这时的我，身上已经没钱了，只有 5 元。干哥哥让我坐一个摩托，直接到开平汽车总客运站，他在站口等我。到了开平汽车站，我远远的就看见了干哥哥，虽然已经有七八年不见了，但是他的样子还没有怎么改变，只是瘦了一些。下车后，他掏出钱包，给了摩的司机20元，然后就拉着我的行李让我跟着他走。

一路上，我们都简单问了各自近年的情况。大约走了10分钟，就来到一栋居民楼下。他说："就是这上面六楼，是临时租的，因为厂里宿舍在装修，所以就临时租了没有床的屋子，暂时住下。"还说有很多人一起住呢。当时我也没有在意，跟着他上了楼，来到门前。我大吃一惊，只见问口放着一二十双鞋，他轻轻地敲敲门，门开了，出来了很多人，男男女女都来跟我握手，口中还叫着帅哥欢迎你！

脱鞋进了屋里，我一看是两室一厅加一个厨房，客厅里面陈设非常简单，一张圆桌二十条凳子。卧室里没有床，都是铺在地上睡的。当时我就感觉不对，可是还来不及细想就被一群男男女女围着问这个那个。过了一会儿，干哥哥带着我出去了，说是和他一起去买菜，晚上好庆祝一下。

买好菜回来，我去了一下厨房，看到一个正在做菜的靓妹，就问了一下："靓妹你好！你们的厂在哪里啊？上班远不远啊？"她说："不远，就在那边。"她用手说着窗户往左边一指。我感觉不对，因为我来的时候经过她所指的地方，那里是公园，根本没有什么厂区。我上完厕所来到客厅，又问了一个帅哥，他用手一指说是那里。我说："刚刚那个妹子怎么说是那边呢？"他愣了一下拉着我来到阳台说："你看我刚刚指的那个地方是啥？""马路啊！"我说。"对了啊！那马路转过去就是了啊！"他又说道。额。我当时就无语了……

晚上吃饭的时候，我看桌上一个很清淡的鱼，四盘感觉没放

油炒的白菜，两盆鱼肠青菜汤，两盘凉拌猪头肉，两盘豆芽，两盘豇豆，都没有放辣椒的。由于我是四川人吃不惯广东的菜，所以没有吃多少就不吃了。他们三下五除二的就全部搞光了，还说等过一段时间我就能吃了。开始我还没有明白，后来我才知道，天天这样吃，又没有油腥自然而然的饭就会多吃了。

吃过晚饭，干哥哥就带我出去了，来到一个公园里。在一个幽静的地方坐下，我望了望，公园不是很大，树木却很多，隐去了一座城市暂时的霓虹，显得很宁静。我问哥哥："哥，我什么时候去面试？"他说："明天早上去。""要得。不知道我能不能面试上？"我有些担心的说。他安慰地说："没事的，有我在，凭我的关系一定成功。"我笑着说："那就好。"然后，我们聊着小时候一起钓青蛙，抠黄鳝等等趣事，一直到深夜十二点才回去睡觉。

回到住处，他们早早的就睡了。我躺在地铺上，心里一直在怀疑这些人，是不是搞传销的？不知不觉就睡着了。

第二天凌晨五点，他们都起床了。干哥哥把我叫起来，说经理打电话来让我马上去面试，经理要出差，所以就让我早点去。我在朦胧中跟着他来到一栋居民楼，只见他用手敲了几下，门开了，里面漆黑的，什么也看不见。这时有个女的，跟我握手还叫帅哥欢迎你！同时，哥哥又让我把鞋子脱了。借着里屋门缝的灯光，我才大概看清了这间屋子的陈设，同样也是非常简单。紧接着我被带进了里面的一道门，门一开就吓我一跳。地上坐了上百人，全都在拍掌欢迎我。又来几个女的，把我推到中间，让我坐下。

这下我有些知道了，曾经听说过搞传销的就是很多人坐在地上听课，睡的是地板，而干哥哥他们做的多半就是传销。我很生气，一股怒火从心里燃起。但是，我当时没有发作，一直低着头也没有听到在讲些什么，同时我也不时地用眼睛到处瞄，寻找干

— 140 —

哥哥坐的地方，他看到我在看他，急忙望着黑板，假装不知道，直到下课。我起身准备离去，走来一群男男女女，拉着我要聊天。我心里有气，哪有什么心思聊天，只想找到干哥哥问清楚。

好不容易挣脱纠缠，已经不见干哥哥了。一个女孩跟着我，我想她应该是干哥哥安排的。我一路上走得很快，恨不得马上就回到住处。可是，我到了住处却没有见到干哥哥，他们说出去买菜了。我从行李中拿出铜笛，坐在阳台上等着，等着哥哥回来。那些人都来给我说让我了解一下这个事情，不要冲动等等话语。我一句也听不进去，还对他们吼道："滚……"

等了一上午，干哥哥也没有回来。直到后来才知道有人给他打了电话，说我要跟他拼命，让他暂时别回来。我等得不耐烦了，就出门去找，同时也有一个女的跟着我，一边劝我一边给我说好多好多。还说她也是被这种方式叫来的，刚开始她也不理解，和我现在的心情一样，后来她认真去了解了才决定做的。并说这个不是传销，是直复营销，传销是犯法的，而直复营销是不犯法的。

正好这时来了警察，把我和那个女的拦下，要查暂住证，由于我刚刚来，没有。就被带到派住所，让我办暂住证。我就跟警察说他们在做传销，谁知警察回答我说："你愿意做就做，不愿意就回家去。"我听了后感觉奇怪！警察为何不理？难道真是不犯法的，是可以做的？我在派住所呆了半个小时，干哥哥来了，他拿出钱来给我办理了暂住证。

从那以后，我也就听他的，先了解一下再说。经过几天的听课，感觉是跟传销不一样。当我了解一段时间后，还特意编了一首歌来唱：

为了生活我离开家乡

本想来到广东闯一闯
我的朋友打了个电话
来到了开平这个地方

第一天他搞我坐地板
他们搞了一个八十万
下面叫得是疯疯癫癫
我说这个根本不是钱

第二天我又去坐地板
他们又讲了一个马扁
他们说这个不是叫骗
这个啊叫做文化理念

第三天我再去坐地板
他们又讲了一堂心态
课程教我怎么去做人
我的心理已开始转变

第四天我还去坐地板
他们又来了一场分享
分享的老总是多么潇洒
他们的手机蹦嚓嚓地响

第五天我再去坐地板
朋友们问我想不想干
我说你这个死王八蛋

为什么现在才叫我来干

第六天我仍去坐地板
打了一个电话给爹娘
告诉他们我开了一个店
并且还找了一个另一半

从此我就天天坐地板
下定了决心好好的干
希望有一天也能赚钱
带着另一半回家团圆
带着另一半回家团圆

就这样，我在听了几天课后，也跟着他们做。可是，我没有钱，干哥哥帮我交了。虽然我决定做了，心里却清楚，毕竟是不长久的。而且我也不敢叫我的亲朋好友来，怕以后有什么变化，会怪到我。所以，我做了几个月，没有叫一个亲人来。只发展了一个人，就是在昆明一起打架的蒲启彬。我本来没有打算叫他的，有一天，他主动打电话给我，我就把他叫来了。他的到来我便成为了家长，管理着 10 多个人，每天负责买菜，而哥哥则成了初级业务员。

有一天来了一个女的，她叫向羽，是个大学生。人长得漂亮，有着一双大眼睛，也是有着圆圆的脸，一头长发披肩，显得很可爱。我便喜欢上了她，处处呵护关心着她。记得有一天听完课，在回家的路上，她要方便。可是附近没有厕所，她在无法的情况下，打湿了裤子。我就把我的衬衫脱下来给她围住下身，以免被被人发现。她为了感谢我，每天帮我洗衣服。我看她对我有

好感，就跟她表白了，可是她却说她还没有想过要耍男友的问题。唉！我当时感到有些沮丧，当然我也没有逼她，我想一切顺其自然吧！

有天晚上，大家都睡了，我突然肚子疼痛得厉害。受不了，她打电话给我干哥哥，哥哥马上让人送我去医院。由于是深夜了，医院也无法止住我的疼痛，又打120急救，我被送到一家私人医院治疗。自始至终，向羽也一直陪在我身边，还有我的下线业务员蒲启彬和哥哥。在我昏迷的时候，向羽一直握着我的手，直到我醒来时，看见她趴在床边睡着了。我轻轻地摇醒她，她看见我醒来很高兴地说："医生说你是肾结石发作，要住院治疗，我会一直陪着你，直到出院。"我听了很开心，心想她以后应该能答应做我的女朋友了。

在我住院一个多星期后，她走了。我跟哥哥打听，他都含糊其辞的，没有说清楚。到了出院那天，哥哥结清了几千元的医药费。我出院才知道向羽的情况，她被有一个所谓的中级业务员看上了，经常去他住的那里过夜。他以他中级业务员的身份，还骂我不好好做还想着谈情说爱。最后，不知道是什么原因？向羽离开了开平，再也没有回来，我们从此失去了联系。

传销窝点的覆灭

在开平的日子，开始的时候，我也向爸爸妈妈要过500元钱，妹妹也打过250元给我。后来，我拿到了提成后，就没有向家人要过钱了。因为每月的生活费是自负的，是在我当家长后才知道的，也是在我当家长后才知道一些内幕。说实话，其实在这里根本就是吃苦，生活极差，菜里根本没有什么油。我们每天吃的菜是买的菜贩子不要的，一斤才几分钱，甚至还有在菜市场捡的菜叶。而家长买完菜后却记录捡的菜是多少钱一斤买的，而几分的菜又记录成一角或两角一斤。唯一能吃的好些的是有新朋友的到来，他们一到就被上线带去菜市场买肉鱼等好菜，都是新朋友花钱。而新朋友的到来，也是大家饱餐的时候。

我吧！运气还算好。我刚刚来因为身上没有钱，买菜都是哥哥花钱。坐地板也没有坐多久，就当上家长了。每当家里没有新朋友来的时候，我常常偷偷跑到外面去吃，在家里只吃一点点。因为家长有一点好处就是，身上随时都有几千元。而这些钱，也是他们那些最底层的业务员交上来的生活费。加上我记忆好，没做好久我也能讲所有的课，讲一堂课也能得 50 至 200 元不等。我还经常跟着哥哥去酒店，见那些所谓的高级业务员。所以，我在开平也就没有吃到多少苦头。而有些人坐地板都坐了一年多了，还是一个普通的业务员。

直到后来，突发事变，我才离开了开平。因为做这个直复营销，刚刚来的要缴纳 3800 元，买一个产品，就是北京恒源国际的鹿茸。记得，那个月来了很多新人，一个课堂都坐不下了，分成了两个课堂。那些高级业务员抱着钱跑了，没有买产品发给刚刚加入的业务员，也没有发应得提成业务员的工资，这样就违法了。我知事情不妙，急忙打电话给干哥哥，当时他正在阳江，就告诉了我那些高级业务员的住址。

然后，以我为首，带领几十个人去寻找。那些人里有打工者、大学生、工人、农民、做生意的·还有当过兵的、更有坐过牢的等等。他们为何都愿意听我的呢？我也说不好。那时我在直复营销里，为人幽默，平易近人，讲课也很好，赢得了人心。而且我在那里，从未用过我的真名，都是以唐剑飞的名字给人签

名。所以，大家都叫我飞哥，不管年龄小的，还是比我大的，都这样叫，我这个"飞哥"就成了名副其实的大哥大了。

我带着他们，按照干哥哥给我的地址一一的找，很多路人看到我们这群人时，都离得远远的。可能是我的冲动，动静整得太大了，那些高级业务员闻风跑掉了，我们找了一天，一个也没有抓住。天已经暗下来了，现在，就只剩最后一个了，他住在很偏僻地方，大家心里着急，刚刚到院子门口，都争先恐后地冲了进去。结果，还是人去楼空。我在院子正好碰见房东老板娘，我跟她说明缘由后，老板娘告诉我说："住在这里的这个人，每天都是晚上十点过回来。"这时，她看看手中的手机又说："好像过一会儿他就会回来了，你们再等等，应该能碰到他的。""谢谢老板娘！"我急忙道谢。于是，我让大家隐藏起来，我则藏在二楼他的房间里，守株待兔。

等了十多分钟，果然等到一个高级业务员叫陈宏和他的下线中级业务员朱鸿友回来了。朱鸿友走在前面，刚刚到二楼楼梯间发现了其他的人，他们转身就跑。我在房间里听到大喊"抓住他们……"。我急忙跑出房间，往下一看，他俩一前一后正跑到院子里。我一着急，从二楼纵身而下，一脚踢倒了朱鸿友，其他人赶来一把按住他。"留下一些人把他带回我住的那里，剩下的跟我追。"我大声说道。然后，带头朝着陈宏跑的方向追了下去……由于地方偏僻，我们又不太熟悉路，追着追着就不见了踪影，只好放弃回到住处。

一进门我就问："人呢？"他们说："在里屋呢！"我走进去一看，朱鸿友坐在地铺上还抽着烟。我一下就火了，问也没有问就给他一个耳光。他站起来想还手时，我又飞起一脚把他踢倒在地铺上，接着我从腰间拿出铜笛对着他头部连打几下。当时，我看到他头部流血了，顺着脸颊流了下来，这时的我才停下。

"那些所谓的老总呢？都跑到哪儿去了?"我问道。"不知道。"朱鸿友带着哭泣地回答。我不相信的说："你天天跟他们在一起还不知道？要想不挨打，就说出来，他们藏到哪里去了?"朱鸿友说："今天白天是在一起的，后来知道你们正在找我们，有些就开始离开了，我真不知道都去哪儿了。""那你的上线陈宏呢？他你应该知道吧!"我又问道。"刚才被你们一追，我被你们抓住了，他去哪里了我也不知道。"朱鸿友答道。

"看来他真的不晓得哦!"其他人说道。"那我们交的钱怎么办?"我对朱鸿友吼道。他说："我也没有钱，刚刚他们都搜过了。其实，我和陈宏都一样，被蒙在鼓里。我跟陈宏吃的都是白菜，你们进屋去了，应该都看到了。"我听他这么一说，立刻想起我到他们房间时，看到还有没吃完的白菜在锅里。整个屋里的陈设也很简单，看起来也不是有钱人过日子。后来，我才意识到他们这种刚刚升起来的高级业务员也很苦的。只是，他们到了一定的级别，不得不以很有钱的外表出现在课堂而已。实际上，他们有时比我们过得还惨呢!"把他捆起来。"我说。然后走出了房间，来到客厅里。看到大家那种被骗的眼神，有一种说不出的味道。

虽然我开始就有预感，知道这个直复营销会出问题，但是我没想到的是，它的覆灭会来得这么快。"怎么办？飞哥。"大家望着我问道。我没有回答，默默地走到阳台上坐在那里，点上一支香烟，望着夜空发呆。过了一会儿，我轻轻地说道："怎么办？想办法回家呗。"这时，客厅沸腾了，他们都各自商量着怎么离开这里。有路费钱的，就找各种借口离开了，没有路费钱的，则还就在这里陪着我。

我心里知道，那些离开的人身上有钱，不说能回到老家，但至少可以离开开平另找出路。而没有走的，就是身上没有钱，他们都望着我这个飞哥，希望我能帮助到他们。我起身看了看，大

概还有二十来个人没有走，我就对他们说道："有亲戚朋友在广东打工或者离这里很近的站一边，没有的站一边。"他们果真按照我说的做了。我又望了望，差不多有大半的人有亲戚或朋友在广东，剩下少数的没有。我又说道："出门在外，大家应该相互帮助，何况现在我们在同一条船上，你们说我说的对不？"他们异口同声地回答："飞哥说得对，我们都听你的，你说怎么办我们就怎么办！"我说："好。那你们马上回各自的住处，把家里的煤气罐和能卖钱的都搬来。我打电话叫人来收，看能卖多少钱？够不够大家想去的地方？"他们听了后立刻走了。

　　大约半个小时，回来了一些，有些没有回来。没有回来的，就是有办法离开这个鬼地方了。所以，我根本不用去担心他们。现在还剩下十多个人，我让他们把能卖的都卖了，然后把钱凑在一起。按照路程的远近，把路费分发给他们每一个人。最后，还剩下要回老家的五个人了，钱不够了，他们几个都开始流眼泪了。我急忙说："别哭，我说过会帮助你们就会有法子让你们平安回到家里的。"我刚刚说完，他们都用感激的眼神看着我。

　　我从衣兜里拿出钱包，把仅有的五百多元钱拿了出来，算了一下刚刚好。可是，我却没有离开这里的路费了。但是，我却没有说出来。我把钱给他们后，他们都说对我说了一声谢谢！之后，大家就互留联系方式，然后一起聊天到天明。天发亮后，大家开始各自去买车票了。临别时，好多都哭了，特别是那些女的。我说："你们走吧！今朝一别各西东，转身后就是天涯！以后的我们，也许永远不会再见！我只希望你们每一个记着，虽然今天的我们是被骗了，但是我们还是很开心地一起玩耍过。"他们一一跟我握手并道谢离开了！最后只剩下我和朱鸿友了，我把他关在房间里，也离开了。我没有去车站，而是去了朱鸿友他们住的地方，把他房间的两个煤气罐拿来卖了。

当我回到住处时，发现朱鸿友跳窗跑了。我感觉不对，立刻简单收拾下行李就下楼，找了一辆的士让司机直接送我去顺德勒流镇。因为我大舅、舅娘、和两个表弟都在那里上班，我只有去投奔他们。在车上，我回想着在开平的一切。有些许恨，恨干哥哥把我骗来，手机也被他拿去了。想起他在我生病时，什么都没有说就为我付了医药费，又有点恨不起来，心情特别复杂。不过，对我的人生路来说，我在这里又学会了很多东西。至少我知道，天上不会无缘无故掉馅儿饼。

北滘的保安工作

2004 年 7 月初，我来到了顺德勒流镇的江义村。我记得当时我从开平打的到那里的，钱不够开车费，大舅也正好没有上班，还给我付了 50 元车费。然后，我跟着大舅来到他的住处，把行李放好后。大舅狠狠地训斥了我一顿之后，才说让我跟他们一起吃住，其他就等我找到工作后再说。大舅和小表弟在江义大道旁边的一个电器厂上班，大舅娘在另一个电子厂做，而大表弟却在北滘工业区的美的集团上班。遇到休息时，才回江义跟大舅他们一起吃饭。

在大舅那里，我白天出门到处转悠找工作。快中午时，我又去菜市场买菜，回来把饭菜做好，等到大舅大舅娘小表弟他们下班回来就吃。吃完饭，我就收拾碗筷洗碗，扫地。晚上也是一样，我做完家务事后就跟表弟他们出去耍。有时大舅娘，表弟也会帮着我做家务事。

由于我没有进过厂，大多数都是要熟手和能懂开冲床的才

坚墙
JIANQIANG

要，所以我就很难找到工作。一直在大舅那里呆了三个月，大表弟说他们美的集团要招工，不过要想进厂需要介绍费。大舅就给我 1000 元钱，让我跟着表弟来到北滘工业区。大表弟住在三洪奇，也是租的房子，跟他一起住的是大表弟的表哥林二，我就跟他们住。房子很小，里面有个卫生间，一张上下铺的单人床，林二老表睡上铺，我和表弟睡下铺。另外床头放着两辆单车，唯一还有空地的地方，就是床前一个人能通过的地方了，就这么大的房间每月还要 190 元的房租。他们告诉我中介的那个介绍人后，就让我去找他，他们则要上班。所以，没法陪我一起去。我跟着那个介绍人跑了一个星期，钱花了却还没能进入美的。

这时，和表弟一个厂的周晓伟跟表弟说，他同学那里要招保安，他同学也正好在那里做保安。不过工资有点低，只有 650 元一个月，三班倒，上班公司有饭吃，让表弟来问我愿不愿意去。我听了说当然要去了，我来了这么久了，还没有找到工作，先做着以后有好的再换。

第二天一早，我就骑着林二老表的自行车，去了北滘镇双强物业有限公司面试。没想到我面试成功，那个保安队长发给我衣服，让我明天就上白班。晚上，我就跟表弟和林二老表还有他们的同事一起到餐馆吃饭，庆祝我终于上班了。我也用表弟的手机跟大舅打电话，告诉他我已经找到工作了。大舅叮嘱我说要好好上班，休息的时候让我回江义去耍。

第一天上班，林二老表就把他的单车给我骑，他就搭表弟的单车。我来到北滘大街，见到我后来的保安队长周逸红，现在的他是班长，我就在他的班上。他带着我巡逻了一下，让我熟悉了我们应该看管的街道和楼区。从此，我跟班长关系很好，他也乐意跟我结交。我有事他会来，他有事我也会去。

记得有一次他老婆生日，我买了一个蛋糕提去，他和他老婆

— 150 —

都很高兴。临走时，他老婆给我很多饮料和方便面，都是他老婆厂里发的，还说过段时间介绍给我到她厂里去。因为她们厂里待遇很好，是韩国人开的，工资高，经常去旅游。大约过了一个多星期，他老婆打电话给他，说厂里内招一些人，让班长给我说我是她表弟，马上就去面试。我听了很高兴，急忙骑着单车去了。可是天有不测风云，我刚到她厂门口，腿就突然痛起来了，我不能走路。她正好在等我，带着我进去面试，经理看到我痛苦的样子说："你不行，因为马上就要上班，你看你现在痛成这样怎么能做事情呢。"就这样，我错过了一次机会，没能如愿进入厂里。

我到医院打针吃药，搞了几天才又能正常上班骑车走路。班长听我讲了我这些年的病情后说："看来你小子只有在这里做了，这里轻松，一边好好治疗，一边上班。如果腿有啥子事情，跟我说，我找人替你上班。"我很感激班长对我的好，没过多久，那个保安队长因犯了事被公司辞退，班长就当上了保安队长。他对我就更加好了，只要有一点点事情，人不到一个电话就行。当然，我在上班时也尽职尽责，在我看管的区域从来没有出现被盗的情况。有一次有个偷单车的，刚刚打开业主的防盗锁就被我发现并抓住了，当时业主也很感谢我，还受到公司表扬。

眼看大舅娘要过生日了，头天我正好倒班，有两天休息时间。下午四点交接后，我就骑着单车往江义。平时，我和表弟回去都是坐摩托车，要15元车费。这次，表弟还在上班，我又想早点去大舅那里，所以我独自骑着单车前往，我一直沿着海边骑，骑了三个小时才到大舅那里。我从单车上下来时，双腿直发颤，都站不稳了。又把腿痛病整发作了，在大舅住的旁边，有个老乡是医生。大舅把我带到他那里，让我他给我看了看并开药吃稳住了。他听我说几年来我一直在吃药，就认真的帮再次我看了。最后跟我说需要新疆的天山雪莲针剂来注射，几个疗程就会好。我

又打电话回家,跟爸爸妈妈说,他们就让在新疆打工的老乡买来寄给我。刚开始注射的时候,感觉是还好,过了一些日子还是不行。最后也是自己买激素药吃,才控制住了病情。

在给大舅娘庆祝生日那晚,大舅对我说:"你现在也上班了,等你有钱了,你在我这里几个月,加上我给你的一千块钱,你就给我三千块吧。"我说:"要得。"毕竟在外面,什么都要钱,都是打工的,没有谁能给你白吃白喝几个月,就算是亲戚也不例外。

就在上班一个月后,我领到了工资,林二老表和表弟就让我请客。平时的我们,都是吃快餐。我上白班和中班,会有一顿饭吃,没上班就打快餐来吃。为了省钱,我们到菜市场,全部买卤好的菜,然后提回住处,再去快餐店买饭,顺便在超市买几瓶啤酒,就这样我就算是请客了。

春节又来了,公司不放假,这个年是我唯一没有回家看爷爷的一年。我还特意电话给妈妈,让妈妈给爷爷说请他老人家原谅呢!林二老表和表弟都放假了,一起回江义跟大舅他们过年吃团圆饭。我却还在上晚班,除夕那晚,由于快餐店都放假,我只好买了一包方便面来吃,这也是我过得最寂寞的一个除夕年夜。吃完方便面,我独自骑着单车到海边耍,看着天空不断燃起的烟花,想起了家乡。这时的我多想回家啊!不知道今年爸爸有没有买烟花?妈妈有没有和往年一样,学着爷爷拜灶王爷?被我留在昆明的妹妹是否也回家了?爸爸、妈妈、妹妹,我好想你们!你们是否也在想我?

时间快到 12 点了,我从地上站起来,骑着单车去上班了。到了上班处,碰到队长,队长说:"哎呀!你小子运气不好,上晚班拿不到红包哦!不过,还好!你还有两个晚上就转中班了,还能拿到一些。"我问队长:"怎么才能拿到红包呢?"队长说:

"到时，你看到那些业主和店铺老板，就对他们说恭喜发财！他们就会发个红包给你。""哦哦。知道了！谢了哈队长！"我开心地道谢。"我回去了，这里交给你了，要看好哦！千万别出错！"队长说。我点点头："嗯嗯。你放心吧！"队长骑着车子走了。

我就在街上和住宅区来回地走，走一会儿休息一下。碰到一个老板来铺面拿东西，我看到他还没有说恭喜发财，他就给我一个红包并对我说："辛苦你了！"我急忙抱拳说道："恭喜发财！不辛苦，应该的。"然后那个老板和我聊了几句就走了。等他走后，我回到岗亭打开红包一看，里面有 50 元。我自言自语地说："这个老板还是挺小气的，才包 50 元在里面。不过还是很好，总比一分不包强。呵呵。"

两天后，我转中班，一个星期一共收到红包两千多元钱。还收到一些礼物，还有业主送饭给我吃。我们二十多个保安中，只有我收到的红包最多，也是因为我平时爱帮助业主受到他们的喜欢和尊敬。也许当时的付出没有回报，可是，只要你是真心的为别人付出，总是有回报的。即便是没有回报，心也是快乐的！

2005 年春节刚刚一过，打工的人们，为了生活又开始投入到繁忙的工作中。林二老表因家里给他谈女朋友，他回老家了，只有我和表弟还住在那里，每天上班下班。遇到休息日，也回江义大舅那里过。逐渐地，我在北窖三洪奇认识了很多人，打工的同乡，白道黑道的都认识熟悉了。吃快餐的时候就越来越少了，大多数都是有人请我吃餐馆，洗头松骨基本是两天一次，很照顾我的保安队长也经常跟我一起到处耍。

而表弟却常常说我不该跟那些人混在一起，说要像他一样老老实实的上班做事。我却不以为然，我认为，出门在外，什么样的人都得交往，只是要看那些人值得深交，那些人只能浅交，但是却不能不交。记得有一次，我和表弟去一个超市买东西，单车

被偷了。我找到认识偷单车为生的那个人，跟他说我们的单车刚刚被偷了。他说，你们等等，不一会儿，他就对我们说到哪里哪里的修单车那里取，绝对不会有下一次了。还真是的，从此，我的单车都没有上过锁，却一直不曾丢过。所以，我说不管他是什么人，只要不会整我害我，只要我不去参与他们的犯法行为，即便跟他交往也没有什么的。

有一天早上，我下班了，来到一家豆花饭店吃豆花。碰到一个叫曾发鸿的，他说是周晓伟让他来找我的，并给我付了豆花饭钱。吃完后，他跟回到我的住处，我才知道他跟表弟一个厂的。因嫌弃时间太长了，不想做了，才来找我要做保安。我说："没事的，明天回你话。"他说："行。"晚上我接班时，看到队长，跟他说了曾发鸿的事情，队长说："明天你让他来上班。"就这样，曾发鸿就顺利的当上了保安，每天跟我一起上下班，还常常请我和队长去大排档。

曾发鸿爱打牌，有天下班后，他说去打一下牌。我也没事情做，就和他一起去耍，来到了三洪奇开赌场的韩三那里。韩三，之前我同他吃过饭，因为我没有钱赌博，所以没有去过他的场子。这次和曾发鸿一起来，他就在里面炸金花，我则在旁边看。不知不觉很晚了，我叫曾发鸿走，他不愿意。韩三见状让我就在他那里睡，明早去上班。我也听话，倒在他床上睡了。早上我起来时，韩三还塞给我50元，让我买早餐吃。我看见二块还在打，就没有叫他，自己上班去了。"二块"就是曾发鸿的绰号。

下午四点我下班了，来到韩三那里，二块还在打。唉！真是瘾大公司的。快5：30时，韩三就喊大家去餐厅吃饭，不管打牌的也好，没打牌的也好，在一旁看的也好，都一起去，当然我也被拉去了。一共有二十多个人，坐了两桌多，韩三就花了800多块钱。这个老板真豪气，吃完饭他们打牌的又继续打。我看了一会儿就走了，回家睡觉。临走时，韩三又给我一包玉溪烟并说："以后多多来耍，不管你打不打牌，三哥都欢迎您！"我说："那就谢谢三哥了。对了，三哥，我有点不明白？你为何对我那么好呢？"高三说："因为你值得我交。"就这简单的一句话，再也没有说别的了。

从此以后，我只要没有上班，有时候也去韩三那里耍。在那里有认识了很多人，经常被他们叫去吃饭或者是去海边夜宵。有时我都睡着了，还打电话来叫我去海边哪里哪里吃。有一个晚上，我在边上看他们斗牛。几个常请我吃饭的硬是让我陪他们玩一会儿，我说我一个小保安，没钱钱。谁知，韩三说："保安，你放心打，输了算我的。"我心想："既然三哥都开口这样说了，我还能说什么呢。"于是我也坐了下去，从身上掏出100元，压了10元。他们玩的是最小压10元最大压30元，我没钱就压最少。没想到我运气很好，那晚玩到凌晨我赢了8000多块，我见好就收。从牌桌下来后，我就请韩三和他们去海边吃夜宵。在去海边的途中，我又打电话叫来了队长。

吃完夜宵，我让老板又打包给我，带回去给表弟。回到住处，他早就睡着了，我把他叫醒起来吃。表弟说："你捡到钱了啊！今晚买这么好的回来吃。"我笑着说："是啊！不是说捡到钱要买东西来吃，不然会不好的啊！"我没有告诉表弟是我打牌赢的，我怕他回江义跟大舅说，大舅要是知道了要骂我的。所以，我也就假装不懂，顺着表弟说的是捡到钱了。不过后来还是被大舅知道了，至于具体是怎么知道的我也不清楚，还好的是，大舅知道后没有骂我，只是说你要暗逗（小心）点操。我也不知道大舅为何没有骂我，也许是我赢钱后的第三天，我就回江义把3000元钱还给了大舅吧！同时，我还寄了1800元回家。

在那不久，表弟也因为时间太长而辞工回江义上班去了。我

因这里房子小房租贵也搬家了，搬到二块的旁边，120 元一个月，同时还有表弟的同事周晓伟也挨着。几天后，林二老表的弟弟林三老表又来找我，还带着一个不认识的人来。林三老表在林二老表回去后他就来了，当时也跟我和表弟住一起，他的工作也是我给他找的，后来他嫌工资低跳槽了，都没有说一声就去了一个酒店当保安，跟着也和我们分开了。因为这事队长很生气，说他就算走也应该说一声，说都不说就走了，一时间害得队长找不到人上班。

这次，他带着他的朋友来找我，说让我帮忙当保安。我当时没有答应，只说等我问一下要不要人才知道。快吃晚饭了，二块来叫我吃饭，看到有两个人在我家里，就说一起吃。他们不愿意，说他们到我这里来，却要在不认识的人那里吃饭。我听到后，只有说那跟我到外面去吃吧！我又叫上二块和周晓伟。到了快餐店，我说就在这里单炒几个菜，他们却说："咋呐！我们那么远来，请我们吃快餐啊！"我说："不是吃快餐，是另外单炒菜来吃，以前林二老表也在这里单炒招待朋友呢。"林三说："哎呀！起码要到好一点的馆子吃啊！"我没法，又去了韩三常请我吃的那里，这下他没有说什么了。一顿下来，我花了 300 多块钱，他们走时又说没有钱坐车了。我又拿出 100 元给他们，还买了两包 12 元的烟给他们。

他们走后，二块和晓伟对我说："这样的人，不值得对他们那么好！"我笑着说："没事的。我的能力也只能做到这样了。"后来让我没想到的是，林三老表居然还在大舅面前说我那次做得不对，得罪了他和他的朋友。唉！不过我也没有放在心上。

好男人称号

我在做保安的时候，还赢得了一个"好男人"称号。那是有一次，韩三他们带我去了发廊，叫了好多小姐，还特别叫了一个好看的陪我。等他们各自带着一个离开并留下我和那个女的后，我心里就特别的慌张，感觉心都要蹦出来了一样。当那个女的开始靠近我时，我吓得起身就跑出了发廊，独自打车回家去了。第二天，他们就笑话我，直到另外两件事情被他们知道后，才没人再笑话我了，还送我"好男人"称号。

那是有一次，我背一个喝醉了的女孩回家，她叫侯静，我照顾她给她敷湿毛巾守了一夜，却什么都没有发生。我记得，侯静是一个理发店的洗头工，因我常被朋友们请去她上班的店里洗头和松骨。且每次去，都是叫侯静给我洗，加上她又是四川隆昌的是老乡，多少我对她有些好感。而二块也背着他老婆，在那个店里喜欢上了一个女的，大家都叫她聪聪。有天晚上，二块邀请那个女的出去吃夜宵，也叫上了我，同时给我洗头的侯静又是聪聪的闺蜜，所以也一起去了。

那晚，她们两个都喝醉了。二块带着聪聪离开了，离开的时候，二块还对我说要抓住机会哦！这样就剩下我和喝醉的侯静。我扶着侯静，往她宿舍走，她却说："大门关了进不去了。"我说："那怎么办呢?"谁知这时的她经过海风一吹，酒劲发作人完全融了。我只好背着她回到我住的地方，把她放在我的床上，然后用毛巾打湿敷在她的头上，整整一夜。第二天一早，她醒来知道后，很感激我对她的照顾，也没有对她做过什么。后来，我去

洗头她都主动给我洗。自从这件事传出去后，朋友们才没有再笑话我那晚在发廊逃跑的事情。

　　还有一次是，我正在睡午觉。二块跑来敲门，让我跟他一起去麻将。我们一路上有说有笑，他告诉我是一个女的老乡约他的，等我们来到那个泸州老乡那里，我才知道她原来是做小姐的。因为我们刚到时，她还在接一个嫖客，让我们在客厅等一会儿。

　　我和二块就在客厅里随便聊着，不一会儿，嫖客完事出来，看了我俩一眼就匆匆忙忙的走了。接着她也出来了，让我感到惊奇的是她居然一丝不挂的站在我们眼前。还对我们说道："现在离约定的时间还早呢。要不我陪你们玩一会儿再去。"二块说："我就算了，看我们的君子保安玩不玩？他可号称好男人呢。"我红着脸说："我啊！你又不是不知道的，摆在面前我也不玩。"她听了笑道："是不是哟？"二块也笑着说道："你不信可以试试。"接着那个女的真的坐到了我的腿上。顿时芳香四溢，吹气如兰在我的耳边轻轻地问道："我就不信了，除非你那个不行。"还用手往我裤裆里伸。

　　这突出起来的举动，让我不知该怎么办才好？我一边推她一边说："我真的不会做的，姐姐，你就放过我吧！"她压在我身上说："不行，今天我就要帮以后看上你的女孩子试试，看你是不是真的能扛住我的诱惑？"其实，说心里话。那时的我看着她又白又苗条的身体，已经是欲火焚烧了。不说她还光着身子调戏，就是她穿着衣服，我想有多少男人也会扛不住她的。因为她，确实长得很漂亮，长发瓜子脸，又白又嫩的肌肤，还拥有着丰满的胸脯和翘臀。这样的女人，哪个男人会不动心呢？加上她还一丝不挂，能抵住诱惑吗？可我就偏偏抵过去了。因为我心里有着中国传统的思想观念，就是说男人的第一次应该是给自己最心爱的女人，否则视为乱淫，是不道德的。所以，就是这个思想让我一直没有碰她，直到被她挑逗得打湿了裤子，她才罢手。她起身对二块竖起大拇指说道："你这个朋友果然是好男人那种。以后要是哪个女的嫁给他，那真是她的福气。"就这样，我"好男人"的称呼就被那一带的发廊女们传开了。

在我做保安以来，令我最痛心的是发生在晓伟家的一件事情。直到现在，我还偶尔会想起呢。那是在二块被他老婆发现有外遇后，就立刻跟二块闹回家。二块没法，跟着他老婆回老家了。二块走后，把做饭的一切生活用具都留下了，他都给我了。所以，我也开始不在外面吃，而是自己煮饭吃。晓伟，在美的洗碗机上班，跟表弟他们一起的。他老婆，大家都叫她张大姐，也在美的上班，不过她是在美的微波炉。他女儿，大双儿，5 岁，因晓伟和张大姐要上班，常常独自在家里看家。当然，挨着在一起租房的都是老乡，都会帮着晓伟他们照看一下，我也不例外。在晓伟他们加班时，我把饭做好了还叫大双儿一起吃。

那时我刚刚上夜班，早上下班后。我在回来的路上，被一个老乡拉住，要我陪他们斗地主。晓伟也上夜班，回来时看到我，还帮我斗了几把才回去的。过了一会儿，他和几个老乡一起去买菜，经过我身旁时都停留了下来看我斗地主。同时还跟我说今天搭伙，四家人家一起吃。就是指我，晓伟一家，宋兵廖闵邓超（三个都是在美的做保安的），雷志平和他老婆，雷志平也是保安，他老婆则在一个电子厂上班，我们一起搭伙做来吃。我说，好的。当时就拿出 100 元给宋兵，让他们买菜。晓伟见我手气不好，就留了下来说帮我打几盘，我就让他帮我打。

这时，突然跑来一个小女孩，她对着我们说："姐姐掉河里了。"廖闵一把抱起小女孩就跑了，我们也马上跟着廖闵后面跑向河边。大家纷纷跳下河沟里，一字排开寻找起来。这条河沟，只有几米宽，正在涨潮，水流很急。我跑到河边时，没有急着下

河，站在桥上看了看，然后跑到上游几十米远的那座桥上，正好看到大双浮在水面上。"快！在这里。"我大声地喊道。同时，脱掉鞋子从桥上跳了下去，游到大双旁边，一把把她抱起游回岸边。我刚刚到岸边，大家也跑到了，廖闵接过我手中的大双，做起人工呼吸，有人帮忙按压胸部，有人打 120 急救电话。可是，我们还是晚了，一会儿大双的嘴巴鼻孔耳朵都流出了血，已经回天乏术了。

这时急救车也到了，下来的医护人员看了看，摇摇头说已经死亡。然后拖着大双的尸体开走了。我们几个陪着晓伟一起来到医院太平间后，才打电话通知张大姐赶紧来北窑医院。张大姐到后，就哭倒在地上，一边骂晓伟为何没有把孩子看好。晓伟也哭得直扇自己耳光，其凄惨场面不忍目睹，在场所有人都流泪了。

痛惜这个家庭，痛惜这个孩子，还没有上学就结束了自己的人生之路。原本是个幸福快乐的家，如今却是家破人亡。后来，孩子送到大良火化。陆续还有老乡来看望晓伟两口子，安慰他们。我因上晚班，被晓伟邀请帮他们做饭，连续一个星期。丧事办完后，有些搬家了，因为害怕，说实话，那时我也害怕，也搬家到北北滘去了。

没过多久，我朋友骑车到我岗亭玩，因他忘记加油，临走时就在我看管的辖区内放了一点业主摩托车的油，准备骑着去加油站加油。被来接班的保安看到，当时他没有说什么，后来他背着队长告到公司里，我就被辞退了。他知道我跟队长的关系，所以当时没有说，加上队长对我又很照顾，很多事情都放得宽些，而对他则是要严肃很多。也许是不满队长对我的好，就报复我吧。队长知道后，也找了一个借口把他开除了，算是给我这个好朋友一个交代吧。

这就是混乱的北北滘江湖啊。

第一次的真爱

眼看又快年底了，没有了工作的我，就没有钱花。于是我又开始到处找工作，开始几天都没有找到合适的，最后却在林头恒星微电机有限公司找到了一份做杂工的工作，每月1000元钱。本来是去应聘保安的，由于我去迟了一点，保安刚好招齐。我正要离开，那个招聘人员突然问我："还需要一个车间杂工，你要做不？"我考虑了一下，决定做。因为不做，就要饿肚子了。只好先做着，等有机会再换。

第二天，我去厂里报到，接待我的是车间主任，四川泸州的，他带我到一个铆柱车间。问过我的经历后就安排我在女人堆里做事，让我跟她们学挑柱。我还有些不好意思呢，挑柱就是检查铆柱时是否铆坏了，如果坏了的就要挑出来重新再铆。我做了几天，因柱铆大了些，流水线上需要人帮忙盖。车间主任就让我去帮忙，本来我就没有做过，是个新手，那个流水线的组长就骂我。我不服气，就跟他吵起来，最后还打了他一顿就走了。还以为我会被开除的，所以第二天没有去上班，没想到车间主任却打电话来让我去上班，并说以后不让我去盖面盖了。

我也听他的话，回到厂里继续上班，又跟那些女的一起挑柱。这个挑柱组有四个人，都是女的，有三个已经结婚了，还有一个没有。而那个没有结婚的，就是我命中注定要邂逅的人。

她叫杨卉，是湖南吉首人，比我小四岁。眼睛大大的，圆脸，还留着一头长发，个子较矮，微胖，人却长得漂亮。性格开朗，爱说话，和谁都能说上半天。刚开始吧！我对她并没什么感

觉，而她同样是对我没那个意思。我们每天上班都是随便聊聊而已。

随着厂里的订单曾多，我们铆柱车间铆不赢了。需要曾加铆柱人员，我就开始学习开冲床铆柱。车间里一共有十五个铆柱的，四个挑柱的，三个杂工。而铆柱的同事，他们在休息的时候都来指点我怎么铆，还让我千万要注意安全！慢慢地，经过我不断的学习，一个多星期后，我就在他们的指点下铆会了，而且速度也很快。甚至，还超过了一些老员工呢。他们都夸赞我，说我学得好快，早就该来铆柱了。

要过年了，厂里组织了文艺演出。让每个车间都安排节目，在吃团年饭那晚演出。我就代表我们车间报了名，参演两个节目，一个是小品，一个是唱歌。我们车间里的人，听说我报了名，都给我打气加油！每天下班后，进行彩排，我的两个节目都被通过了。

腊月二十七那天，厂里放假了，我去代理售票处取了回家的车票，这是厂里人事部提前给我们买好的。晚上，我们到厂里定好的酒店吃团年饭。吃完晚饭，我就去后台准备了，开始我演了单人小品《回家的路》，演完休息了一会儿，又上台唱了一首《新打工谣》。唱完后全场掌声四起，欢声雷鸣。下台后我继续看别人演节目，等到最后评论结果出来。我的小品没有得到名次，反而那首《新打工谣》还得了第三名，奖励了 200 元。领完奖，我依依不舍散场了。当夜，我打车到大舅那里睡觉，早上起来坐车去佛山火车站，坐上火车回家。

经过三天三夜，初一早上终于赶回家里。爸爸妈妈都去上另外的祖坟去了，我只好独自去看望了爷爷。我坐在爷爷的坟前，一边给爷爷烧纸，一边对着爷爷的坟自言自语道："爷爷，孙儿回来了，回来看你了，去年我没能赶回来，还望爷爷原谅！"然后，我在坟头，跟爷爷拜年磕头。在完成对爷爷的承诺后，我回到家里，又跟爸爸妈妈拜年。然后向他们诉说，我这两年的种种经历。爸爸还是那样话语不多，只是又显得苍老了许多，妈妈也是，脸上又添了皱纹，鬓发也白了一些。爸爸和妈妈没有问我挣了多少钱，而对我身体的关心，依旧是第一位："你的腿还痛不痛啊？给你寄来的天山雪莲打了管用吗？"我回答："还好！偶尔会发作，只要吃些药就没事了。"其实爸爸妈妈他们对我没有多大的要求，只是希望我在外要学好，身体健康就好！不管钱多钱少，过年能平安回家团圆！这个就是他们的愿望！

我问爸爸妈妈："妹妹她在昆明还好吗？有没有回来过？""你妹妹打电话来说，她过得还好！还跟我和你妈妈寄了点钱回来，让我们买好点的东西来吃！"爸爸说。"哦哦。那就好！我离开昆明后，一直担心妹妹，想到她还小，怕她被人骗呢！"妈妈和爸爸又跟我说了家里的事情，也说了爸爸在我走后楚雄打工的事情。之后，我拿出 2800 元给妈妈说："我没有找到好多钱，这点钱拿点来还债，留点你和爸爸买些自己想买的。今年我会努力挣钱，过年回来我再多给点。"妈妈笑着说："你给我带个儿媳回来我跟你爸爸更高兴呢！"我也笑着说："我尽量吧！"……

我在家里耍了三天，2006 年正月初四，我又从家里风风火火地坐车返回到北滘林头，开始上班。厂里是初六上班，我从老家赶来已经是初八了，没有领到红包。但是车间主任却帮我领了，知道我上班就立马给我送来。车间主任叫李先林，不爱说话，但是对我们所有员工都很好，只要我们保质保量地完成当天的活，不管到没到下班时间，我们都可以下班走人。

接下来的日子，我除了上班以外就是追女朋友，就是之前我提到的杨卉。谈到我追她，也是车间里的李先齐开始跟我说起的，他是李先林的哥哥，他说："唐刚，你还没有女朋友撒！去

把我们车间的杨卉追来当老婆。"他这一说，车间所有的人都赞成，开始起哄，还说追到了要请吃糖。因为没有经验，所以我追她时也很单一。第一次，我约她一起吃烧烤，为了不表现出我在刻意追她，我也请了挑柱组所有的人。但是这些举动在她们几个已婚女人眼里，早就看出来了，她们都支持我，还给我加油探听有关杨卉的一切消息，并告诉我。慢慢地，我知道杨卉是个大学生，毕业于湖南怀化计算机专业学校。也是去年五月份才来这里工作的，还有一个姐姐，也在这里不远处上班。姐夫是美的微波炉的仓管。她姐姐和姐夫还没有结婚，但姐姐已经怀孕了，正在准备结婚。老家里还有个弟弟在读大学，妹妹还在读初中。她爸爸在吉首做装修工作，她妈妈在吉首菜市场卖鱼。

自从我请她吃过烧烤后，我们开始走得近些了。那时，我每天早上晚上都会用手机发一条笑话给她。过了些日子，有天晚上，我鼓起勇气发信息跟他表白。她回一条信息给我说让她考虑一下。我接着发一条过去，写到：三天，三天后你给我一颗定心丸吧！

这三天里，我就在准备送什么给她好。想来想去，最后决定买一条项链给她。我就在三洪奇大道上买了一条180元的渡金项链，在第三天下班后，我看到她跟她宿舍的几个女孩一起，我没敢过去。于是我就回到车间，把项链放到她的工具箱里，然后离开了。晚上我回到住处，发消息给她问道：卉卉，你考虑好了吗？等了很久没有收到回音。我心想，她肯定是不愿意。我又发一条信息过去：怎么样啊？卉卉。我还等着你回复呢！过了一会儿，她终于发来一条消息，我赶忙打开一看：我还没有考虑好。我又发一条过去：不管你考虑好没有，反正我认定你了。之后，再也没有消息发来。我等着等着，也不知不觉睡着了。

第二天一大早，我就来到厂里，在暗处守着杨卉的工具箱。

坚墙 JIANQIANG

快要上班的时候，杨卉来了，我亲眼看到她把装项链的小袋子拿出，然后看了看揣进她的兜里去了厕所。我心想，总算到她手里了，不知道她接下来会有什么反应？上班的时候，我一直忐忑不安的工作着，期待着会有一个好消息。时间一点一点的过去了，杨卉没有来找我，只是跟平常一样，好像她什么都不知道一样。直到下午快下班的时候，杨卉才来告诉我说："下班了你在厂门口等我。"我忐忑不安地问道："有事吗？"她说："总之你等着我，不然我不理你了。"我回答："哦哦。好的。"

下班后，我牵着单车如约等在厂门口。大约十多分钟后，杨卉从宿舍里出来。缓缓地走到我身边，手里拿着我装项链的小袋子递给我说："你把这个拿回去。"我还没有反应过来，她已经塞到我的兜里了。然后，她啥也没说就跑了。我连忙打电话给她，她没有接，却发来一条信息："现在我们还没有到那一步，你还是先把项链收着吧！"我非常无奈，只好牵着单车往家里走。

饭做好后，我一边吃完饭一边想办法，终于想到了让项链回到她手中的法子。我匆匆忙忙吃过饭，就骑着单车出门了。我来到精品店，买了一个信封和一些信纸回家。然后坐在灯下开始写情书，足足写了十几页才写完，又把项链装进信封里，把封口封好。为了让杨卉感觉这是从邮局来的信，我还把我一个影碟壳子上的一个图片剪下来，剪成邮票那么大小再贴上。如果不仔细查看，还真的看不出是假邮票呢。然后吧，我就开心得意的睡了。

早上醒来，我来到厂门口，询问等下来上白班的保安是谁？因为之前我也做过保安，所以认识了很多当保安的人。我得知是谁后，就进去上班了。做了两个小时后，我借着上厕所的机会来到厂门口，找到那个保安，让他帮我一个忙。然后我就把我要追一个女孩的事情告诉了他，他一口就答应帮我的忙，就是一个条件，成功后请他吃拍拖糖。呵呵。我亲眼看到他在厂门口的黑板

上写着：杨卉，您有一封挂号信，看到后请到保安室领取！写完后我才又回到工作岗位，继续工作。

直到下午下班，杨卉才去了保安室领取。后来，她告诉我说："当时我就感觉有点奇怪，怎么会有人给我寄信呢？等我拿到信回到宿舍后，拆开一看才知道是你家伙搞的鬼。"哈哈。晚上，我正在吃饭，就接到老乡给我打来电话说："她拿到信了，在宿舍的床上看了很久，好像还没有啥子反应。我假装问她哪个给你写的情书哦？给我看看。她赶忙就把信藏起来，不让我看，我想应该有戏。"我听了老乡的话，心里特别高兴！这个老乡是我的眼线，她跟杨卉住一个宿舍，是我让她帮忙探听杨卉的一切。嘿嘿！

没想到，第二天晚上，杨卉又把项链拿来还我说："你先保存着，等以后再给我吧！"我不愿意："送出去了就不能再收回来了，你就留着吧！除非你看不起我。"她说："没有，只是我们之间不可能。隔得太远了，我家人不会同意的。""现在交通方便，有什么距离可言？"我辩解道。我们就这样一直僵持着，她要还我，我又不接，离她保持着距离。最后，已经很晚了，她准备回宿舍了，我就在后面送她。她又拿着项链向我走来，我又开始跑远。几经周折，她回到了宿舍楼下，回头对我说："你拿不拿回去？"我说："你就收着吧！"她生气了，把项链挂在楼梯间的扶手上就上楼回宿舍去了。我当时也生气了，头也不回地走出厂回家了。

回到家里，我的心情很差，我想我和杨卉可能是真的无缘了。我拿着手机，给杨卉发了一条信息，内容写到：唉！杨卉啊！你也真狠心，不过以后我再也不会打扰你了。发完后，我就准备睡觉，放弃这段缘分，重新开始。就在这时，手机铃声响了来了，我一看是杨卉打的，我犹豫了好一会儿才接。我听到那头杨卉焦急的声音："唐刚，你还好吧？你在哪里？"我没有回答，只是静静地听着。"你不要做傻事啊！你现在到底在哪里啊？"杨卉带着哭泣的声音又问道。我听到这里才开始回答："在家里。"杨卉又问道："你不要骗我，我听到有很大的风声，家里哪来的风声？你在哪里？快告诉我，我马上过来，你一定要等我。"听到杨卉这么说，感觉到她是很担心我，好像怕我做出什么傻事。这下我突然来了灵感，故意压低声音说："我在高速公路上。"她马上问："在哪里的高速路？"我说："在北窖。"杨卉又说道："你在那里等着我，我马上来。"接着电话就挂了。

我马上从床上起来，穿好衣服出门，叫了一辆摩托车送我去北窖。其实，杨卉所谓听到的风声，是因为天气热，我躺在床上开着风扇。我听到她说不相信我在家里，还说有风声，我就想出了这个招。可是，最终还是让我失望。我在北窖等了一个多小时，杨卉也没有来。我一看时间，都深夜两点过了，我发信息给杨卉也一直没有回。后来我才从老乡口中知道，那晚是她看到杨卉回宿舍后，就跟他说怕我想不开，做出什么傻事来。杨卉听了后也就开始担心我，才打电话问我的。本来说要来的，又因厂门关闭，不准出门才没有来成，正好手机也没电了，当时她说打电话给我时，听到我没有要做傻事的感觉，所以她才安心地睡了。

我没有等到杨卉，心里特别生气，就又发了一条短信说道："杨卉，你又骗我，我会让你后悔的！"发完信息后，我就关机了。接着我拦了一辆摩托车，让他送我去三洪奇。到了韩三那里，他们正好要去海边吃夜宵，就让我也去。那晚，我因杨卉的事情心情不好，喝了好多啤酒。吃完夜宵，他们都要回家休息，而我却没有一丝睡意，满脑子都是杨卉的身影。于是，我又跟老乡借了摩托车，独自骑着前往大良。由于是深夜，路上车辆很少，我也就挂到最高档骑得很快。只觉得耳边风声鹤唳，一辆辆车被我抛在了身后，非常刺激，忘记了暂时的悲伤。就在我快要

— 167 —

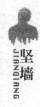

到大良的时候，前方一辆大型货车突然左转弯，当时又没有打转弯灯，我来不及刹车。只听到"砰"地一声，正好撞上货车头，人就从货车头上飞了过去，重重地摔在公路上失去了知觉。

当我醒来，已经是第二天中午了。就在我睁开眼睛时，看到一个熟悉而又让我不忘的身影，杨卉。她正在我的病床边上，用她那柔软娇嫩的双手握着我的左手。她看到我醒来，立马喊来医生，同时也进来一个男的，他就是那个货车司机，也是他送我来大良人民医院的抢救的。医生检查了一下说："没事了，住半个月的院就可以完全恢复了。"医生走后，那个司机跟我道歉，并连连跟我和杨卉说对不起！还说他已经把钱交了，让我放心治疗。虽然我这次把手腕摔断了，胸骨也折了两根，但是却赢得的美人的照顾。所以，我也没有跟那个司机计较什么，就是所有治疗费用都是他付的。

由于厂里订单很多，杨卉见我没有什么大碍就回厂里上班了。这时那个司机才告诉我，昨晚我被他送到医院后，他从我手机的电话本上看到一个乖乖卉儿的电话才打给她的，并让她帮我请了假，让我可以安心治疗。接下来的日子，杨卉因厂里太忙就也没有再来过。不过她却时常发来信息，问我好些了吗。每天晚上，下班后也会打电话来陪我聊天。

经过一段时间的治疗，我终于出院了。回到厂里，车间主任看到我还没有拆纱布，就让我多休息几天再上班。而我和杨卉，还是保持着距离，她看到我回来，只是简单地问了一句："你全部好了吗？"我点了点头："嗯。"然后，她上她的班，我则在家休养。

白天无聊，正好之前的保安队长他老婆生日又到了，我又没有上班，就买了一个蛋糕去了他家。晚上回来，她老婆又给我很多方便面、水果、糖、小吃和易拉罐。在我经过厂门口时，我就拿了一点点，其它的全部放在保安那里，让杨卉去拿。她加完班后，把我留在保安那里的东西带回宿舍，分了一些给她的室友。后来老乡打电话给我说，那晚杨卉很高兴。第二天，厂里发工资了，杨卉在下班后第一时间就打电话给我，高高兴兴地跟我说她这月的工资有多少。这是我追她起，主动告诉我她领了多少工资。从那以后，我们就经常在一起吃饭，就是没有提到要做我女朋友的事情。

你是天地间唯一的光彩

有一天中午，我们下班吃完饭后，在去厂里的路上碰到厂里的一个女车间主任，她看到我们走在一起就笑着说："唐刚，你们好久开始拍拖的啊？我要吃拖糖哦！"当时，我和杨卉尴尬地笑了笑。到了第二天中午，我正在家里刚要吃饭。手机就响起来了，我一看是杨卉打的，急忙接听："你吃饭了吗？"我说："吃了，有啥事啊？"杨卉没有回答接着说："那你出来一下，我在家乐福超市门口等你。"我回答道："好的，我马上就来。"

我放下碗筷，急忙骑着单车出门赶往超市。到了才知道，原来杨卉已经同意做我女朋友了，这次叫我来就是买拖糖发给厂里的人吃。由于我不知道她叫我做什么？所以身上没有带多少钱，等选好糖果结账时，我拿出钱一看还差十多元。她一把抓过去，走到柜台付款去了。然后我们提着糖果，来到厂门口等着，来一个就给。那些拿到糖果的人，都祝福我们。就这样，我和杨卉名正言顺的成了恋人。厂里的同事们都笑着说我："唐刚，经过几个月的死缠烂打终于抱到美人归了。现在吧！不仅仅是吃拖糖这

么简单了，还要请客吃饭哦！"我开心地说："没问题。"

我和杨卉的第一次约会就是在买拖糖的当天晚上。我记得我们下班后，她跟一起来到我租住的家里，帮我收拾了一下家里，我就做饭炒菜。当时她说："你家里还整得挺好的嘛！看起来干净舒适，就是摆得不好。"我一边烧菜一边调皮地说："不怕，现在有你了撒，就算我摆得不好你也会重新摆过。呵呵。"她瞪了一下我道："嘿嘿。哦，我以后就是你的佣人了啊！"……

吃完饭，我们去了海边耍，一起坐在破旧的船上，背靠背望着天上的星星，谈着各自的童年趣事。那个晚上，我觉得我是世界上最幸福的人。快到十二点了，我们准备回家。由于杨卉穿的是高跟凉鞋，在鹅卵石中不小心把后跟弄断了，她脱掉鞋子走，却尖叫起来，因为鹅卵石硬脚她不敢走了，所以我就趁此机会背着她走，一直到公路边才放下来。然后叫了一辆摩托车送我们回到林头，我把她送回宿舍后就回家了。回到家里，我躺在床上，想着今晚在破旧的船上背靠背的情景，不自觉的笑了。后来在我病了后，想起这一段曾经美好的过去，还特意写了一篇文章：

那一刻，你是天地间唯一的光彩

只想给你一个肩膀，让你依靠。
只想给你一个怀抱，让你取暖。

不知从何时开始，我的世界不再空白，它绚烂多彩。不知从何时开始，我的世界会因你而变得温暖。

你笑着走来，那一刻，你是天地间唯一的光彩！

天空有云彩的相依，它不会斑驳。因为云彩给天空一个绚丽的颜色。而天空，给了云彩一个温暖的怀抱。

湖水有鱼儿的游动，它不会沉静。因为鱼儿给湖水一个甜蜜的亲吻。而湖水，给了鱼儿一个温暖的怀抱。

鲜花有蝴蝶的围绕，它不会凋谢。因为蝴蝶给鲜花一个动人的舞姿。而鲜花，给蝴蝶一个温暖的怀抱。

人生的旅途漫漫，我却不曾驻足。路边风景很美却不是我想要的，我知道，我的目标在前方的不远处。

不知道多少时间就这样过去，也不知道多少曾经就这样变成回忆，那刻骨铭心的一点一滴。

终于，看到你走来。

你微笑着走来，那一刻，你是天地间唯一的光彩！那一刻，你也是我心中唯一的光彩！

从此，我的世界有了一个你。从此，我的人生不再是空白，它突然有了光彩！

不知何时，我开始痴痴地想着你的音姿笑貌。一次一次地傻笑，一夜一夜地睡不着。

不知何时，我开始幻想。这一生，有你就好；这一世，你会

陪我天荒地老!

是谁说,给你一个肩膀,就是给你一辈子的依靠。

我想说,我不够宽的肩膀,虽然撑不起天地,却可以给你一个简单的依靠。

我想说,我不够温暖的怀抱,虽然不能温暖天地,却可以紧紧地温暖着你。

你会哭,我说,靠着我的肩膀哭吧,我会给你一个依靠!

你会冷,我说,拥抱着取暖吧,我会给你温暖,给你安全!

我知道,我的世界有了你,不会再冰冷,不会再麻木,也不会再空白。因为你带给我满目的光彩!

你问我,你的肩膀和怀抱,可以依赖多久?
我傻傻地回答,一辈子。
你笑了,你不相信,我也不相信。

只要片刻温暖就好,何必追求那一世的天荒地老。

我只是想,给你一个肩膀,可以依靠;还有一个怀抱,可以取暖。

我知道：

那一刻，已是天荒地老！

那一刻，再也不会忘掉！

那一刻，你是天地间唯一的光彩！

那一刻，也是我心中唯一的光彩！

每当，我一看到这篇文章时，都还感觉曾经的幸福依然还在。这篇文章虽然简短，但自从我发表后，却温暖了许多恋爱中的人。

我和杨卉的恋爱不断的升级，天天一起吃饭，周末还要陪她逛街逛超市。眼看着我的生日到了，为了答谢车间里的同事和老乡，我生日那天就请了他们吃饭。车间主任特准我和杨卉的假，让我们在家忙着做饭菜。记得那天，我吃完早餐就去了菜市场，买了很多菜。回家后，我又去了北窑珠宝店，买了一个不是很贵的戒指，准备晚上送给杨卉的。在回来经过杨卉宿舍时，看到她刚刚起来，正在窗口梳头呢，我就叫她梳洗完了就过来帮忙。她说知道了……

我一个人，在厨房里开始忙起来。不一会儿，杨卉来了，她买了两个花瓶来，放在电视机上，就帮我洗菜，还到邻居家借碗筷搬桌子。中午，我们简单的吃了一些，休息了一下就又开始忙活起来。到下午四点多，所有的凉菜炒菜都配齐了。然后，我把蒸的头个碗蒸好，我才停下来耍，只等着一到六点半就开始炒其他的菜。同时，我又拿钱给杨卉，让她去商店买啤酒，还对她说你只把钱付给老板就好，老板自己会扛到家里来的。杨卉看看了我配的菜说："天哪！你做这么多，吃得完不啊？"我说："多吗？二十多个人，应该能吃完，万一吃不完就倒了。"

那晚我确实做了好多菜，凉菜有：卤猪耳朵、猪膀、卤鸡

脚、卤鸭翅、凉拌三丝、炒花生。炒菜有：回锅肉、青椒肉丝、耳子肉片、红烧鳝鱼、宫爆鸡丁、土豆烧排骨、酸菜水煮鱼、炸酱肉、素炒油菜、青笋。蒸菜有：头个碗、梅菜蔻肉、清蒸鸡肉、药膳鸭子。还有啤酒一件24瓶的，可口可乐5大瓶，泸州尖庄曲酒5瓶。够丰富吧！嘿嘿。

　　六点半后，陆续有朋友来了，我就开始炒菜，杨卉就帮着摆碗筷端菜。每个朋友来，都带着礼物，我的床上都摆满了。七点钟开饭了，一共来了二十多个人，在我租住的房子门口摆了三桌。吃饭的时候，朋友们不断地敬酒，祝我生日快乐！同时还祝我追求杨卉成功。席间，杨卉也被他们敬酒，我知道她不能喝，都是我替她喝了。还没有吃完饭，我就喝得差不多了，他们都让我休息，说吃完饭那些女的会帮我收拾好的。于是我就躺在床上休息了，朦胧中知道他们吃完了，男的开始打牌，女的就打扫收拾。其中罗杰还跟我借了300元钱斗地主，是杨卉从我钱包里拿给他的。

　　后来我睡着了，也不知道朋友们好久走的？我记得我醒来时，已经是凌晨三点多了。我睁开眼睛就看到杨卉坐在床上背靠着墙壁，已经睡着了。我的额头上还有一条湿毛巾敷着，我突然感觉好幸福！有了女朋友就是好，喝醉了有她细心地照顾。我轻轻地从床上起来，再轻轻地把杨卉放倒，给她盖上被子。然后我就默默地望着杨卉，守着她，不忍叫醒她。

　　突然，她的手机铃声响起来，她醒了。看着我正在望着她，她一下子不好意思了。她说："我见你喝醉了，就学电视里用湿毛巾给你敷额头。为了半个小时更换一次，我特意设置了闹钟。"我幸福地说："你真好！"然后我们又聊天，直到天明。我让她继续躺着再睡一会儿，我去做早餐，等我把早餐做好，她就起来和我一起吃。吃完后，我送她回宿舍收拾行李。因为她姐姐回家结婚了，她也请假要回去参加她姐姐的婚礼，说要半个月才会回来上班，让我在厂里好好的，等着她回来。

我把杨卉送走后，就回到厂里上班了。有好些朋友跟我说，杨卉可能不会再来了。我说不会的，她工资都没有领呢。他们说工资可以在老家领，因为厂里的工资卡在任何地方都能领。无论他们怎么说，我都坚信杨卉会回来的。半个月的时间很快就过去了，杨卉打电话来告诉我说她已经开始从老家坐车来了，让我去广州火车站接她。

我接到她后，她没有回厂里宿舍，而是直接到我租住的家里。从那以后，我们就住在一起，每天一起上班下班。她跟我一起后，才学会了做饭炒菜，之前的她是不会做的。记得有一次，我被朋友叫去耍，要晚一点回家。我就打电话给杨卉，让她下班后去菜市场买菜回家做饭。等到我跟朋友回来的时候，她确实已经把饭菜都做好了。唯一不同的是，饭煮糊了，肉也炒糊了，做的水煮鱼也糊了。呵呵。

不过我还是吃了，只有我朋友没有吃饱。后来杨卉就跟我学做饭，没过多久她就学会了，也能炒一手好菜。她跟我一起后，只有帮着我做饭菜，其他的家务活，我从没有让她做过。每天早上，我起来锻炼完身体后就做早餐，做好了她才起床来吃，吃完我洗碗，然后上班。中午下班，我去菜市场买菜，她先回去把饭煮好，等我回家炒菜吃饭，吃完后她躺在床上休息，还是我洗碗。下午下班，我们一起回家，她帮着我做饭，吃完饭她看电视，我洗碗热洗澡水拖地板，洗完澡后，我又洗衣服。忙完了才看电视，或者陪她出去逛街逛商场。

和杨卉在一起的每一刻，我们都是快乐的！

我处处呵护着她，她也处处体谅着我。从她搬来跟我一起后，她自己就把工资卡给我保管，说她需要买啥时才让我再给她

钱买。我在外面跟朋友一起喝酒或是打牌时，她从来不会说什么，给足我面子。我想正是因为我们相互包容对方，努力为对方而改变，才让我们在一起时都是快乐的原因吧！当然人无完人，我们之间也发生过不愉快。那是一个下雨天的早上，我们吃过早餐去上班。我骑着单车出门，她刚刚上来我和她都摔倒了，她衣服打湿了，当时她生气了，一天都没有理我呢！不过中午我加班，她回家做饭时，却给我留了一份。第二天我们就好了，有说有笑的，恢复了往日的情怀。

2006 年年底时，有一天杨卉突然问我："我发现你一直在吃药，是治什么病的啊？"经过她这一问，我就原原本本的，把我第一次出门打工得了腿痛病的事情告诉了她。她听了后对我说："你不要吃了，我们去医院好好检查一下，看看是什么引起的腿痛？"于是，我就开始不吃药，等到腿痛发作时就和杨卉一起去了医院。做了很多检查，也没有查到原因，当时医生也说不出所以然来，就让我住院治疗。我住院后，杨卉也请假照顾我，连厂里的人事部也来看我，并让我好好治疗。钱花了几大千，可惜的是，我不仅没有好转，且越来越严重。后来我打电话回家跟爸爸妈妈说，爸妈对我说："那你干脆回来治疗，老家的费用也不是很高。"听爸妈这么说，我跟杨卉决定回老家治疗。但是要等过些日子再回去，因为马上就春节了，我们顺便回家过年。所以，我出院后就继续吃我长期吃的药，又恢复了正常上班。

阳历 2007 年 2 月初，春节到了，我带着杨卉回了老家，让爸爸妈妈看看，也顺便跟厂里请了一个月的假期，还有也实现了我曾经答应过爷爷的那个承诺。同样的是我们在腊月二十七参加完厂里的团年饭和文艺表演后，坐上了回四川老家的汽车。那一年的比赛，我就唱了一首《打工行》，最后我没有得奖，但是也拿到了 100 元的参与奖。之前听到杨卉说她坐汽车会晕车，所以我就提前给她买好了一盒葡萄糖液，在上车前就让她喝了一支。一路上，她还真的没有晕车，顺顺利利地回到了我的老家。

正月初一凌晨四点过，我们到家了。爸爸妈妈看到我带着女朋友回来，他们可高兴了，也特别疼他们这个未来的儿媳，急忙做好吃的给她吃。爸妈他们边吃边和杨卉聊天，都没有怎么理我。吃完早餐，我们准备好上坟用的钱纸蜡烛香，去看望爷爷和奶奶。之后几天里，邻居们听说我把女朋友带回来了，也都纷纷来我家耍，都是来看我耍的女朋友怎么样。"你们找到一个好儿媳了咯！今后有福气了咯"听到邻居们对杨卉的赞扬声，爸爸妈妈非常高兴，我也特别开心。

过完年后，我就开始到处治疗腿痛病，直到我们的假期临近才没有治了。结果还是一样，我不得不再次吃之前的药和杨卉一起回到厂里上班。虽然爸妈和杨卉都担心着我的腿，但是没法子，只有一边上班一边治疗。

〔七〕

人生噩梦的开始

父亲，是天下最伟大的人之一。
他给了我们很多，无私、大爱。
如今，我长大了，而你却走了。

记得小时候，
他是高处不落的太阳。
然后当那寒冷来临时，
他为我洒下温暖光芒。

记得小时候，
他是低处青色的瓦房。
不论在何处而又何时，
他都是我的温馨之港。

记得小时候，
他是远处高高的山岗。
屹立在那可及的远方，

我们往往自豪地仰望。

记得小时候，
他是近处厚厚的城墙。
然后当那风雨来袭时，
为我挡去迎面的冰凉。

记得少年时，
高大的背影写满沧桑。
双手的茧染上了土黄，
无怨无悔支付着希望。

记得少年时，
破旧烟杆破旧的衣裳。
烟圈一吞一吐地散去，
又想起在他乡的儿郎。

记得少年时，
闪烁的灯在窗里摇晃。
照着日渐老去的脸庞，
还有眼角隐隐的泪光。

记得少年时，
殷殷切切是他的盼望。
一字一字的谆谆教导，
只盼有一日早还故乡。
不知多年后，

桑梓树下苍老的脸庞。
是否依然静静地等待，
那个久未归来的儿郎。

不知多年后，
家乡青石板堆的路旁。
是否还有弯曲的身影，
在一指一指候着期望。

不知多年后，
老家那朱红色的木窗。
是否还有那余烟袅袅，
绕在父亲静立的身旁。

不知多年后，
一尘不染的古木桌上。
是否还有停住的竹筷，
等待或许归来的远方。

　　爸爸，不知道有没有通向天堂的路，如果有，路有多远？有
没有通向天堂的电话，如果有，我想给天堂打个电话，问问那里
的爸爸：你想家了吗？你们想我了吗？我的亲人们，天堂太远，
千万不要忘记回家的路，因为路的尽头有我。你们走后我好痛
苦，不过我一直很乖，也很坚强，希望你们常回来看我，不要把
我扔在孤寂的角落。

——唐刚。

爱人被迫离开，父亲突然病故

　　我和杨卉的交往，一直都瞒着她家里的人。因为杨卉说她爸爸是个老古董，一定不会同意的，她妈妈也一样，不希望二女儿跟她姐姐一样嫁很远，更别说我们四川了。所以，我们俩一直瞒着她家人在一起生活着。俗话说纸是包不住火的，直到有一天晚上，我跟杨卉一起逛街时，碰到了她姐夫。后来，她姐夫回去告诉她姐姐，她姐姐又打电话回湖南老家跟她爸妈说，我俩的事情就这样被她家人知道了。她爸爸妈妈极力反对我们在一起，还逼杨卉回家，不然就不认这个女儿了。杨卉承受住了家里的压力，毅然选择跟我一起。她爸爸知道后，就从老家赶了过来，把杨卉带回了湖南老家。

　　晚上我独自在家里，正在为今天杨卉被带走而伤心时，妈妈突然给我打来了电话，说爸爸得病了，需要钱治疗。我问妈妈爸爸是啥病？当时妈妈没有告诉我，只是说虽然不是很严重，但是如果不治就会失去生命。于是我也顾不上伤心了，赶忙去了街上的自动存款机那里，就把我和杨卉一起存的，准备结婚用的钱，全部寄了回去给妈妈，让妈妈先给爸爸治病。

　　再说杨卉，当天被带走的时候，那个撕心裂肺的场面，感动了很多路人。那天我去北窖社区医院打针了，回到厂里，同事们告诉我说杨卉被她爸爸和几个叔叔强行带走了。当时杨卉极力反抗，还被他爸爸打了，她姐姐也打她。手机也被摔了，人更是哭得惨极了，口中还叫着要跟我在一起。厂里的人都劝说她爸爸，

让她留下跟我们交往一段时间看看，如果确实不满这个小伙再把杨卉带走也不迟啊！何必硬要拆散他们呢？我听着听着，泪水也不禁流了出来。最后，杨卉被她爸爸和叔叔抬着走了，在她上车时，她哭着告诉厂里的同事，让他们带句话给我，说她很爱我，如果我爱她就到湖南去找她，她在家里等着我。

　　杨卉走后，留下了我一个人还在上班，但是我的心里一直等着杨卉的电话。我常常查询话费，生怕停机了，因为杨卉知道我的电话，她回到老家后肯定会找机会联系我。所以，我只能一边上班一边等着她的电话，不然我不知道到吉首什么地方才能找到她！这段时间，同事们都问我："唐刚，你会不会去湖南找她？"我肯定的回答："会。我一定会去找她的。"过了十多天的一个中午，我刚刚要去上班时，手机响起来了，我一看是吉首0743的区号赶忙接起来。是杨卉的声音，我激动的哭了，她也哭了。她告诉我，她很想我，几次都差点从家里跑掉。后来，她假装答应家人不再和我联系，才有机会出来打电话给我。并告诉我现在是她妹妹陪着她出来的，她把妹妹支开了，还说几天后，她可能回到她同学那里学习理发，到时候会买一个手机，等有了手机再打电话给我。我听了很高兴，也告诉她我一样天天都在想她，自从她走后我上班都没有心情。然后我告诉她，等我领了工资就去湖南看她。挂掉电话后，我心情好多了，知道她在老家很好，并且每天也都在想我。

　　又过了三天，中午时分，妈妈打电话来了。在电话里，我听到妈妈在哭，妈妈哭泣着告诉我："唐刚，你赶快回来，你爸爸不行了。要快点！不然怕见不到你爸爸最后一面。"一个晴天霹雳的消息，把我吓得一时说不出话了。过了一会儿我才缓过神来问道："爸爸怎么了？之前不是好好的吗？怎么突然就说他不行了啊？"妈妈说："总之你赶快回来，等你回来再说，我已经打电话给你妹妹了，她都开始起身往家里赶了。"我焦急地答道："好的。我马上就去买票。"挂了电话，我饭都没有吃就直奔北碚汽车站，问今天还有没有回四川富顺的车子？售票员告诉我说只有明天上午的。我掏出钱包买了车票，然后回到厂里到人事部请了二十天的假。

我带着不安的心情回到住处，开始收拾行李，准备回家。那晚我一直没有睡觉，躺在床上想着爸爸，并向上天祈祷着爸爸没事，爸爸才五十多岁，辛苦了一生还没有享到福呢。也想着杨卉的事情，可惜暂时无法联系她，不然都叫她从湖南直接坐车到四川，看看爸爸最后一眼。因为她在我家的时候，爸爸特别疼她，什么好吃的都做给她吃，她也特别喜欢我爸爸。不知不觉天亮了，我起床煮了一碗面条吃，吃完又收拾了一下屋里。然后才拖上行李来到北碚汽车站，远远就看到，回四川的客车一大早就来了，我找好座位就坐下等着开车。

2007 年 6 月 8 日上午 10：00 点钟，车子终于离开了北碚，驶向四川我的家乡。一路上，心急如焚的我，恨不得这车有一对翅膀，能一下就飞到我的家。经过三天两夜的车程，我于二零零七年六月十日晚上十一点到达我们富顺县城，下车后我又叫了一辆出租车送我。由于老家刚刚下过雨，到我家的又是乡村公路，出租车还没有把我送到家门口就陷在坑里了，我只好下车走路。还好已经离家不远了，只需要走十分钟左右就到，可是已经是深夜了，看不清路，我在马路边上的一个商店借了一把手电筒照着走，凌晨一点过快两点时，我终于赶到了家里。

进屋的第一眼，我看到爸爸的模样就流泪了……一个箭步跪在爸爸的面前喊道："爸爸，我回来了。"然后趴在爸爸的腿上哭了来。爸爸轻轻地用他那干枯的左手抚摸着我的头，嘴唇不断的蠕动着，他已经不能说话了。当时，爸爸躺在一把能睡觉的椅子

上，双眼深陷，全身瘦只剩皮包骨头，不成人形了。和之前壮实的他相比，简直是天壤之别，一夕之间，爸爸就被无情的病魔折磨的像一根枯枝了。

这时，妈妈说："你爸爸好像要问你啥子？你把耳朵贴到他嘴边听听看。"我起身把耳朵凑近爸爸的嘴边，爸爸用沙哑的声音说道："你的腿还痛不痛？杨卉回来了吗？"我流着泪水轻轻地回答道："不痛了，已经好了，你别担心！杨卉回老家了，她家里也出了事，来不了。"我没敢把实情告诉爸爸，怕他临走时还为我操心。爸爸又接着说道："我要走了，去找你爷爷了，你和你妈妈跟妹妹都不要为我伤心，我走后，你是家里唯一的男人了，你要照顾好妹妹和你妈妈。"我哭着点点头："知道了！你放心吧！"爸爸又说："等我走后，你要帮你妈妈去我的单位，你妈妈不识字，怕别人糊弄她。可能多少有点钱，到时你们用来还债，还不清的就要靠你跟妹妹挣来还了。好了，我已经说完了，我要休息了。"我流着泪水说："我记下了，爸爸，你放心！"然后爸爸闭上眼睛呻吟着，妈妈说爸爸痛，接着妈妈让妹妹拿来止痛药给爸爸喂下。

爸爸休息后，妈妈才跟我们说起爸爸的病是肺癌。就是我和杨卉离开的那天早上，爸爸送我们上车回家后，告诉妈妈说他的脚肿了。开始随便拿点药吃吃就松了，过几天又肿起来了，反反复复的。后来妈妈带着爸爸去医院检查，医生说是肺癌，而且已经是晚期了。妈妈不信爸爸是肺癌，又到别的大医院检查，结果还是一样。带着心存侥幸的心理，妈妈还是给爸爸治疗，希望能有奇迹发生。直到爸爸不能走路了，才放弃了治疗，每天就是吃止痛药控制疼痛。从爸爸不能走路起，短短半个月就瘦得皮包骨头了。

那晚，我和妹妹一起守着爸爸，一直没有睡觉。妹妹比我早一天到家，妹妹一边跟我说着她在昆明的生活，一边替爸爸按摩腿，因为爸爸一直都喊他腿痛。刚刚天亮，王五表叔就来了，他是我们家的邻居。听妈妈说，在我和妹妹没有回来这段时间，五表叔一直都来帮忙，抱爸爸上厕所，替爸爸洗澡等。五表叔看见我回来了就说："唐刚，那你先看着你爸爸，我回去干一会儿农活，有什么事情马上叫我。"我说："好的。你回去嘛！"

中午的时候，我见爸爸快不行了，急忙叫来五表叔，我跟表叔把爸爸抬到堂屋里守着。表叔耍了一个多小时说："看样子可能要晚上去了，这会儿应该还走不了。"然后，五表叔又回去做农活了。到了下午16：10多分，我看到爸爸这次真的不行了，要走了。妈妈叫我抱着爸爸，让妹妹跪在爸爸面前。同时，妈妈和妹妹都哭起来了，我没有哭，只是含着泪水不断地叫着："爸爸，爸爸……"16：15分，爸爸停止了呼吸，他，就在我的怀里，有些不甘的走了……

那一刻，我感觉天都塌了，眼睁睁地看着爸爸在我怀里死去，我却无能为力。我无助地大声喊道："爸爸，你真的就这样扔下我们走了吗？您辛苦了一辈子，为我们这个家操碎了心，还没有享受到一点点福呢。……"就在这时，妈妈伤心地晕倒在地。我见状急忙叫妹妹赶快去扶起妈妈，然后轻轻地把爸爸的头放好，打电话让五表叔赶紧来家里，接着我拿出鞭炮点燃放起来。等五表叔到后，他又叫我去喊些人来帮忙，我强忍着失去爸爸的痛苦，又急忙到村里喊那些叔叔们来帮忙，又叫些阿姨来帮着煮饭。然后一路小跑赶去外公家通知外公外婆，外婆看到我刚刚到他们家就跪下了，外婆马上就哭了，抹着眼泪问道："是不是你爸爸走了？"我说："是的。外公外婆，你们收拾一下马上去我家吧！"外婆哭着把我扶起来说："要得，你还要通知别人，你先走嘛！我跟你外公马上就锁门去你家。""嗯嗯。那我先走了，

你跟外公在路上要慢点哦!"我关心的说道。外婆说:"嗯。我们晓得。"之后我就离开了外婆家,去通知幺舅。幺舅是道士,所以爸爸的道场要拜托幺舅来做。

从爸爸去逝那一刻起,我走路像喝了酒一样,东歪西倒的。我四处通知亲朋好友,一直到晚上十点过才回到家里。这时我家里,已经有好些邻居在忙碌着。我歇息了一下后,又拿出手机开始打电话通知在外打工的亲戚们。刚刚打完,接到杨卉的电话,我告诉她爸爸去逝了,我正在家里。她在电话那头哭了,她说她不能来看看爸爸,请我跟爸爸说一声,等到以后再到爸爸坟前看望他。然后杨卉又告诉我,她刚刚到她同学店里,学习理发,她爸爸晚上都会去接她,所以她没法来四川,希望我和妈妈不要怪她。还让我忙完爸爸的事情后去湖南,她在那里等着我,等我去接她。我对她说道:"你放心吧!等我忙完了一定回来湖南接你的。"爸爸丧事期间,杨卉天天都是深夜发信息问情况,还打电话安慰妈妈。因为,白天我要忙前忙后没有时间。所以,杨卉只能深夜才打电话来。

6月12日早上,我和妹妹陪着爸爸的遗体去县城火化。临走时,妈妈拦着不让走,经过邻居们的劝说才让帮忙的人抬着爸爸的遗体走了。那时,哭声一片,特别是妈妈和外婆,哭得最惨。在路上,我们碰到爸爸的结拜弟弟陈千贵,他也吊着爸爸的遗体哭泣。后来,他又陪着我们一起送爸爸最后一程,去县城火化。火化后,我抱着爸爸的骨灰,眼泪又流了出来,那么大一个人,如今只剩下怀里的一盒骨灰了。我和妹妹轮流抱着爸爸的骨灰,带着悲伤的心情回到家里。

从爸爸去逝那晚起,直到爸爸下葬,我和妹妹就没有睡过觉,每天晚上,都要守夜陪在爸爸的灵前。白天跟在道士身后,跟爸爸磕头作揖,有亲戚或朋友来吊唁,我还要去下跪施礼。我们一家人，在丧事期间没有洗过澡梳过头，这是我们地方的习俗，至于为什么不能洗澡梳头，我也不知道。反正外婆和邻居们怎么说，我们就怎么做。

6月15日，爸爸下葬了。早上，我端着爸爸的灵位走在前面，时不时的下跪，就是感谢那些抬爸爸的人，同时也是提醒他们，在拐弯处要小心。就在爸爸的坟砌好后，幺舅让我跪在爸爸的坟前，抓了一把米放在我的衣兜里，叫我带回家去。好像是说以后下辈人才有吃的。唉！其实，我也不懂这些行为的意义。中午，所有的亲戚朋友都来家里吃饭。我们按照预算办了二十五桌，最后还是不够坐，比预计的超出了几桌人。反正大家也理解，就每桌增加一个或两个人就吃了。晚上吃完饭后，外婆才说今天是我生日，早上的时候该煮个鸡蛋给你吃的，你看忙得都忘了。这时，大家都记起今天是我生日。当时还有人说，这下不会忘记了，以后的今天，你拜祭你爸爸时，就会想起也是你的生日了。

是啊！他们说得对，从那以后，每当我过生日的那天，我就会知道也是爸爸下葬的那天，是他真正离开人世间的那一天。

经过几天几夜的忙碌，爸爸的事情，总算告一段落了。我们一家人聚在一起，算了一下爸爸去逝花去了10000多块，收到亲戚朋友的礼金有8000多块。那时的钱跟现在真是没法比，记得爸爸去逝，最少的是送20元，如今还人情，最少要送200元了，相差十倍。到了6月18日，所有的亲朋好友都走了，家里就剩下我，妹妹和妈妈。那时，我几乎在每个夜晚，都听到妈妈在哭泣。爸爸的去世，对妈妈的打击很大，我和妹妹也很伤心。可是爸爸毕竟已经走了，永远的离开了我们，离开了这个家，以后的日子我们还要过下去。所以，我和妹妹几乎天天都在安慰妈妈。让她保重身体，别再伤心难过，以后的路还要继续走下去。

就在爸爸二七后，妹妹走了，又去昆明上班了。而妈妈的心情还是不好，我担心妈妈，所以又打电话向厂里请了十五天假，我想多陪陪妈妈，顺便等到爸爸三七烧完椁房子再走。也趁我在家时，和妈妈一起去了爸爸原来的厂里，按照爸爸的心愿结算他应得的钱。由于我跟妈妈都不懂，有好多该得的都没有得到。拿到钱后，妈妈还了债，还是没有还清，我们还欠债几千元。

可能是在爸爸丧事期间，几天几夜我没有睡觉，我的全身出现浮肿，加上我为了控制腿痛又在吃激素药。听家乡的邻居说，我是得了弱症，是不好治的一种病，会死亡的。听到这些，妈妈也害怕起来，带着我到处看病。开始的时候，每天我都要去医院治疗打吊针，不管大医院或小医院都去看，花了好多钱也没有效果。后来，还是王五表叔给我介绍了一个医生，到他那里看了后才慢慢地好起来。直到现在，那个医生开的药方，我都还保存着。我想，以后如果遇到像我这个情况的人，就把药方给他，希望能帮助别人。

两次湖南之行

爸爸的三七过了，椁房子也烧了，我也该回厂里上班了。

我是打算从老家坐车到湖南，然后再去广东上班。在问好去湖南的路线后，妈妈帮我收拾好行李，送我上了车。我在临走前，也叫了邻居的一个老奶奶，让她每天晚上来我家陪妈妈。后来听妈妈说，直到她不再为爸爸伤心了，才再也没有让那个老奶奶来我家。

我记得，2007 年 7 月 18 日那天，妈妈送我到踏水桥上的车。

然后，我在隆昌坐火车到湖南怀化，杨卉来怀化接我，再转车到吉首。我走时，病还没有完全好，那个医生考虑到我在外不方便熬药，就给我开了一个磨成粉的药方，让我坚持吃一段时间，就会没事了。从我离开家起，这一路上，杨卉每隔一个小时就发一条信息给我，问道我现在到哪里了。有一次，因为火车过隧道，我没有及时回复。等到我再次听到手机响时，一看已经有七八条未读信息了，还有十多个未接电话，都是杨卉的。

这些没有被黑暗的隧道屏蔽的信息告诉我，杨卉是真正爱我的，我心里好感动。

20 日下午 16：00 点过，我到达了湖南怀化。当我走出出站口时，远远地就看到杨卉站在广场边上东张西望地等我。我故意往边上走，没让她看到，悄悄地来到她身后，一下把她抱起来。吓得她大叫道："妈呀！"她回过头一看是我，才放松了。笑骂道："好你个家伙，居然吓我。"然后她帮我提行李，又到候车室去买到吉首的票。因为没有当天的票了，所以我们只好买了明天上午10：00 点的。那天，我们在怀化住了一夜，晚上还到街上到处逛。第二天我们到了吉首，她没敢带我去见她家人，说怕她爸爸打我，她舍不得。然后，带我去凤凰古城玩，我家里的相册里还保存着我们在凤凰古城的照片。在凤凰古城住了一夜后，又回到吉首她上班学习的理发店里。她同学还帮我理了个头发，同时还问杨卉什么时候带我去见她爸爸和家人。杨卉说："现在不行，等过些日子后再说。"那次，我给杨卉买了一条蓝色的连衣裙，也给她家人买了东西，她爸爸的是一瓶泸州老窖和一条中华香烟，她妈妈的是营养品乌鸡白凤丸，妹妹和弟弟的则是学习用具，一共花了我一两千元钱。

我在吉首耍了三天就去广州上班了。当时杨卉说，等她把理发学会了就来广州开店，让我在广州一边上班一边等她。我走的

那天，是杨卉送我上火车的。她给我买了零食泡鸡脚，鸭霸王等。在火车上，她一直拉着我的手，直到火车要开了才不舍的放开走下火车。我在火车上，看着杨卉跟我挥手，同时也看到她哭了。当火车缓缓离开时，杨卉还追着火车跑，直到火车消失在她视线里。其实，我在火车里，也流出了不舍的泪水……

回到厂里，我为了帮家里还债，同时自己还要吃药，我每天上班前都多拿一些柱，一个人加班加到晚上22：00点才下班。偶尔扭不过同事的请求，也跟同事们去打打牌。不过，我运气都还不错，每次都会赢那么一点点。就这样，我一边为妈妈一个人在家而担心，一边盼望着杨卉能早日学会理发，在复杂的心情中努力的上班，在和同事们一起消遣中放松自己。后来，妈妈打来电话，让我回家办理新的身份证，说过了8月10日就要钱才能办，于是我又请假回家了。

回到家里，看到妈妈明显又瘦了，我知道她是想念爸爸。妈妈告诉我别担心她，一个在一起生活了几十年的人突然走了，难免会想念他，时间久了就会好些的。我在家办好身份证后，耍了一个星期，陪着妈妈去商店打牌，分散她对爸爸的伤心情怀。看到妈妈心情开始逐渐的好了，而我的假期也不多了，就离开家里顺便又去了湖南吉首看望杨卉。从我上次离开吉首后，我们也是天天信息不断，隔那么几天还要通一次电话。记得我手机没话费了，而且我正好也很穷，没钱充话费。为了表示我已经收到杨卉的信息，就打她电话一下又马上挂掉。过了几天，杨卉发来信息写到："穷家伙，你去跟哪个借点钱把话费充好嘛！这样每次都是我发信息给你，却不知道你想说什么？在干什么？"我收到后赶紧找同事借了50元充话费。

8月16日那天，我开始从家里去湖南，我是算好那天走的，因为18日就是七夕情人节，所以我要在情人节那天赶到。那次去湖南，我还被罚款50元呢。那是我刚刚到怀化，从车站出来后在广场上吐了一下口水，但是当时我就用鞋擦了。却还是被一个看起来像社会混混的年轻人看到了，他走过来说我随地吐痰，罚款50元。本来我是不想给他的，还想揍他一顿的，可是我想到的确是我不对，才没有跟他计较那么多，掏出50元给他就走了。然后我去了汽车站，刚到站口就碰到一辆来往吉首的汽车，于是我赶忙招手让司机停下让我上车。本想早点见到杨卉的，只因路上堵车耽搁了，结果还是18日晚上才到吉首。

下车后，我走到杨卉上班的地方，看到她正在给别人理发。当我走到店门口，她看见我了，高兴地跑了过来，让她师傅去给那个人理发。她就马上请假陪我，找了一家便宜的旅馆，放下行李后，就出去逛街。在街上，我买了一支玫瑰花送给她。那晚，她很开心，她拿着我送她的那支玫瑰撒娇地说："穷家伙啊！我真的没有想到你会在今天情人节赶来，陪我一起过，我会永远记住这天的。"说完她还接着说了一句："唐刚，我爱你！"我听了，心里也乐滋滋地。

记得好像是第二天晚上，杨卉她爸爸来店子里理发。我也正好在店子里耍，只是他不知道的是，我就是杨卉的男朋友。他爸爸还散了一支烟给我，当时，店里所有人都望着我笑，而杨卉他爸爸却没有注意到。等他爸爸走后，全都围着我们说，今晚他爸爸给你烟抽，不知道，当他知道你就是他反对交往的人后，会怎么样呢？还会不会给你烟抽？然后大家又都一致地说道："肯定不会，还可能要揍你呢！哈哈！"我跟杨卉都很无奈的笑了笑。

我离开吉首那天，是下午15：00钟的车票。杨卉本来要送我的，我怕她在车站看到车子走时又会哭，就没有让她送。说我自己去就可以了，店里忙，你还是留在店里帮忙，以后还要靠他们多多帮忙呢！然后她跟我说："再过一两个月，我就出师了，可

以离开店里了，你在那边要乖乖地，耐心等着我学艺归来哈。"
我说："好的。我会等着你的。"最后我们深情的抱在一起，感受
着彼此的温度与心跳，许久许久才放开。

疾病开始严重

　　就这样，我又回到了广东，回到我上班的地方，回到了遇到
爱的城市，开始着一场煎熬的等待，等待着我爱的人，再次回来
的那天……

　　在上班的同时，我感觉我的腿痛越来越严重了。吃药也不太
管用了，但是加倍服用就会好些。后来，妈妈打电话来告诉我，
有人跟她介绍对象，问我有意见没有？我开始还是不接受的，后
来我考虑到我的病，有可能会失去走路的功能。那时，我就无法
供养妈妈了。我想，只要他对妈妈好，能照顾妈妈，其实也挺好
的，以后，也能跟我减轻一些负担。所以，我就答应了。本来是
打算回家看看的，看看后爸人怎么样。但是为了等杨卉，我就没
有回去。在等杨卉的同时，我有几次腿痛得无法上班。就在2007
年12月，我再次腿痛无法上班。我就想回老家了，打算不再等
杨卉了，我怕自己会成为一个累赘，毁了她一生。

　　谁知，杨卉这时已经来了。她没有告诉我，都快到广州火车
站了才打电话告诉我，叫我去接她。我没有办法，就只好又去药
店买了几种激素药一起吃，吃完后休息半个小时左右又不痛了。
这时，我才坐着汽车赶往广州火车站接她。接到杨卉后，我们回
到住处，我告诉了她我的情况。我说："杨卉，我发现我的腿越
来越严重了，我怕我今后会失去走路的功能。如果你还要跟着

我，真到那时候，你怎么办呢？"她一听就哭了，急着说："不会的，你会好的？我们跟妈妈打电话，你还那么年轻，妈妈也会想办法给你医治的。"我见杨卉哭得那么伤心，就安慰她道："好吧！我们暂时不说这些，先治病。"她擦了擦泪水问我："你还有多少钱？明天我们去广州检查一下，看看到底是什么病？"我说："好的。如果只是检查，钱还是够用的。"

第二天，我跟杨卉又去了广州人民医院检查，结果还是不知道是什么病，更别说是什么原因引起的腿痛了。当时给我看的那个医生给我们说，以他多年的经验看，应该是股骨头坏死的症状，但是从照的片子上看，又是好的。所以，他建议我先住下，让他用什么日本进口的药给治一下，看看效果。我们听说是进口药，就住了下来，治疗了一个星期。开始那几天，还真的有好转。我和杨卉都很高兴，以为这下好了，我的腿有希望治好了，还在下午我输完液后陪我出去买了一件羽绒服。在治疗到第五天时，我又开始疼痛难忍，不能行走了。医生来看了后说："怪了，一停带止痛的药就不行。我再跟医院的专家们商量研究一下，你的这个病到底该怎么治疗？"到了第七天，我还是不能走路。我就说要出院了，杨卉去就结算医药费，回来时跟说："糟了，唐刚，我们没有那么多钱付药费，怎么办？"我说："没事的，别担心！"然后我就给厂里人事部的刘莉芬打了个电话，说我在广州治病住院了，现在没有那么多钱付医药费，让厂里办理结算时就可以报销的手续传真到医院。大约一个小时后，就搞好了，我们结算出院了。

在回来的路上，杨卉还背了我一段路程，累得她满头大汗，直叫道："你沉死了。"我听了很心疼，真是难为她了。回到家里，杨卉坐在床上清了一下钱说："现在还剩1000多块了，在医院那几天就医了8000多块，当时报销了5000多，我们出了2000

多。那些日本进口药不能报，不然我们自己就可能出 1000 来块钱的。"我说："早知道还是不行，就不住院了，又白白的花了两三千块钱。"杨卉又说："怎么办呢？家伙！你的腿不可能不治啊！"当时我没有回答，因为我也迷茫了，不知道该怎么办了？

就在我们陷入沉思的时候，突然，一个陌生的号码出现在我手机上，我接听后对方便叫了一声"哥哥"。我还奇怪呢！我问道："你是哪个啊？"电话那头传来："我是彬彬，你的弟弟，现在正在家里，还有妈妈在旁边呢，你跟妈妈说嘛！"听到对方这么说，我便猜到了几分。"喂！唐刚啊！"这时传来妈妈的声音。我道："嗯。妈妈啊！你还好吗？"妈妈说："好的。刚刚喊你哥哥的就是你后爸爸的儿子，现在也是我的儿子了，是你的幺弟。""哦哦。知道了！"我回答道。然后我跟妈妈说了我现在的情况，妈妈说让我回家去治疗，顺便认识一下新爸爸和幺弟，还有弟媳妇。

挂了电话后，我跟杨卉商量，可是杨卉听说妈妈找了一个新爸爸，她一时接受不了不愿回去，说等过段时间再说。之后，杨卉找了一家理发店上班。而我因腿痛无法再去上班，也就辞去了工作。半个多月后，我们就陷入了经济危机。杨卉上班那个店，又要压一个月的工资。所以，我们很快就没钱了。我跟杨卉说："要不我们回老家吧！"杨卉默默地点了点头，我知道她心里还是不情愿，只是没法子了，不得不回家。

我又打电话给妈妈，妈妈说她跟我后爸爸和幺弟彬彬商量好了，让我们回家。然后跟幺弟去成都做事，说那里有个老医生，专治疑难杂症，我正好可以顺便在那里治疗腿痛。杨卉听说可以治疗我的病，又可以一边做事，也就很乐意回去了。可是，我们现在连回家的钱都不够了，我只好厚着脸皮又跟妈妈说因我没有上班了，又一直在吃药，回家的路费钱都没得了。这时那个还未见面的幺弟说："哥哥，你跟嫂子回来嘛！我明天去给你们打钱，把卡号发给我。"这是我出门以来，第一次跟家里要钱回家，心里挺不好受的。唉！没法，不想这么多了，先回家再说。

当我收到幺弟打来的钱后，就马上跟杨卉去北滘汽车站买好了第二天上午11：00点回四川富顺的车票。然后回到住处，把能卖的都卖了，能带回家的都收拾好。到了第二天，我们叫了一辆三轮车，把行李和要带回去的东西拖到车站并帮我们放好，然后上车找好座位坐下，等待着司机开车。还没有到11：00点，整个车子都坐满了回家的老乡，司机看了一下问道："还有没有人没到的？"大家回答道："没有了，都来齐了，可以开车了！"司机开始车发动车子，缓缓地驶出了北滘车站，向着四川富顺出发了。和上一次回家一样，我为杨卉准备了葡萄糖液，让她喝了后再上车。她看到我还是记得那么清楚，内心特别高兴，这是到家后，她告诉我的。

我打开了车窗，静静地望着外面，是人累了，是心累了，还是被病魔折腾累了？我也不清楚。我看了一眼杨卉，她则靠在在我怀中睡着了。我沉浸在这座城市的回忆中，穿越四季的时光，在这一刻，疼痛停止了。岁月在脸庞划过一道道伤痕。泪水流过，彻骨的痛。欢笑的背后，是怎样的伤悲？轻轻地打开岁月的篇章，看着一页又一页一同走过的时光。谁用笔将它们书写成文字，谁用油彩把它们绘成画？曾经在这里的一切，留下了一个个难以抹去的痕迹。无论怎样，我想，在广东经历的所有，都将是我这一辈子最美好的回忆！

当车子驶进贵州境内时，正在修路搞公路扩建，又堵了近二十个小时的车。等我们到达富顺县城时，已经是晚上零点了。我又叫了一辆的士，跟杨卉一起坐着往家里赶。上次我回家在半路下车的事情又遇上了，这次离家还更远，车子陷进泥坑里走不动

了。我们只好下车，把东西都搬到路边，然后打电话通知妈妈和幺弟他们带着背篼来背。那晚，我第一次看到幺弟和他女朋友，幺弟个子高却很瘦，不过人很精神。他的女朋友，跟他一样高，人稍胖皮肤很黑。到家后没有看到后爸爸，妈妈说他在船上上班呢。由于已经是深夜了，我们随便整理一下就睡觉了。

第二天醒来后，后爸爸听说我们回家了，他也请假回来了。大家见了个面，因为当时我还不习惯叫他爸爸，妈妈就让我们叫他保保，直到现在，我也是叫的保保。他姓蒲，名叫运祥。幺弟叫蒲启彬，跟我在云南认识的那个朋友同名同姓。他在几个月的时候，他妈妈就离家出走了。当时，保保又没时间管他，就是让他爷爷奶奶带大的。到十多岁就跟着保保的表弟刘十表叔做工地。而保保，找了几年幺弟的妈妈无果，就回到赵化老家在我们安溪的货船上上班，是开船运沙石的，直到现在都还在开船。

我当时就觉得他人很好，对妈妈也很好，也很顾家和我去逝的爸爸差不多。高矮都跟我逝去的爸爸一样，方头大眼，随时随地都把微笑挂在脸上。说话幽默，比我逝去的爸爸要开朗很多。他要抽烟喝酒，喝醉后就悄悄地到床上睡觉，不会像我爸爸一样，喝醉后要说很多没有用的话，甚至还跟妈妈吵架。他偶尔才会和朋友一起打一下牌。幺弟吧！我还是觉得他挺好的，就是当时的他还是小孩子脾气，一个女朋友也和他一样。听妈妈说，他们俩刚刚回来，就去赵化镇医院做人工流产，幺弟听到她女朋友流产时的惨叫声，他害怕，就独自跑了。也难为他了，还那么小，才16岁多，什么都还不太懂呢。

中午吃饭时，后爸爸就跟我们商量，跟着幺弟去成都打工的事情。他说我们是去帮他的表弟，他在成都都江堰包工程，幺弟很小的时候就跟着他做。让我们做到过年，还能挣到几千块，还说那里有个年纪很大的医生，能治我的病。这样，我又可以上班，也可以顺便在那里治疗，两全其美呢！

我跟杨卉想了想，两全其美，确实也可以，就同意跟着幺弟一起去成都，一边打工一边治病。

病重都江堰

2007 年 12 月 18 日早晨，妈妈送我和杨卉跟着幺弟他俩，一起坐上了开往成都的汽车。下午 17：00 点多，我们到了都江堰，保保的表弟刘十来接的我们，我们都叫他十表叔。他人虽较矮小，却很精神。晚上吃过饭后，他给我们介绍了一下，他包的工程是专门给那些刚刚建好的楼房里的栏杆和窗子刷油漆。活倒是很轻松，就是很灰很脏，要戴口罩做。因为那些栏杆和窗子有锈，在刷油漆之前要用砂纸把锈擦掉才能刷。

我和幺弟跟他女朋友在到都江堰的第二天，就开始上班，杨卉就去找别的工作。我干了几天后，十表叔就预支了一些钱给我，然后带着我去看病。那个医生给我看了后，开了一些药，还让我天天去打针。跟以前一样，开始的几天都有好转，我还骑着单车上班。过了一个星期左右，就不行了。疼痛的厉害，不能走路了，也不能上班。十表叔骑着电瓶车又带着我去看，但是一直都没有什么明显的好转。只是在吃药打针期间，能扶着墙壁或其他接力的物体可以慢慢行走，每天拿药打针都要 100 多元到 300 元左右的费用。杨卉看到我不能上班了，十表叔那里预支的钱也越来越多，她就跟十表叔说让她也去做油漆工。

说心里话，那时我看到杨卉做完活回来，好心疼的。她，一个大学生，城里的人，从来没有做过这么脏的活，当时跟我一起

的时候连饭都不会做的她，如今为了我却什么都愿意做。我觉得我特对不起她，没有给她幸福，却给了她很多很多苦涩！她却对我说："只要你身体能好起来，我吃再多苦都值得！因为我知道你很疼我，我相信等你好起来了，就不会让我再吃苦了。"

那段时间，我虽然不能去上班做事，我就呆在家里给他们做饭，让他们下班后就可以吃到热气腾腾的饭菜。

腊月的都江堰，非常的寒冷，我由于寒冷又加重了病情。杨卉知道后，在没有上班时，跟着十表叔的老婆和其他几个表娘出去逛街，专门为我买了电热毯，回来给就我铺上。杨卉，在表叔表娘他们心里，是个很好很好的人。也受到他们的称赞！他们常常对我说杨卉太懂事了，是个大学生，人漂亮不说还很贤惠，对人处事也不错，没有带一点城里人那种娇气。说我今生遇到杨卉，是我三生修来的福气！以后可要好好待她！

其实，这时的我已经感觉到杨卉的心在动摇了。

那是我有一天无意听到她在厕所跟她家里打电话，说她没有路费钱，让她爸爸打路费钱。只是，我假装什么都不知道而已。我正担心杨卉要离开我的时候，她却怀孕了。也许是上天对我的眷恋，在努力让我们不分开。也许，只是要让她在我身边多陪我一下吧！不论是什么，也就是这个原因，她一直没有说要回湖南的话。后来她告诉我，她就是想把孩子生下来，希望给我留下后人后再离开，同时也想看看我的腿是否能好起来？如果好起来了，她就会一直跟着我甚至到老。

都江堰的天气越来越冷了，而我的病情也开始无法控制。跟幺弟他们商量后，幺弟都让我们先回家，他则留下做到过年。因为在这里每天吃饭都需要自己出钱的，我又不能上班，还是回家好些。至少，在家里不需要付生活费。于是，我跟杨卉在腊月中旬就坐车回家了。

回到家里，妈妈听说什么偏方好，就给我弄来试试。别人说挖一些草药煎来洗澡和洗腿也许会有效果，杨卉听到后也跟着妈妈到山上去挖草药。有时妈妈不得空，她就自己一个人上山去挖。那时的她，为了照顾我，真的是不辞辛苦，无微不至。记得有一次，她在村里听到别人说用人尿来洗也许有效果。她回来后，就按照那个人说的，先用一块砖头放在火上烧红，再放到盛有尿的尿桶里，把尿弄热，然后再拿来洗疼痛的地方。当时的她，一边给我洗一边捂着鼻子，口里还不断的叫着："好臭啊！好臭啊！……"但是，自始至终，她都一直没有停过。快过年的那几天，她还跟着妈妈去砍柴，把自己弄得活像一个村妇。我是看在眼里疼在心里……

　　春节来了，除夕之夜我们一家人高高兴兴地一起吃年夜饭。只是，妹妹，幺弟和他女朋友没有回来。初一早上，杨卉扶着我和妈妈一起去给爸爸爷爷奶奶上坟。回来后一些刚刚打工回来的亲戚邻居，听说我耍了一个大学生的女朋友，都跑来我家看她。一时间，家里好不热闹。晚上，我开商店的干妈的儿子胡伟来叫我，让我去他家参加同学聚会。当时我说："弟弟啊！哥哥不能走怎么办呢？"他二话没说，背起我就走了。因为我们两家很近，正常走路也只要两三分钟。

　　到了干妈家，我看到有几个同学和小时候一起在一个学校读书的学弟们都在。他们看到我，都纷纷起身来扶我并给我让座。关心的问道："唐刚，你好点没有啊？"大家热情的问候，感动着我，也温暖了我的心。席间，我们同学们坐一桌，一边喝酒猜拳一边问长问短，很热闹的。我看着身边的同学们，一个个都开始工作了，我心里有些难过，我难过不是我没有挣到钱，而是不能和他们一样上班工作。这时，胡伟弟弟对我说，等他回到成都上班后就让我去成都，他带我到华西医院好好检查，检查出病因了

才能安心的治疗。胡伟在成都四川肿瘤医院上班，他曾经在华西医院实习过，认识很多教授，所以他说他亲自带我去检查，也可以省一些费用。我带着沉重地心情点点头说："多好啊！我多么想知道，缠我十多年的病到底是什么病？为何总是治不好？……"同学们都安慰我说："唐刚，放心吧！没事的。只要是病都能治！"然后，大家都举起酒杯说："干了！为唐刚的病早日康复干了！"我听到这里，流出了感动的泪水。附和着说："今朝有酒今朝醉。"

那晚，我们喝到很晚，有几个同学的爸爸妈妈都来了，都是说看到很晚了，特意来接他们的，杨卉也打着手电筒来接我了。他们看到我们还在喝，就都去跟我干妈他们聊天去了，其中我的同学韩学林他爸爸还坐下来跟我们一起喝。最后，韩学林没有醉，他爸爸却喝醉了。还有同学文廷平也喝酒了，是他爸爸背着他回家的。而韩学林的爸爸，是其他同学送回去的。我倒是没有喝醉，不过还是杨卉扶着我慢慢走回家的。接下来的十多天，杨卉跟着妈妈到处走人户，我因腿痛远点的就没有去。只有外婆那里，我去了的，去外婆那里可以坐摩托车，所以我带着杨卉去跟外公外婆拜年。

2008 年 3 月 10 那天，我带着妈妈贷款的 3000 元钱，独自挂着棍子去了成都。我挂棍子是在春节后没多久就开始了，从那以后，我直到彻底不能走路才扔掉棍子的。本来杨卉是要跟我一起去成都的，后来她考虑到经济的问题才让我一个人去，这样可以少一个人的路费和开销。到了成都，是胡伟的女朋友来接我的，他还在上班。等到他下班了，就带着我去了餐馆吃饭，吃完饭又帮我找了一个很便宜的旅馆住下。第二天，他才带着我去了华西医院，直接就去见了一个教授。然后安排开始做检查，胡伟一看要等到一个星期后才能检查就问能不能早点检查？那个教授回答说他也没法。华西看病的人太多了，一个检查都要排到一个星期后，实在无法等。何况我在成都吃住都得花钱，等不了那么久。后来，胡伟就打电话给她女朋友，安排到她工作四川省中医院检查。

我跟着胡伟又来到中医院，这下有了她女朋友的关系，做什么检查都优先。最后，经过几个科室医生们一起详细的检查和讨论后，我被确诊为左髋关节股骨头无菌性缺血性坏死初期。当时胡伟就问医生："那我哥哥这个病要怎么治疗才能好呢？还有费用大概需要多少？"医生说："要想治好，有两种治疗方案。一种是可以保守治疗，时间很长。一种是做手术，换股骨头，时间短，三个月后就可以正常走路。至于费用嘛！都差不多，可能要50000元左右。"然后，医生又说道："我建议你马上就办理住院，在我们这里治疗。"胡伟问我："哥，你听到了撒？你自己决定怎么治疗吧！"当时的我听说要那么多钱，也没有主意，就打电话回家问妈妈，妈妈听了后说："既然知道是啥病了，你就先回来再找能治这个病的医生开药来吃吧！"我听了妈妈的话，坐车回家了。其实，直到现在我都还后悔我不该听妈妈的话。如果当时我不回家立即住院治疗，那时候就算没钱的话，我想妈妈跟保保，他们都会想尽一切办法筹钱来成都给我治疗的。也许，我就不会成为今天的残疾人了。

回到家后，我把剩下的钱给了妈妈。这次我去成都，一共花了1000多块，还好是胡伟他们，不然钱会花得更多，还没有这么快回来呢。后来，妈妈到处打听谁会治骨头坏死？听说哪里的医生能治就去看，结果钱花了病却没有一点起色。而这时的我，已经开始威胁到右腿了。那个时候，我们偏僻的农村，对外面的消息知之甚少。很多人都对我妈妈说我这个病是活癌症，花再多钱也是治不好的。所以，当时杨卉跟我的后爸爸说借点钱给我们，

让我去做手术，保保没有说不借，只是说不管是谁把我治好了，再多的钱他都愿意付。就为这事，杨卉跟后爸和妈妈产生了隔阂，经常和妈妈吵架。

杨卉为了给我治病，带着一点点希望拿起电话打给了她爸爸，跟她家里的人说她在四川我的家里。也说出了她已经怀孕了，再过几个月就要生了。当时，她爸爸听了很生气，还没有等杨卉说我的事情就挂了电话。第二天，他爸爸又打来电话，开始骂了杨卉几句，说她跟她姐姐一样，学她姐姐怀上了孩子才通知家人。骂完后才说让我跟杨卉一起去湖南拿户口簿，在孩子出生前办理好结婚证。还让我准备两万块钱的彩礼，不然就不给户口簿。我们听到她爸爸那样说，本来也挺高兴地，想到他爸爸终于答应我们在一起了。可是，当杨卉提到我得了病，是股骨头坏死，需要钱治疗，让他爸爸先借点钱给我们看病。这时，他爸爸又翻脸了，又开始骂她女儿："这个病不好治，以后会残废的，你想一辈子照顾一个残废人吗？如果你硬要跟着他，以后我就当没有生过你这个女儿。如果你决定要回来，我会打路费给你的，不过你要先把孩子打了才回来。"然后挂掉了电话。

没过几天，我们听说我的亲舅舅回来了。他是妈妈的弟弟，我管他叫三舅。他在黑龙江做生意，找了不少的钱，家乡的人都知道他有钱。我跟杨卉特意去找他，想跟三舅借几万块钱做手术。我记得那天三舅是在幺舅家里吃饭，我跟杨卉到了后，三舅把我和杨卉叫到幺舅的屋后面。然后对我们说："三舅刚刚回来，就听你外婆他们说了你的病。据我了解，你这个病就是再多的钱也没法治好的，我也知道你们两个来的目的，是要跟三舅我借钱。现在吧！三舅钱是有，那是因为一些事情，三舅的资金被冻结了，取不出来。我这次回来，就是办这个事情的，不然我不会回来。"说到这里，三舅从裤兜里拿出 1000 元钱递到杨卉手中说："唐刚，三舅话跟你说清楚，多的钱三舅是没得，少数还是能拿出一点点。这1000块钱是三舅给你的，不用你还。三舅只能做到这样了，希望你能理解三舅。"然后三舅又接着说道："杨卉，三舅也听说过你，你是个大学生，从唐刚病了后，你吃了不少的苦。在这里我替我的外侄谢谢您！谢谢你在他这样的情况下都没有离开他，还无微不至地照顾他。至于以后你离不离开，我不知道。三舅请求你，就算要离开唐刚，都要把孩子生下后再走。因为这个孩子，毕竟是你和唐刚爱情的结晶。你还年轻，你走后还可以另找幸福，而唐刚，他都成这样了，说不定以后会更惨，你给他留下后人，他还有个念想。如果到时候生孩子没有钱，你打电话给三舅，三舅给你寄钱。所以，在这里，当三舅请求你能为唐刚留下这个孩子？"

杨卉听完三舅的话，哭得眼泪直流。我轻轻地给她擦去了泪水，安慰她别哭。这时，杨卉突然抱着我哭得更厉害了。现在已经清楚，三舅是不会借钱给我们了，而我们带着希望来，却要带着失望回家了，我想做手术站起来的最后希望也落空了。我和杨卉彼此心里都已知道，我们以后的日子，肯定是会分开，至于会是那天分开，还不知道。

这时，幺舅娘走出来，叫我们吃饭了。我们擦干眼泪，和三舅一起回到屋里。吃完饭后，我跟杨卉说要走，三舅说让我陪他打一会儿牌，吃完晚饭让幺舅骑车送我们回家。虽然我陪着三舅他们打牌，可是却没有心思，心里一直在想我该怎么办？难道真的没法了吗？难道我今后真的只能躺在床上了吗？一个下午，我都在想今后我不能走路了，还能不能活下去这些乱七八糟事情。而杨卉陪着幺舅娘聊天，同样的是，她也在想着她的心事。只是，我不知道的是，当时的她是否在想，该不该丢下我狠心离开……

之后的日子，我还是这里看看，那里看看。希望有奇迹发生，能碰到有缘人花很少的钱把病治好。在这期间，我还写过很多很多的信，是求助媒体和镇府的信。可是我挖空心思写的一封封求助信都石沉大海，没有任何的回音。每天晚上，我和杨卉都难以入睡，都是在想有什么办法可以让我能够得到治疗？我们曾经想过出去要钱，到大街上乞讨，甚至还想到去县镇府那里奈着不走等等……直到实在是撑不住了，才睡去。杨卉的肚子也一天天大起来，有时她还是跟着妈妈去山上干活，不过都是做轻松的了。重活妈妈都不会让她做了，大多数都是在家里煮煮饭，等妈妈干完活回来就吃饭。而我，每天也越来越消沉，杨卉同样也是看在眼里疼在心里。

白天为了让我分散注意力，她就扶着我去干妈的商店耍，因为那里的人多。有时候，却一个人打牌，干妈就让我陪他们打，说那些老人家都是打那种天地人和的长牌，而我又会打那种牌，如果我不打就打不起。都是打小耍混时间，就算输也是几块钱的输赢。所以，我也就常常和那些老人家一起打牌。

说来也奇怪，我从没有输过，我还每隔一天两天就用赢来的钱买肉回家吃，加上商店里每天都有人在那里卖水果，所以我也经常给杨卉买水果拿给她吃，当然妈妈也一起吃。那时我把赢的钱都给杨卉存起来，因为杨卉要去医院检查孩子的情况，所以我就给她让她存起来，我每次去商店时就带二十元。他们都笑着说，乡亲们是看到我都恼火（困窘），故意输给我的。

爱人最终离去

就在我病情日渐严重的时候，家里的经济也越来越紧了。虽然我跟杨卉没有问过妈妈要钱，但是我吃药看病都是妈妈给的。加上家里还要买做庄稼用的肥料等等，都是需要钱的。那时正是六七月的夏天，杨卉看到别人钓青蛙能卖到钱，她也要去钓，让我教她怎么钓？还让我帮她做钓竿和口袋。我当时还问她："你一个女的，挺着一个大肚子，还出去钓青蛙，你不怕别人笑话你啊？"她说："有啥子好笑人的，我又没有去偷去抢，他们管不着。"我说："可是你现在肚子这么大，怕你摔着啊！"她却说："没事的，我又不娇气，就是这个时候多活动将来对孩子才好呢！"我说不过她，妈妈也没法。就这样，她还真的顶着太阳出去钓青蛙了，开始不太会，钓得少，后来每三天赶场还是有好几斤呢。

可那个时候，我的妈妈也偏偏爱打牌，而且每次她打牌都是输多赢少。杨卉为了妈妈打牌一事，也跟妈妈吵架。记得有一次，我和杨卉在家里，我看电视她煮饭。因天气太热，杨卉就用电饭煲来煮。妈妈打牌回来正好看到，就说用电费要钱，怎么不烧火煮。杨卉说天气太热，烧火煮更热，所以才用电饭煲来煮。妈妈可能是打牌又输了，一直念叨说不该用电饭煲来煮。杨卉听烦了，就冲着妈妈说道："煮一顿饭要好多钱吗？你少打点牌都够煮几大个月的饭了。"这下说到妈妈痛处了，就跟杨卉吵了起来。说她打牌又没有让你拿，我是你的妈妈，我干什么你管不着。唉！我被夹在中间，明知是妈妈不对，我却又不敢正面说

她。不知道该怎么办，当时的我只好谁也不帮。等她们吵完后消气了，再从侧面背着杨卉说一下妈妈，也背着妈妈跟杨卉讲让她不要跟妈妈计较！

都说乡下是非多，那个时候，我的妈妈脾气也不好。有天杨卉去商店耍了回来，看起来很不高兴。晚上吃饭的时候，妈妈就问："你又怎么了嘛？我又惹到你了吗？有话就明说。不要做起那个样子，我看不惯。"这下也触怒了杨卉，杨卉当时就说："你到处说之前贷的款全部跟唐刚看病用了，实际上那几千块钱的贷款唐刚只用了两千来块钱，剩的钱你做其他用了的，干嘛说全部给唐刚用了？"妈妈听了后就说，杨卉不该理她的钱干嘛去了，两人又开始吵起来。

从那晚后，不知道是哪天，杨卉在商店耍时偷偷打了电话回湖南，让她家人把钱打到了她的卡上。后来有一天晚上深夜时分，杨卉突然对我说："唐刚，如果有一天，我离开了你，你该怎么办啊？"

那一刻，我听了后，我的心就像被撕裂了一样的疼痛。我知道，杨卉，她要走了。我本想说一些话，可是我什么也没有说，我只是假装睡着了没听见。

第二天，很早就她去赶场了，取出了她家人给她的路费钱。中午回来时，还给我买了一些零食。然后说："家伙，以后你要照顾好自己，我明天早上就要走了……"她还没有说完就流出了泪水。而我，也流下滚烫的眼泪。杨卉又接着说道："我本来是想跟你过一辈子的，即便是我爸爸妈妈不认我我也愿意。可是，你看你们家这些亲戚，有钱都不支持你！要我眼睁睁地亲眼看着你残废，我做不到，我宁愿离开你，也不要受这种折磨。还有，我也想给你生下孩子再走，我又怕你以后无法照顾孩子，反而成了你的累赘！加上你妈妈和那些所谓的亲戚，让我绝望了！让我看不到什么希望！所以我决定，我要走了，希望你能原谅我的狠心！"……

我流着泪水，一直没有说话，因为我知道无论我说什么，也无法挽留住杨卉。听到她说的那些话也是实事，亲戚不愿支持，那么我是注定是要残废的。那样我就没法给她幸福了，我也不想拖累她。所以，我，选择了沉默。那晚妈妈着急了，跟杨卉说了很多，最终还是没能挽留住她。我跟杨卉，也一直没有睡觉，她一直在安慰我，还跟我说即便是她不在我身边了，今后不能走路了，也要我好好活着。直到天亮，她起床拿着行李要走了。我也起床准备送她一段路程。早晨的时候，淅淅沥沥地下着小雨，给我们的离别增添了许多伤感气氛。来到沱江安溪渡口，我目送着她上了船……她站在船头，向我挥着手，并大声的喊道："家伙！再见了！你在家里要保重身体！"这时，我的眼睛模糊了，泪水和雨水打湿了我的脸庞。我无力的挥着双手，别了，我心爱的女人，我们本该可以幸福快乐地一起生活，就因这无情的病魔，隔离了你我的永恒！那船载着你离去了，也载去了我此生的爱情……

直到杨卉消失在我视线里，我终于忍不住大声的哭了。

我坐在岸边，望着江对岸撕心裂肺地哭泣着。那一刻，有谁能体会我内心的痛？有谁知道我心里有多苦和不舍？多年的真心相爱，却因无情的病魔让我们分开了！我狠狠地敲打着自己的腿，向上天哭诉道："老天，你为什么要让我得这种富贵病？是我前世做得太过了吗？所以你今世才要惩罚我！让我得到了真爱，却在不久后又将它收走，既然，如此，当初你又何必让我们遇见？如今让我承受着病痛的折磨不说，还要让我承受爱的创伤……"

那天，我坐在江边哭了很久很久……雨淋湿了我的全身，冰

冷裹着衣裳，我在雨中踯躅，无尽的泪水成双成行，随着雨水流进了泥里，汇到了江河里……

直到下午，我才慢慢地回到家里，疲惫不堪的我倒在床上，带着未干的泪水沉沉地睡着了。醒来已经是晚上深夜，我随意提起了笔墨写下：不是男人不会哭，其实男人也会哭。这几个字放在枕头下。也因这个几个字在我彻底不能走路后，被我无意中翻出来，才写下一首《不是男人不会哭》的歌词：

不是男人不会哭

等你到日出花开
等你到日落花败
时光就像江水奔流
我却无法挽留

是谁说我不在乎
谁说男人不会哭
只是你没看我的眼泪
悄悄的在滑落

等你到海枯石烂
等你到天荒地残
我假说我不在乎
我假说我不会哭

可我在想你的时候
一个人躲在角落里

泪水却怎么也止不住
呵……

不是 男人 不会哭
只是还没到那伤心处
此生没有你
我的路会通往何处

不是 男人 不会哭
只是藏起了相思的苦
此生失去你
我还能为谁去付出

带病再赴湖南

杨卉走了后，我们都还一直有着联系。听她说她刚回到家里，就被她爸爸强行拉着去医院做了人工流产。当时的她还是想把孩子生下的，只因扭不过她强势的爸爸，才忍痛做了流产，还告诉我说是一个男孩子。妈妈听到后，为了孩子这事每天夜里都在哭，一直持续了好长一段时间。

2008 年 11 月 10 日那天，我拖着病重的身体，再次踏上了开往湖南的列车。在这之前，我在跟杨卉发信息的时候，我只告诉了她我要给她一个惊喜，没告诉她我要去湖南看她。我之所以要去湖南，是因为我跟杨卉通短信时，感觉她还是爱着我的。那时我想，只要我去了湖南，她也许会跟着我走。无论去什么地方，

只要她愿意放下身段和脸面，跟着我一起乞讨，我就有可能得到社会爱心人士的帮助，那么我们就可能继续延续这段情缘。如果杨卉不愿意，我就带着好聚好散的心情再看她一次就回家来。那时的我，已经发展到双腿疼痛了，我只是想在我失去行走的最后时刻努力一下，即便不成功也可以借此机会再看看我爱的人，以免留下遗憾！

我记得我走那天，天还是下着蒙蒙的细雨，保保给了我300元钱，为了走路不会很痛，我还带了一瓶激素药，以备在路上疼痛厉害的时候可以拿出来吃。然后，我叫了村里的一个表叔，让他开着摩托车送我去塔水桥坐车。到站后，表叔关心的把我扶上了客车，还嘱咐我一路上要慢点。待我到了隆昌火车站，要买票时因人太多，一个好心人看到我拄着棍子不方便还特意帮我买了票。和之前一样，我买到的票是凌晨04：00点钟的。我看看候车大厅的时间，才12：00点过，正是吃午饭的时候。于是我慢慢地走出候车室，来到车站后面的一个小餐馆，叫了一个蛋炒饭来吃。

吃完后没有走，一直坐在餐馆里，直到所有客人都走光后，老板娘走了过来跟我交谈起来。老板娘说我刚刚进来她就注意到了我，所以待到她忙完后见我还在，就特意过来跟我聊天。当她和她的员工们听完我的诉说后，都非常同情，而且还很担心我一个人去湖南不安全。都说不知道你到了湖南会遇到些什么？劝我别去了。不过，我已下定决心，不管有什么困难？我都要去，这样我才不会有遗憾！老板娘见我执意要去，也没有多说什么。然后带着我在她的旅馆住下说："你可以在这里休息，等吃完晚饭也可以在这里睡觉，到了凌晨我会叫你起来去赶火车的，你放心我不要你的住宿钱。""谢谢您！谢谢老板娘！"我连忙道谢。老板娘说："不用谢！你休息吧！我去忙了。"我说："好的。谢谢您了!"然后老板娘走了,我也躺在床上休息。

晚饭时间到了,我又慢慢地触着棍子来到餐馆。老板娘看见我,就让服务员端来一盘回锅肉,然后盛好饭给我吃,并说是老板娘请你吃的,不要钱。我感激地望了望老板娘,并做出一个恭喜发财的动作,表示感谢!吃完晚饭我在店里坐了一会儿,才回到房间,一边看电视一边在想,外面还是好人多,如果我带着杨卉一起求助,说不定还真的有希望得到治疗呢。想着想着不知不觉的我就睡着了……

醒来已经是凌晨03:00点了,我就开始起来洗漱一下,准备去候车室。这时,有个人来敲门说:"车子快来了,准备一下哦!""嗯嗯。知道了!谢谢您!"。我背起背包,打开房门并带上。慢慢地来到候车室,找了一个靠近检票口近的座位坐下,等着检票。到了03:40分,开始检票了。我来到检票口,检票员看到我的票是站票,且又看到我触着棍子,满脸痛苦的表情,就立马叫了一个车站的工作人员来扶着我,并带我上车找到列车长,让列车长给我安排一个舒适的座位。我坐好后,感动地对列车长和扶我的工作人员道谢!他们说没事的,这是他们应该做的,之后就都离开了。

13日下午15:00点多,我到了湖南怀化。从车站出来,我就去买到吉首的票,又是晚上凌晨03:00点的。票买好后,我就一直呆在候车室,哪儿也没有去,直到上车。这次我差点没有坐到火车,原因是我自己行动太慢,而停车时间又短。我记得在开始检票时,我就随着旅客慢慢地走进车站,渐渐地就剩下我一个人在通道里行走。我听到火车在鸣笛了,我也想走快点怕赶不上,但是,我每走一步腿都会很痛很痛,可是我已经尽力忍着疼痛走快了。刚刚走出通道,列车就开始启动了,有个站台上的工作人员看到我正在一瘸一拐地朝着火车奔去。急忙过来背起我就

往列车门口跑去，通过车上的列车员的帮忙，我才在火车离开站台前终于上车了。我还来不及跟那个背我的工作人员道谢，火车就已经驶出了车站。

我上车后四下看了看，没有座位，就靠着吸烟处那里把背包取下，放在屁股下面坐下。然后不断地揉着我疼痛的双腿，从兜里拿出药来吃下，刚刚为了能赶上火车，把我整痛惨了。揉了半个多小时，我的疼痛感开始好转了，加上我又吃了药，精神上也好了许多。但是，如果活动稍微大一点，也会痛得难受的。到了凌晨05：00点过，火车终于到吉首站了。我等着那些人都下完了，我才慢慢地下车，我怕人多的时候，被他们碰到我的腿，那样也会很痛的。

从车上下来后，我忽然感觉有点冷，于是我从背包里拿出一件夹克穿上。一个人走在昏暗的路灯下，来到车站的广场，找了一个能打电话的小超市坐下。由于天还没有亮，我想杨卉应该还在睡觉，所以就想再等了一会儿才打电话给她。

在家里的时候，我的手机不小心摔了一下后，就无法再用了。平时跟杨卉发短信都是用的妈妈的，因为发短信要钱，妈妈还和我争吵过呢。那时通过发短信得知，杨卉做完流产恢复身体后，就在吉首邮政局旁边的一个专业鞋店上班。她还告诉我没有在以前那里住了，搬了新家，在州医院旁边的居民楼那里，至于具体的地址我不清楚。

天开始发亮了，我拿起公用电话拨通了她的手机。那边传来杨卉的声音："喂！你找哪个？""我就找你啊！"我答道。杨卉惊奇的问道："家伙，你怎么来了？好久来的啊？现在在哪里啊？"我说："刚刚到的，还在火车站呢。我找不到你那里，你来接我嘛！""我还在床上，你先在那里等一会儿，我马上起床就来接你。"杨卉说完就挂了电话。

而我就在那里一直等啊等……直到早上08：00点过了，杨卉也没有来。我又拿起电话，拨打杨卉的电话，那头传来："对不起！你拨打的电话已关机。"我听到这里，整个人都崩溃了，还差一点倒在地上。放下电话后，我触着棍子带着悲伤的心情，在这陌生的城市里，漫无目的地走着。我不知道，我到底该往哪里走？就在不知不觉间，我来到一条小巷里，看到那里有公用电话，我急忙走了过去，迫不待及的起电话拨打杨卉的号码。通了。传来了杨卉的声音："你还是回去吧！我不会来见你了。"我着急了，问道："为什么啊？我拖着病重的身体好不容易才来到这里，你都不愿意跟我见个面吗？我没有别的意思，我只想在我失去行走之前，再看看你！好吗？"杨卉很无奈几乎带着哭泣地声音说："我出来不到啊！我现在被……"还没有听到她说完，就没有声音了。我大概知道了她的情况，我想应该是他爸爸不让她来，现在正在家里看着她吧。

　　我慢慢地走出巷子，腿痛实在是忍不住了。就打了一个的士到邮政局那里，我想看看杨卉有没有上班？下车后，我坐在她店铺的对面，等到中午也没有看到杨卉来。于是我又去了上次的旅馆，在旅馆门口又开始拨打杨卉的电话，那头传来了我最不愿意听到的声音"对不起，您拨打的号码已关机，请稍后再拨"。我心灰意冷的放下电话，在旁边的小吃店买了两个包子来吃。吃完后，我就慢慢地向着杨卉之前住的地方走去，带着一点点希望，希望能够碰到她或者家人。同时，我每看到有公用电话可打的店铺和超市，我都会走过去拨打一下杨卉的电话，结果还是一样关机。我在以前杨卉她们住的地方，走了好久好久，在那一带转了又转，还是没有碰到她家的任何一个人。我只好又朝着开始我买包子的地方走去，因为，只有那里的旅馆才便宜。

　　天快黑的时候，我回到了买包子处，掏出兜里的钱，又买了

两个包子放在背包里。然后看着手里的几十元，我犹豫了，我不知道该不该去住旅馆？我估算了一下，如果今晚我住旅馆，那么我明天就没有钱吃饭了。可是，吉首的天气很冷，加上我今天走路太多，双腿疼痛的厉害，我还是选择了去住旅馆。明天的事情等明天再想办法吧！等我办好住宿后，我身上还剩下5块钱。拿着这仅有的5块钱来到打公用电话那里，又拨打杨卉的号码，依然还是关机。今天的我，都已记不清拨打过这个号码多少次了？

我带着失落的心情回到旅馆房间，打开了电视，然后从背包里拿出一个包子，倒了开水吃起来，吃完又吃了几颗地塞米松后躺下。这时一个服务员姐姐走了过来，我跟她接了手机，打电话给杨卉的表妹。那是我第二次来吉首时，杨卉曾用我手机打过她表妹的电话，我还跟她表妹聊过天，虽然没有见过，但也算认识。所以，我就存了起来，这次来也一起抄在了本子上。当我电话打通那一刻，我跟她表妹说我是谁后，她表妹却说她不知道，也不认识我是谁就把电话挂了。我把电话还给那个姐姐后，心情很低落。那个姐姐还陪我说了好久的话，还安慰我不要想太多，说杨卉很有可能是被她家人看起来了，不让她出来见你。我也把我这次来吉首的想法告诉了她，当然我只是说了想在失去行走能力之前再看看杨卉，想和她来个好聚好散的结局，没有说出最初我的想法：如果杨卉同意，我将带着她一起乞讨。因为我到了这里后，所发生的事情让我清楚的知道，最初的那个想法是不可能实现了，最终能不能如愿的见到杨卉，都还是一个未知数呢！

第二天，我离开了旅馆。又带着未知的希望到杨卉家附近转悠，走痛了，累了，我就随地坐下休息。中午的时候，我拿出昨晚特意留下的包子啃起来。当我抬头时，看到马路对面公安局几个大字，我天真的想，何不去里面让他们帮忙查一查杨卉住哪儿呢！我吃完包子，真的走了进去，接待我的是一个女公安，还给我到了茶。我说明了我来的原因后，她让报上杨卉的身份证号。我说："忘记了。"她说："那我们就没法帮你找到她了，如果有了身份证号码，只要一查就知道她现在住哪里？"。

我失望的走出公安局，拖着疲惫的身体在大街上没有目的走起来了，走一会儿，坐一会儿，看到公用电话就拨打。

天色渐渐地暗下来了，我不知道今晚我的容身之所在哪里？坐在人行天桥上，望着这座陌生而又些许熟悉的城市发呆。这时，我看到天桥下面的一角，有个蜷着身体的流浪人在那里躺着。我想，今晚的我也会像他一样，要睡大街了。也许以后，我也可能跟他一样，成为一个乞讨的流浪者。如果真是要是这样，我会比他更惨……为了今晚的安身之所，我不得不又开始触着棍子起身。我不知道我走了多久？终于看到一个可以睡觉的地方，那就是步行街的一个楼梯下面。那晚，我就睡在那里，秋天的夜晚天气比较凉，我一直没有真正的睡着，直到天亮。

天亮后，太阳升起来了，我又漫无目的地在街道上走着，一路走走停停。中午的时候，又饿又累的我来到一个公园里，躺在一张椅子上休息，不知不觉地就睡着了。当我醒来时，已经快接近天黑了。

这时，我来到了一个菜市场，经过卖鱼的地方时，我看到了杨卉的妈妈。虽然我从来没有见过她，但是在和杨卉交往的时候，杨卉给我看过她家人的照片。所以，我一眼就认出她是杨卉的妈妈。当时我看她很忙，摊位旁边有很多人买鱼，我就一旁坐着，等着她忙完了，我才好上前去问她。一直到菜市场的路灯亮起了，她才忙完。我见状立马上前问道："伯母您好！请问您是不是杨卉的妈妈？""你说什么？我听不懂！"她用家乡话回答。我对她说的话，也是似懂非懂，但是我大概知道她说的是啥意思。我又重复了一次，她还是摇头表示没有听懂。旁边一个卖菜

的阿姨说她听不懂普通话，然后她就把我刚才的话，用她们的家乡话说给杨卉的妈妈听。谁知她听后马上就来推我，口里说道："我不认识你，你赶快走，我女儿更不认识你。"她这一推，就把我推倒在地上。我很费劲地从地上爬起来，看到她正在急急忙忙地收摊走了。我立马触着棍子跟着她，没走多远就看不见她了，不知道她往哪里走了。我还不死心，继续往前面的巷子走去，边走边寻找她的身影。直到我的腿走得疼痛难忍了，我才放弃了寻找，坐在地上休息。等到腿没有那么痛了，我才又触着棍子回到中午睡觉的公园里，准备今晚就在那里过夜。

我回到公园后才发现，原来杨卉曾带我来过这个公园。如今的公园一切依旧，只是我的身旁，少了一个人。我躺在椅子上，望着天空，看到流星划过。想起我和杨卉刚刚恋爱时，在海边也看到过流星。当时我们还闭着眼睛许下了愿望，只是我不知道的是，杨卉许的愿望是什么？流星虽然带走了我的愿望，却带不回我爱的人。这时，我的肚子开始叫起来，我已经一天一夜都没有吃过东西了，就是靠喝水维持着。我兜里其实还有 5 块钱，为了打电话我没敢用。准备一直留着，我怕有天万一打通了，没有钱给。我从包里取出我在街上的水管里放的自来水，喝了几口又躺下睡觉。

我想，只要睡着了就不会感觉饿了。

由于晚上冷，我蜷缩着身体还是感冒了，我这一睡就睡到了第二天中午。还是一个巡逻的警察看到我才把我叫醒，我把我的事情告诉了他后。他就把我带到了红旗派出所，给我倒了温水，还拿来感冒药让我吃。他的同事，则去快餐店给我买来了盒饭。我一边吃饭一边说着我的事情，那些警察听完后都劝我回家去，把这段感情忘了！还说现代社会本来就现实，你的身体都成这样了，人家女孩好好的肯定不愿意再跟着你了。经过那些警察的劝说，我终于答应回家去，他们开车把我送到了救助站。

到了救助站后，心里还是不死心，我又跑出救助站打电话，这下打通了。是杨卉接的电话，她问道："你还没有走啊?"我说："没有见到你我是不会走的。"杨卉说："明天上午9点你到我上班那里来，我在店里等你。"我高兴地说道："嗯嗯。"接着我又反问道："你不会骗我吧?""不会的，你放心! 明天我爸爸也要见见你。"然后她就把电话挂了。我离开了救助站，又来到步行街那里。打了一个电话给妹妹，让她给我打几百块钱来，后天我好回家。妹妹什么都没有说，立马给打了300元钱。只是，我没有告诉妹妹的是我现在的惨状。

我又在楼梯间睡了一晚，晚上吃的是红旗派出所给我买的盒饭，当时他们给我买了两个，中午吃了一个。早上醒来，我就去银行自助取款机那里，取出了妹妹打的300元。之后就去杨卉上班的鞋店对面，坐在那里等。一直到10点过了，我还没有看到杨卉来上班，我就走进店里想问其他的人。谁知正好碰到杨卉，她完全变了一个人似的，我都没有认出来。要不是她对我说道："你来啦!"我还真的没有认出来呢。我一抬头惊讶道："是你哦! 难怪我在外面没有看到你来上班，原来是变了，变得我已经不认识了。""我没有变啊! 只是化了一下妆，擦了一点粉而已。"杨卉答道。然后她跟店长请了一会儿假，带着我出了鞋店，来到鞋店旁边说："有啥子就在这里说吧! 我还要上班呢。"我看到她很冷淡的态度，之前想好的好多话，一时间，却让我不知道该说什么。我也很平静地说："没什么。就是想看看你!""有什么好看的，我不是好好的吗。"她刚刚说完她爸爸就来了。他爸爸很凶地对我吼道："要不是看你都这样子了，今天我非揍你一顿不可。你快滚，哪里来的回哪里去，不要在这里骗我女儿。"

这时候，围观的人多起来了。我坐在门面的石梯上对着她爸

爸说:"伯父你好!你别激动,我从来就没有骗过杨卉,我们在一起时,都很开心的。要不是我病了,我现在都应该叫您一声岳父了。"杨卉突然说道:"那你还来干什么?"听到杨卉这样的语气,我感觉好心酸,好心痛。我苦笑着说:"我其实真的没有想过要干什么!我只是想在我废掉前再和你好好聚一下,我们毕竟相爱过,俗话说好聚好散,做不成夫妻还可以做朋友。"我又接着说道:"没想到你会这样看我,我是什么样的人你应该清楚,不会做伤害你的事情。只会永远祝福你。"我说到这里,取下了中指上的银戒指,递给了杨卉:"这是你买来送我的,如今看来我是没有必要再留着它了。"同时我也拿出了和她一起拍的合照,在所有围观的人面前撕心裂肺的烧掉了。然后大声地向着天空苦笑道:"哈哈哈!我没有想到我一直最爱最疼的人,竟然会把我当成要伤害她的人。我来这里是不是真的错了?我就是想最后再与她聚一聚,然后我就会永远的离开,把这最后的相聚刻成一个永恒,埋在我心里而已。难道我这一点点请求都不给我吗?"我哭了,杨卉哭了,那些围观的人也流泪了……只有杨卉的爸爸什么表情也没有,还对我吼道:"别在这里演戏了,你他妈的快跟老子滚。"

这时围观的人群里有人说话了,谴责着杨卉的爸爸,说他不该骂我。还有人为我抱不平,说道:"人家好的时候,你女儿就跟着他,人家病了,你女儿就一脚把别人踢了。这样现实的人,以后谁还敢娶她。"她爸爸跟那些围观的人吵起来了,没有吵多久她爸爸一人不敌众口就走了,只有杨卉还留在我身边哭泣。围观的人又对杨卉说道:"你看人家千里迢迢来看你,你又何必拒人千里之外呢!何况之前你们还是相爱的,现在你要离开他,他也没有阻拦你,还祝福你!就是想和你聚聚,留下一个念想而已。你自己想想吧!别说你们还是恋人,就算是一般的朋友,都不会像你这样无情。"

也许是在众人的指责声中，也许是我的真诚感动了杨卉？她哭着把我从地上扶起来，给我擦去了眼角的泪水，还用手给我理了理凌乱的头发说："我相信你对我是真心的，不会伤害我，你还没有吃饭吧？我陪你去吃饭。"我点了点头："嗯。"这时候，围观的人们为我们鼓起了热烈的掌声，我跟杨卉在掌声中离开了。

杨卉扶着我来到步行街二楼的餐馆，她点了三个菜一个汤。都是我爱吃的回锅肉、卤猪膀、糖醋白菜和紫菜蛋花汤。吃完饭后，她问我："家伙，你好久走？"我说："明天就回去。""那你现在住在哪个旅馆？我扶你去躺着休息，你的腿不宜走动和站立，医生都说你要卧床。"她又说道。我说："没有打旅馆，我这几天都是睡公园和楼梯间。"她有点埋怨道："你怎么那么不爱惜自己啊？我走的时候都叮嘱你要保重身体的。"我说："因为我没有钱住旅馆啊！还饿了一两天呢！""天哪！怎么会这样？对不起！家伙，是我不对，我应该早点来接你的，你就不会吃这么多苦了。"她心疼的说道。

然后，她扶着我慢慢地来到旅馆住下，边走边叫我小心点。我躺下后，她拿出手机打了个电话给她店长，说今天下午就不去上班了，要陪我说说话。在旅馆里，她跟我说那天早上接到我电话后，本来是马上就要来接我的。正好他爸爸也听到了，就阻止了她来，还对她说我有可能会对她怎么怎么样！她就害怕了，害怕我会像电视里的情节一样，得不到的就毁掉。因为害怕，她连班也没有去上，担心我找到店里去，还把手机关了。所以，她才没有来接我。说完，她还给我道了歉！并让我原谅她！我说："没事的，我不怪你！我能理解你当时的想法。"说完我也把我在她走后的情况说给她听，她也说了她回家的一些遭遇给我听。

　　原来她回到吉首那天，没敢直接回家，害怕回家被她爸爸揍，就呆在网吧里上了一天的网。上完网后，打电话给她妈妈，是她妈妈来接她回去的。刚刚回到家里，她爸爸就开始骂她，还要打她，被她弟弟妹妹给拦住了，才没有被揍打。第二天就强行拉着她去了医院，把孩子打掉了。她还把衣服卷起让我看那个针眼儿，她说那个针就是从这里刺进去打到孩子的脑袋里，过了半个小时左右，就把孩子生出来了。不过孩子已经死了，那针就是把孩子打死然后就会生出来。当时，她生下孩子后，还看了一下知道是个男孩。那段日子，她没有睡好一个觉，她说每当她一闭上眼睛就会想起那个死去的孩子。所以很长一段时间，她都没有睡好。

　　到了该吃晚饭的时间了，杨卉问我："家伙，你想吃什么？"我说："随便，只要能吃都行。"我说完后她就让我在旅馆里等着，她出去买回来吃。没过多久她就回来了，买了两个盒饭。她说她身上没有什么钱，就只买了两个盒饭回来。吃完饭，她见我的胡子很长问我："你带刮胡刀没有？你看看你，胡子都那么长了，也不知道刮一下。"我说："有的，在包里。"她就打开我的背包，找出刮胡刀让我躺下，细心地给我刮胡子。还边刮边说："我不在你身边，你都变懒了。"我有点撒娇地回道："谁让你离开我啊！以前我的胡子都是你帮我刮的啊！现在你不在我身边，我就忘记胡子要长长了。""耶！你就是嘴贫。我不在你就一辈子都不刮了吗？"她说。"嘿嘿！"我笑笑道："那我就一直留着，到时去参加世界吉尼斯记录。"杨卉瞪了我一眼，继续认真的刮着，并说道："别说话，等下刮出血了。"我闭上了眼睛，静静地享受着，仿佛又回到了从前刚刚恋爱的时候。那一幕幕幸福的时光，全都浮现在我的脑海里。这时，杨卉刮完了，帮我收起刮胡刀放回背包里。我们本来是想出去走走的，可是我腿痛就没有出去，我们就继续聊天，聊到晚上 10 点过她爸爸打电话来催她回家，她才离开了旅馆。临走的时候，她把手机留给了我说："知道你喜欢听谢军的歌，我手机里有很多呢。你腿痛睡不着就就听歌嘛！明天早上我来送你，到时你再把手机给我。"我说："好的。"杨卉帮我带上门就回家去了。

　　她走后，我独自躺在床上，打开手机一遍遍地放着所有的歌曲。当我在听歌的同时，我又无意间打开了杨卉手机里的记事本，我知道杨卉以前有写日记的习惯。记得我们相恋不久，有一次我去她宿舍帮她洗衣服，洗完后我就躺在她床上休息。因杨卉要加班，就留下我一个人在宿舍里，我就随手拿起一个小本子翻阅起来，看到里面全是她写的日记。我知道偷看别人日记不好，但我看到她还写到了我，就忍不住看了。她在日记中提到我：说我开始并不是她想要的白马王子，后来接触后发现我其实也很好的，才接受了我的追求。看到此处，我心里也挺高兴地。我知道我在她心中的印象还是很好的后，我就合上了她的日记本，从此再也没有看过她的日记。今晚，我又忍不住打开了她的日记，只见里面写到：

　　唐刚，对不起！其实我一直一直都很爱你！离开你我也是不得已。看着你一天比一天严重，我的心真的好心痛，而我又没有办法。家人给我的压力，想到以后的日子，我不敢去想象，所以我最终选择了离开你！我最对不起你的是没能保住你我的孩子，我想这些都会是我一生都要背负的噩梦。

　　家伙，我走了，你忘了我吧！我知道你深爱着我，我会记住你曾经带给我的快乐！希望你要保重你病重的身体。不管你怎么看我？我知道我是无情无义！如果真的有来世今生？那么我今生欠你的，只有来世再还。

—— 221 ——

请你别再追忆我们一起落泪的记忆！我会把你藏在心底，不再跟别人提起你。

杨卉（忍痛落笔）

2008 年 8 月 30 日深夜

我看完这篇日记，我就知道我和杨卉是再也不可能一起了。我自言自语道："放手吧！对！其实放弃也是一种爱！我祝福你！我爱的人！"然后我躲进被窝里，默默地流着泪水睡去……

定下三年之约

11 月 19 日早上，我退了房间就打车到火车站。下车后一看，杨卉还没有来，我就坐在广场上的花园边上等着。大约在 9：00 点左右，杨卉来了，还带着一个她的同事一起。她们走到我身旁，杨卉问我："唐刚，你买票没有？"我说："还没有呢！"她伸过手来说："钱呢？拿来我去帮你买，你就在这里歇着，等下要检票了你再进去。"我拿出 100 元递给杨卉，她拿着钱就去售票大厅了，她的同事则留在那里陪我说话。等到杨卉买好车票后，她又去超市里给我买了矿泉水和方便面放在我背包里。然后叮嘱我："家伙，你一个人在路上要小心，走路的时候要慢点。"我说："晓得了，我会注意的。"我又带着可怜的样子问道："我回去后，这是不是就算最后的一次相聚，我们以后是不是就再也不见了，是吗？"这时杨卉的眼眶红了，我看到她的双眼装满了泪水，默默地低下了头。一会儿，她抬起头来对我说道："其实，我真的不想和你分开，可是又不得不分开。希望你能理解我的苦楚。不过，我会等你三年，三年之内你要是把病治好了，你就来找我。三年后还没有好，就算我想等你也不行了，我爸爸肯定会逼我的。"我说："是你我的三年之约吗？还是你家人也同意了？"杨卉回答："是的，这也是我爸爸的意思。在这三年之内，我不会耍男朋友。"我说："好吧！我回家后会想尽一切办法去治疗。"

这时，我问道几点钟了？杨卉看看手机说："时间还早呢，你的票是 11：30 分的。"她的同事就跑去买了一包瓜子来，我们就坐在花台边上嗑起来，一边嗑一边说着话。"谢军的歌好听不？"杨卉突然问道。我说："好听。"我一直装着没有看到那篇日记，直到现在，我也从没有对任何人提起。我想，当时的杨卉也许是故意把手机留给我，是想让我看到那篇日记吧！也许是她知道我喜欢谢军的歌，真的只是想让我听听歌而已吧！杨卉又接着说："家伙，记得回去后要设法治病，你不能再拖了，我在家里等着你，等你好起来了好来找我。"我心里知道，杨卉只是安慰我罢了，即使我真的好了，她也不会再跟我好了，当然她肯定是真心希望我能好起来。

所谓的他爸爸也同意什么三年的约定，我想，那是他爸爸怕我留在这里缠着她女儿，说出三年之约只是想让我早点离开吉首而已。我笑着说："我知道啦！为了这三年之约，我也要努力。"说完杨卉看了一下手机说："走，我们先进站去。"我说："还没有到检票的时间呢！再说，人家能让我们进站吗？"她说："你行动不方便，可以先进站去的，检票员会优先给你放行的。""哦哦。那样最好！免得我到时又担心赶不上火车。"说完，她和她同事一起扶着我往候车大厅走去。

来到检票口，那检票员看到我后，果然为我检了票让我进入了站台。刚刚到站台，列车就来了，杨卉她们又扶着我上了火车。然后又在车上陪着我，杨卉一直拉着我的手，直到火车要开

了她才放手下了火车。她站在站台上跟我说："你到了怀化也像刚刚一样，要提前去检票口，知道吗？还有，一定要保重身体，尽快让妈妈想办法带你去治疗。"我从车窗探出头来，望着杨卉回答："知道了。谢谢你！杨卉！我祝福你！再见了！"火车开走了。上次我坐车离开，杨卉送我，她在外面挥着手，我和她都泪流成河。而这一次不一样，这次的她没有哭，我，也没有哭。上次离别，我们会再见面，而这次离别，我们就再也不会见面了，也是永远的离别……火车载着我走了，杨卉留下了，这座城市，给我留下了一生最痛彻而又凄美的伤痕！

下午14：00点过，我到了怀化站，去售票厅买票时，我又买到的是站票。买好车票后就到附近的网吧上网。那时的我，根本不会电脑，只是登着QQ傻傻地望着一个灰色的头像，那个头像就是杨卉的QQ头像，一直到列车开前一个小时我才出了网吧。按照杨卉说的，我提前来到检票口，检票员给我检了票后还让另一个检票员扶着我进入了站台等待列车的到来。几分钟后，列车来了，我在检票员和列车员的帮助下艰难的上了车。检票员跟列车员说："这个小伙腿痛，又是站票，你跟你们列车长说一下，给他安排一个坐的地方。"列车员道："行。"然后扶着我来到吸烟处让我等她一会儿，她去找列车长。就在火车开始启动后不久，列车长就来了，把我带到了吃饭的车厢，让我在那里坐着，还帮我倒了热水放在餐桌上。并对我说："你想睡觉就趴在餐桌上睡，饿了你跟我们的师傅说一下，他会给你做吃的。"我很感激地说："谢谢您了！""不客气！"她说完走了。在火车上我的腿又发痛了几次，每次疼痛时，我都吃4到5颗地塞米松控制疼痛。

11月20日下午15：00点过，我回到了隆昌。下了火车我就坐上了隆昌到富顺的客车，然后又从富顺坐车到安溪。到达安溪时，已经快天黑了。我慢慢地拄着棍子来到码头，走上了客船。

船老板看到我说："你到哪里去来哦？这么晚才回去，我马上开船，我怕你这个样子走不到家天就黑了。"我说："去看病来。谢谢老板！"我从湖南回来，除了家人，一直没有告诉过别人我去湖南看杨卉。我到了岸上，走了5分钟左右来到码头商店，商店的老板是我同学家开的，他妈妈看到我，急忙端来凳子让我坐下，还帮我打电话叫了一辆摩托车来送我回家。天刚刚黑尽我就到家门口了，我下了摩托车叫妈妈拿着手电筒出来接我回家。

那晚，保保没有在家，只有妈妈一个人在，我刚刚到的时候妈妈正开始吃饭呢。妈妈听到我喊就急忙出来用手电筒为我照亮着路，摩托车司机就扶着我回到家里，妈妈向他说了一声"他表叔麻烦你了。"并叫他一起吃饭，他说了一声不用了就走了。妈妈也跟着出去了，用手电筒照着表叔回到马路上。那个司机是我们村的韩六，我平时都叫他表叔。妈妈回来就说："我刚刚吃饭你就回来了，今晚吃的是中午剩下的，你保保又不在家，我一个人就没有煮饭。给你煮碗面吃要得不？"我说："不用煮了，我包里有方便面，用开水泡一下就可以吃了。"然后妈妈问道："你怎么回来了呢？杨卉那边看到你去了没有留你？"我说："我都成这样了谁还愿意收留一个包袱啊！""哦。那我就该倒霉，养着你。"妈妈不高兴地说。我听到妈妈这样说，我也有些生气了："谁叫你是我妈妈呢？我不跟着你还能跟着谁？难道你还真的希望我在外面流浪啊？"妈妈见我生气了，当时也没有多说什么，默默地拿出碗筷，从我包里拿出方便面盛好，倒了些许开水泡上递给我，面还没有泡透，我就狼吞虎咽起来。

我妈妈就是这样的人，有些时候说话一点都不好听。同样的一句话，别人说来是好话，可是从她嘴里说出来就难听了，经常把别人得罪了，自己都不知道为什么。

但我不会生她的气，她是我的妈妈，我人生的最后的港

湾啊!

我吃着方便面，一边跟妈妈说了我这次去湖南的经过，但我没有说出我在湖南夜宿街头的事情，我怕妈妈伤心就隐瞒了。直到现在，妈妈和保保都还不知道。妈妈听完我说的三年约定后叹了一口气说："哪里有钱去医啊？有钱的不借，怕我们还不起。银行里也贷不了款了，要把之前贷的还了才又能贷。何况就算能贷，银行也贷不了那么多，人家最多只贷 20000 块钱。"这时我和妈妈都没有再说话，都在为了我这病发愁。要睡觉的时候，我拿着妈妈的手机给杨卉发了一个信息，告诉她我已经到家了，让她放心。一会儿收到杨卉的短信，她还是让我保重身体，想办法治疗。

那天晚上，我躺在床上没有睡觉。

我很迷茫，我不知道我该怎么办？能想的办法都想了，也求助过政府了，都无济于事。我可能注定要成残废了，那时难道真的就只有躺在床上了吗？我人生才走过二十几年啊！

我不敢想象我不能走路的结果。整天躺在床上，看不到外面的世界，想去的地方也去不了，那是什么滋味？而我的妈妈，也逐渐地老去，在她病后又有谁能照顾她？我甚至想到，如果我真的失去了行动能力，我还不如死了算了，以免拖累家人。这时我又听到妈妈的哭泣声，我知道她心里也难过，眼睁睁看着我被病魔侵蚀却无能为力，只有躲在角落里偷偷地哭泣。我心里清楚，妈妈是疼我的，只是她一个目不识丁的女人，年纪又大了，能做的都做了，实在也没有其他法子可想了，只能默默地伤心流泪。

有一天早上，妈妈从外面回来对我说："刚刚有人告诉我，说万寿镇上有个医生能治你这个病。"我说："是不是真的哦？不要又像往次一样，钱花了没效果。"妈妈说："人家很有信心说能治好，他都治好过几个跟你一样的患者呢。"我半信半疑的答道：

"哦。那就试试吧！"然后妈妈又出门跟村里的人借了 500 元钱回来，打电话叫来了韩六表叔送我们去万寿镇看病。到了那个医生那里，我一看就感觉他医不好我的病。但是已经来了，索性就让他试试。他是租的房子，里面堆满了各种各样的草药，办公桌上放着很多药书。给我看病时，还不停地翻看药书，按照药书给我开了很多药。然后说一共是 580 元钱，妈妈还跟韩六表叔借了 80 元才付清药费。他收了钱又告诉我们回家打十斤高度酒，来泡这些药，一个星期后就早晚喝一杯。我一听就说："医生们都说我这个病不能喝酒，喝酒会越来越严重的。"他说："谁说的啊？我说没事就没事，泡好后你放心吃。"我听了后心里就知道肯定没效果，不过还是带着那么一点点希望把药带回家泡好，并按照他说的早晚喝一杯。

　　我回家喝了一段时间后，还是没有效果，知道钱又白花了。打电话问那个医生，他说我喝的时间太短，又是中药，中药本来就来得慢看不到效果，要喝上两三个月才能见到效果，让我继续喝。都说自己的病自己知道，我心里很清楚，就算喝下去也没有用的。在这期间，我也发信息告诉了杨卉，她也让我坚持喝下去看看。其实我早知道了结果，怀着万一的期望，我坚持继续喝。几个月后，最终没有效果。我也就再也没有喝了。那坛酒一直放在那里，直到现在都还在。

八

失去行走的痛苦

　　人生，在我们那些健健康康的日子，途经了岁月的花开，见识了多少温情织就的柔软，洞见了深藏时光缝隙里的温暖。

　　如酒一般，一杯一杯再续的缘，到底还有多少从前的味道！

　　多少走近又走远，再有多少离弃和厌倦。

　　或许从未得到，便不曾失去最好。

　　或许花儿的盛开，不为谁倾城，只为那些曾经的暖意阑珊。

　　遗憾回不到的从前，在陌生与遥远的好感里，不如不相见，不如不相识。多少走近，多少颠覆，不如初见的美好，反而远到无限远。遥望春花，有多少喜欢，便有多少倾城色。细细碎碎的心情，有欢喜，也有无奈，繁华与萧瑟，独自灿烂。寂寥里，三百诗经氤氲了临水照花。多少心情，一纸素笺潜藏，时光瘦减了多少矛盾与残缺，想来尘世的每件事都需微笑告别。

　　2008 年 11 月 28 日，那天早上醒来，我人生所有的信念，就在那一刻，瞬间倾塌瓦解。

　　那是我最伤心最痛苦的一天，也是我一辈子都无法忘记的一天。

因为那天，就是我失去行走的开始，也是在那天，我与杨卉也永远的失去了联系，一直到现在。

我记得，27日我们村里的人过生日，妈妈去帮忙，让我自己慢慢走去吃中午饭。因为我看时间还早，就去了干妈的商店里耍。快到中午时，我准备去吃饭，干妈说我腿痛就不要去了，让我在她家里吃，吃了让我陪一下那几个老人家打牌。我也就听了干妈的话，加上我本就不想走路，就留了下来。吃完饭后，我陪着那些老人家打牌，我记得很清楚，因为那也是我最后一次打牌。打牌的老人有外公那个村的刘劲光，是和爷爷一起上班的同事；另一个也是外公那个村的，叫刘鸿发，挨着外公家住；还有一个是徐册翰，是干妈队上的。我们打的是5角，一直打到下午17：00点钟才没有打了。

那个下午，我还赢了几块钱。我刚刚准备要回家的时候，碰到了今天过生日的刘天云舅公，他来干妈商店里买东西。看到我就说："唐刚，中午怎么没有来吃饭啊？我还让你表叔来喊你，你表叔说家里没人。"我笑了笑说："不好意思舅公，我本来说来的，后因干妈看到我腿痛不方便难得走，就让我在这里吃的。"舅公又说："那今晚你要来哦！慢慢走嘛！吃完饭跟你妈妈一起回家。"我回答道："要得嘛！我这就慢慢走去。"说完，我就朝着舅公家走去。

一路上我走走停停，等我走到舅公家时，已经是晚上19：00点过了，刚刚赶上吃饭点。如果是正常人走，只需要10分钟左右就到了，我却走了一个小时。舅公和他儿子看到我到来了，急忙过来扶着我来到一桌还没有坐满的桌子前坐下。他的儿子，就是曾经我一个人在家时和我一起砌围墙的刘三表叔，三表叔唉声叹气地说："唉！你娃儿怎么成这个样子了！造孽哦！"大家都纷纷询问我是什么病，都很同情地说道这么年轻怎么就得了这种怪

病啊。妈妈在一旁哭了……大家都劝妈妈别太伤心了，对妈妈说道："无论如何，都得想办法给娃儿医啊！还年轻，不可能眼睁睁地看着他就这样废了啊！"妈妈哭着说："一直都得给他医，听说哪里好就去哪里看，都医得没法了，还到处都欠下了债。"这时人群里有人说道："找他舅舅撒！他舅舅有钱啊！借个几万块钱把手术做了就好了，等他好了再出去找钱来还撒！"妈妈道："人家不借啊！怕我们还不起。"众人都七嘴八舌的谈论着我的舅舅，说我舅舅做得有些过了……

吃完晚饭，舅公和舅婆把那些没有动过的整鸡整鸭装了几只给妈妈，还装其他的菜一起让我们带回家去。并对妈妈说拿回去给娃儿吃，他一天到晚都在吃药，吃药的人多少都想吃些荤菜。妈妈谢过舅婆后，打着手电筒一边扶着我慢慢地往家里走。

回到家后，我又拿着妈妈的手机给杨卉发信息，告诉她我今天又做了些什么。从湖南回来起，我天天晚上都会给杨卉发个信息，她也会回复我她一天的情况。虽然我心里清楚，我和杨卉是不会再走到一起了，但是我仍旧还抱着一丝丝的希望。所以，每天晚上我都会发一条信息给她。今晚我发完信息后不久就收到了她回的信息，她说她要南下去珠海去打工。以后不会再用这个号码了，让我在家好好的治疗，有缘的话我们会再见的。我看了后，难过起来了，这条信息就是说她以后不会再与我有任何联系和瓜葛了。我忍着心里的疼痛，回了一句："谢谢你的关心！祝福你：愿你以后越来越幸福！"之后，她没有再回复我了。

就这样，我与杨卉从此断了联系！

那晚我躺在床上久久不曾入睡……一个人默默地流着伤心痛苦的泪水，顺着脸颊打湿了枕头。脑海里还不断浮现出那些我和她的种种幸福画面，和那些刻在心里的一点一滴。她的笑容与身影，忘不了，也散不掉。那些回忆里的画面，如今全都藏在我支离破碎的心间。曾经的她和我一起，发誓要倾其一生缔造一个幸福的天堂，那是属于我们的天堂。可是，当幸福正在逐渐迷漫的时候，我却在我乌云密布的天空里，永远失去了她的容颜。而我如今的泪水，也为她落满了整个冬天。我一次一次，把自己埋在被子里，偷偷地哭泣，唱着她爱听的歌曲来麻痹自己。我不知道自己，到底有多少次未眠在无人的夜里，伴着寂静的夜，伴着泪水，让冰冷的血液凝结。不肯睡去，不肯入梦，再一次触碰那道华美的伤痕。奠祭着我一次次的哭泣！从此我的世界，只剩下无尽的哭泣和一个痛苦的自己……

11 月 28 日早上，我在朦朦胧胧中醒来，眼角还挂着昨夜未干的泪痕。就听到有下雨的声音，一滴一滴地落在房顶上，仿佛也滴碎了我那颗伤痕累累的心。我带着痛苦和伤心，准备起床上厕所，这时，一阵钻心的疼痛传遍了全身。我慢慢地挪动双腿，生怕再次弄痛了双腿，费了很大的劲才从床上爬起来。当我的双脚刚刚着地的时候，又是一阵无法承受的剧痛，我颤抖地触着棍子想迈步去厕所。锥心的疼痛，却让我无论怎么使劲也迈不开步法。一着急的我就重重地摔倒在了地上，我也试着爬起来，可是双腿刻骨的疼痛使我不敢用力，躺在那里爬不起来。

无助的我终于忍不住了，躺在地上哭了，毫无顾忌的放声大哭了，哭得撕心裂肺……就在那一刻，我感觉到天的天塌了，以后的我该怎么办啊？

我的路还有那么长，还需要我去世界上走走呢！世界那么美、那么大，我还没有看够呢！梦想，还等着我去实现。如今，我就这样倒下了，再也不能去走、去看、去实现了。

妈妈听到我的哭声，急忙跑到我屋里来看，同时焦急地问道："你咋子了啊？"看到我摔倒在地上，妈妈也哭了。心疼地说道："你怎么摔倒了？摔倒了嘛就自己爬起来嘛！哭啥子嘛！"我

哭着说："我痛得很，我爬不起来。"妈妈抽噎着伸出长满老茧的双手，费了很大的劲才把我扶起来。我抱着妈妈痛苦的说："妈妈！我不能走路了，我这辈子完了……"妈妈也流着泪水安慰我说："没事的，幺儿，会好的，妈妈会想办法给你医的。"。然后妈妈去猪圈里提了一个尿桶放在我的床前，并让我躺在了床上，她就打电话给保保，让他赶快回家一趟。

躺在床上的我，用手抹了一下眼角的泪水，拉起被子那头盖住，又开始轻声地抽泣着。其实，我心里也很清楚，要是有办法的话，我就不会弄成今天这样了。我只是好不甘心，我不甘心就这样倒下去了，失去行走了，我还有好多好多的事情都还没有做呢。

保保当时上班不能离开，到了第二天才回家的，保保回来后跟妈妈说："有啥子办法嘛？到处都借不到钱，有钱的亲戚又不借，只有面对现实了，走一步算一步。"还让妈妈去找一下当地镇政府，看看镇政府怎么说。妈妈之前也去找过他们，当时他们没有过问，如今妈妈再次找到他们，他们知道我不能行走了，就给我办理了一个低保。

从那天以后，我就天天呆在家里，再也没有出过家门，而且心情也不好，经常自暴自弃还想到了自杀，可是心里又有些不甘。开始那几天，一直躺在床上，就连吃饭都是妈妈给我端到床面前的，加上腿又经常阵痛，让我情绪低落，泪水日夜挂在脸庞，就差把眼泪哭干了。妈妈见状，也是愁眉苦脸，天天哭泣，她也不知道该怎么安慰我。

有一天，我伤心过度，哭晕了过去。这下把妈妈吓坏了，她以为我死了，赶忙打电话让保保回家赶来，还叫了外婆赶来，又让我们家旁边的古五干妈来家里。最先来的就是古五干妈，她到后就急忙走到我屋里来看我，古五干妈是学驱鬼的，她一边给我掐人中，一边念念有词的撒米。不一会儿，我就醒了过来。这时保保和外婆也一前一后的到了，外婆进屋后就站在我屋里看着我默默的流着泪水。然后大家都站在我屋里劝我说："唐刚，你要想开一些，这个病已经得了，没办法治好，只有活一天是一天。虽然你后爸跟妈妈没钱给你医病，但是他们还是会尽心尽力地照顾你的，不可能把你扔了吧！毕竟你是你妈妈身上掉下来的肉，她能不心疼你吗？只是她实在是没有办法了，也没有能力给你治病了，她能做的就是好好的照顾你，直到到死的那天。"一直到天快黑了，干妈和外婆才走了。

从那天过后，我在床上躺着实在无聊，老是七想八想的。为了分散注意力，我就起身用一根板凳做支撑，使尽全身的力气一点一点挪动，慢慢来到堂屋里看电视。从我的卧室到堂屋里，中间只隔了一间屋子，而我通过板凳挪到堂屋却要 5 分钟时间，等我来到堂屋时，已经是痛得满头大汗了。坐下后就一直在那里看电视，等到吃饭时，妈妈就给我端来，在我面前放一条长凳子，把菜摆在上面让我吃。到了晚上吃过饭，我又忍着剧痛用同样的方法再回到床上睡觉。冬天来了，妈妈怕我看电视时冷着，还特意到外婆家给我拿回了一个火篮子和木炭，每天早上她烧火做饭时，就给我装上木炭，在我看电视的时候就提给我烤着。这时，我家的猫咪也会跳到我的腿上伏着，给我一丝丝温暖。

我一边看电视一边抚摸着猫咪，猫咪可以来去自由，可以去叫春找朋友，可以捉耗子、斗地头蛇，可以上房爬树……好不自在好不惬意啊！玩累了又回到家里，找人撒娇受宠。想到我刚踏上打工之路的时候，怀揣着多少梦想啊，我有的是力气，有的是办法，有的是不怕吃苦的精神，只要我努力工作，拼命干活，相信我终将会得到我愿意过上的美好生活，而且美好的生活确实已经来到，可是我才刚刚尝到甜头，命运就无情地夺去我所有的美

好，只给我带来无尽的病痛、贫穷、无助和绝望。相爱的人已绝我音信，世界又这么冷漠，钻心透骨的疼痛、漫无边际的孤独寂寞。

想到我现在还不如一只猫咪，每天等着妈妈给我送来吊命的饭，而这碗饭又能吃多久呢？活着还有什么意义呢？我想着想着，时不时流下泪来。老天啊，我是一个热爱生活、热爱生命的人啊，我不会白吃白要，我会拼尽我所有的心智和力气挣到应该属于我的生活，你为什么对我这样残酷啊！你这样无情，还不如当初不让我尝到生活的美好滋味，使我的绝望没有那么痛苦！爱人绝我而去，她的倩影、一颦一笑，我们的耳鬓厮磨、一点一滴像一幕幕电影，在我脑海里一遍遍浮现，每一遍都让我泪流满面。我也试试嘱咐自己不要去想了，但总是挥之不去，越不是说不想却越是想……我不甘心啊，难道我真的就这样完结了？猫咪似乎也能体会到我的心思，温顺地用体温暖着我冰冷的大腿，一双眼睛似乎看透了我的心思，在我伤心时，时不时地蹭我，我心中的痛苦稍些得到慰藉……

日子一天天的过去，慢慢地我的右腿也彻底坏死了，每天都越来越痛。虽然没有去医院检查过，但是我知道，跟左腿一样是股骨头坏死。实在痛得受不了时，我不得不又吃上几颗激素药，以缓解疼痛。那时，每当我在电视上看到那些重病的人，得到了救助，我很羡慕，也庆幸他们遇到了好心人。同时也流着泪水感叹自己，我身在偏僻的山村里，没有什么特别的才能，这样的我是无人知道的。更没有人会知道在这消息闭塞的村里，还有一个正被无情的病魔侵蚀着身体的年轻人，他，也是多么的渴望能上电视，得到那些好心人的救助。每次看完这样的电视节目，我都会很用心的留意节目组的联系方式，把它们一个个都记录下来。到了晚上，我就躺在床上开始写求助信，一封一封的写好后就小心的收着。等到赶场时，就交给妈妈，让她到邮电局帮我寄出去。这样的求助信，我不知道我究竟写了多少封？用了多少瓶墨水？妈妈帮我寄了多少次？花了多少邮费？如今的我，也记不清了。虽然我寄出的信，如泥牛入海，一直没有任何回音，但是那时的我起码努力过了。我想，总比没有试过好吧！

妈妈的离开

都说时光如水，一转眼间春节就到了，那时，我的病情已经发展到很严重了，双腿疼痛不说，腰也开始疼痛了。初一早上，我因无法行走，都没有去拜祭爷爷和爸爸。心理很难过，坐在院门口，望着那人来人往的马路，听着那些上坟的鞭炮声，独自黯然神伤。保保和妈妈到处走人户，我只有呆在家里，无聊的看着电视。

新年的新气象和所有的快乐，都跟我无关。

有一天中午，因为有太阳，我就从屋里挪到了院子里，一边看电视一边晒太阳。忽然一阵急促地狗狗叫声，我直直的望着院子门口，不一会儿，一个儿时熟悉的身影就出现在我眼前。顿时，我的眼睛就湿润了。"三哥"我哭着喊道，他是和我从小一起练武钓青蛙的刘三哥，这次打工回来了，听说我病了特意来看我。他看到我时也忍不住泪水直流轻声应道："哎。幺弟，你这是怎么了？我们近十年不见你就连路都不能走了。"然后，他自己到堂屋里端了一根凳子，陪我坐在门口一起晒太阳聊天。三哥安慰我说："兄弟别哭，没事的，一切都会好的。"

那天，三哥陪我聊了很久，他为了让我转移注意力，还特别

— 235 —

提起我们小时候一些开心的事情，当我们说到一起捡狗屎的时候我们都笑了。这个久违的笑容，是我病倒后的第一次笑，也是发自内心的笑。我也清楚的记得，那时我和三哥经常跟着村里的一个老人捡狗屎。老人名叫陈树清，六十多岁，爱喝酒，眼睛也有点不好。有一次，老人刚刚从商店里喝了酒出来，我们正好碰到就一起捡。没过多久，我们就听到老人自言自语的说："今天人真的倒霉，捡到筲兜里的狗屎都要跳出来。"我跟三哥听了都感到奇怪！上前一看才明白了。原来，老人因喝了点酒，加上他眼睛本来就有些看不太清楚，闹出了笑话。其实他当时看到的并不是狗拉的屎，而是一只癞蛤蟆。癞蛤蟆是活的，被他夹到筲兜里后又跳了出来。所以，他误以为狗屎会跳了。我和三哥正笑得开心时，正好有人打电话给他，他急急忙忙走了。临走时，还递给我 50 元钱和一包香烟说："幺弟，你在家里要好好的，明年三哥回来再来看你。"我点了点头，依依不舍的含着泪水目送着他走远了。

三哥走后，我无声的流着泪水，小时候和他一起的点点滴滴，浮现在我的眼前。仿佛就在昨天，从未远去。想起和他一起在茶山上放牛、放羊的快乐与惊险；习武时的认真与坚持，都是我心中不可磨灭的记忆。如今的我，再也不能和他一起练习武术了。只能在过去的岁月里追寻，那些纯真和美好的画面。

几天后，保保的四妹从攀枝花回来，来到我家里。妈妈让我叫她四保保，她是后爸的亲妹妹，在攀枝花做生意，也挣了一些钱。当时我想到了跟她借钱治病，由于我毕竟不是她亲的侄儿，我没法开口，又怕开口后人家不答应。就让妈妈去跟她说，妈妈因之前到处借钱也被人拒绝，她也没有说出口。第二天，四保保走了。我知道妈妈也没有说后，非常失望，心灰意冷之下又想到了死，加上每天病魔的疼痛让我也承受不住了，想一死解脱痛苦。

人在绝望无助的时候，哪怕是一根稻草，也想抓住啊！

就在四保保走的那晚，我和妈妈发生了争吵。

当时妈妈正在做饭炒菜，我坐在桌子旁问妈妈："四保保在的时候怎么不说借钱治病的事情？"妈妈说："我不好意思开口。那你自己怎么不说？"我说："那你就忍心看着我成为一个废人啊！"妈妈大声的说："又不是我让你得病的，再说你已经把我拖累惨了，想到哪里去打工都不行。"我听了后无语了，默默地坐在那里发呆。妈妈又接着说："死又死不到，早点死了还免得摆造我。"我听到妈妈这样说，心里特别伤心，绝望到顶。想到我的亲妈妈也这样咒我死，我还有什么希望？现在的我已经成为一个包袱，全家人的负担与累赘。如果到我不能下床的时候，拉屎拉尿在床上，那时有谁还会管我？我岂不是活着比死了还要受罪吗？

想到这里，失望的我已经失去理智了，顺手拿起桌上的一个酒瓶，往自己的头上使劲砸了下去。我永远也忘不了那一刻，当时只听见"砰"地一声，酒瓶就应声而碎了，我也随之倒在了地上，慢慢失去了知觉。就在我倒地的同时，我隐隐约约听到妈妈在哭骂："你个报应、短命鬼，你不把我气死你不甘心。"没过一会儿，我酥醒了，正听见妈妈站在院子里一边哭一边打电话给保保。我努力着试着自己从地上爬起来，却把凳子给弄倒了。妈妈听见走了进来，什么也没有说，也没有问，只是帮助我从地上扶了起来。我也什么也没有说，默默地回到我的屋子里，躺在床上睡了。

那晚我没有吃饭，保保也没有回来，妈妈见我睡觉去了，到我床边问了问，知道我没事后就叫我吃饭，还给我端到床边放着。我因为跟妈妈赌气，饭放在那里我连看都没有看一下。妈妈

吃完饭后进屋看到我没有吃，就骂我："你是不是要成仙嘛。要死就干脆点，不要装模作样的哈（吓）哪个。"我听了没有吱声，心里更是难过到了极点。妈妈的话，犹如被一把尖刀，正在一点一点的刺入心脏。这种痛，比我的腿痛还要痛几千几万倍。

我心里充满了怨恨与哀伤……

一连三天，我都没有吃一口饭，但是，在我疼痛吃药时喝了很多水。妈妈见我越来越虚弱还在跟她赌气，就向我道歉说："唐刚，妈妈错了，你不要跟妈妈一般见识。你晓得妈妈没有读过书，说话不好听，你就吃点饭嘛！原谅妈妈好不好?"妈妈见我一直没有说话，就叫外婆和邻居来劝我，我才开始吃饭。

从那以后，我常常都会跟妈妈争吵。其实，我也不想跟妈妈吵的，只因我妈妈那张嘴，说话真的太难听了，我听了又伤心又难过，忍不住就要跟她理论。加上那时妈妈经常不给我说实话，有很多事情都瞒着我。就说三哥来看我那一次，妈妈在古五干妈那里走人户，三哥的家人也都在那里。那天三哥走时跟我说，你大姐二姐忙没有来看你，但也给了你一点钱让你买点吃的，钱在你妈妈那里。可是妈妈回来后，却一直没有说这个事情，我也假装不知道，也一直没有问过她。这样的事情已经发生了很多次了，我从来没有跟妈妈计较过，都装作不知道，因为我想到妈妈照顾我也不容易。

只是妈妈嘴里经常骂我不如死了好，死了就不会拖累到她了，家里也不会越来越穷什么的。我实在忍无可忍了，实在无可奈何，开始跟妈妈吵起来。

因为这个原因，导致了我跟妈妈之间有了一种隔阂。接下来的日子，妈妈渐渐地开始不回家了，一去保保的船上就是两三天才回。保保就更不用说了，他更是没有怎么回过家里。妈妈不在的时候，我一个人在家里，就吃她做好的冷饭冷菜，甚至有些时候还没有吃的，我就吃不成，只好等着妈妈回来做好再吃。

而那时，我的妈妈不喜欢别人在她不在的时候来看我，或是买东西给我。因为每次有人来过后，她都会骂：说什么我的娃儿我不晓得照顾啊。你说我对不起我的娃儿那你把他弄走撒，弄回你家养斗撒。意思是我背着她说了她的坏话，那些人就出去到处摆谈我的妈妈不对。所以，邻居们明知道我没有吃饭，都不敢送饭来给我吃，怕我妈妈骂他们。

因为一动就会疼痛，妈妈每次从保保那里或是别的地方回来，就要打扫屋子，洗我吃的碗筷。她就会一边做一边骂道："别人养儿防老，你呢？连自己吃的狗槽都要我来回洗。养你有啥子意思嘛？喂一条狗嘛它看到我回来都还要摇一下尾巴。你说哪个给你买啥子来，你跟他去撒，我还甩掉一个包袱。"听到这些，我又会情不自禁和她吵起来。

每当想到此，现在妈妈都这样对我，那么待到我病情恶化、彻底摊在床上后岂不是会更惨？还有，我对保保最开始不愿意想法子给我治疗，对他就产生了怨恨，现在的妈妈又那么依赖他，只要听说他感冒了或是喝酒醉了，妈妈就丢下我跑去照顾他，也不管我在家是否有吃无吃。妈妈的做法让我不满，而我每次的顶嘴跟她对着干也让她不满。这让我们母子之间的矛盾也越来越深了，逐渐激化。加上我们又不怎么跟对方说话，每次见面就像见了仇人一样，保保也不回家，缺少沟通和调解，导致了我对他和妈妈怨恨也越来越深。最后，我被怨恨的怒火冲晕了头脑，终于爆发了。

我记得跟妈妈彻底决裂的那天，正是插秧的时候，天上还下着小雨。蒙蒙的细雨笼罩了整个山村，打湿了正在田里插秧的人们，也打湿了妈妈的心……

那天妈妈打着雨伞回来的，这次她出去了三天，我在家里也

有一天两夜没有吃饭了。就在她煮饭的时候，我们又吵了起来。我不满地说："你每次出去都这样几天才回来，不知道家里还有一个要吃饭的吗？就算我不吃，家里还有狗儿、猫儿和鸡要吃啊！"妈妈一脸不高兴地吼道："有本事自己煮撒，这年头哪个能靠着哪个哦。"我也生气了："你又是不知道的，我怎么煮啊！"妈妈就说："煮不到就等着饿死撒，死了我还少受点气，我还过得潇洒一些，免得我还经常跑回来。死了我想回就回，不想回就不回了，你以为我好稀罕回来吗？"这下彻底激怒了我，我一巴掌拍在桌上，大声怒责妈妈："那你还回来干嘛呢？你不是已经嫁出去了吗？这里已经不是你家了。这是我家，我以后死也好，活也好，你也不用管了。"

那时我真的气疯了，还骂了一句：滚，滚出去，不要到姓唐的家里来。

妈妈听了，哭了。

一气之下马上就打电话跟保保说，那狗日化牲子撵我，还喊我"滚"。当然保保听了妈妈的话后，不用说肯定是让妈妈离开了。打完电话后，妈妈就开始一边收拾东西一边煮饭。而我则慢慢地挪回到卧室，躺在床静静地听着屋里的动静。待到中午的时候，保保回来了，他们吃饭的时候也没有叫我，我也没有起来。妈妈和保保吃完午饭，就开始把家里的电视机和他们穿的衣服等东西都搬走了。

就这样，妈妈离开了家，离开了这个让她操劳了大半生的家，带着伤心与痛苦，也带着对我的担心，走了。留下了病重的我，独自在家过起了饱一顿饿一顿的生活。

三年与世隔绝

等到他们走后，我从床上起来到各个屋里一看，基本都被搬空了。我绝望地来到院门口，坐在破旧的椅子上望着天边，默默地流着泪水。以后这个家就是我一个人了，一个人独自守着这个残缺家，一个没有欢笑和快乐的家。那个生我养我的妈妈，真的走了，她，走得无声无息。留下了什么都不能做的我，一个只有等死的我，守着这破旧的房子，无声的呐喊和哭泣。我陷入了绝望中，以后的日子，我该怎么办？这时，猫咪来到我身边，我用手擦了擦眼角的泪水，示意让它跳到我怀里来。猫咪叫唤了一声，乖乖的跳到了我怀里蹲着，我轻轻地抚摸着它的头说："猫咪啊！以后就只有你和小白陪着我了。"小白是我家的一只白色的狗狗，它也很乖的。猫咪又叫唤了两声，好像是在对我说，我们一直会陪着主人的，不离不弃，直到死去的那天。

我忽然闻到了腊肉的香味，是从不远处的邻居家飘来的。这时我才想起我还没有吃饭，肚子已经在咕噜咕噜的叫了。我拿起身边的拐杖，这副拐杖是才做好的，因为我双腿都疼痛难忍了，妈妈让钟永珍舅婆的女婿给我做的一副木拐杖。我慢慢地起身，一步一步地回到屋里。我看了看，桌子上放着碗筷和菜，饭在锅里，有一大锅，这些饭菜我要吃几天，不过都只能吃冷的。吃完饭后，我给小白盛了一碗，又回到床上躺着。

这时我的腿开始痛起来了，我为了分散注意力，就唱起了歌：物转星移，天人合一，万物与我一起，爱国守法，遵纪保密，勤简持家守信重义……这是我在 1998 年的时候，因腿痛时去

坚墙
JIANQIANG

学的中功，就是张洪宝的中功。那时所有学习中功的人，都会唱这一首歌。我记得那年的秋天，天天都下着蒙蒙的细雨，仿佛是上天看到我到处治疗无果时，村里就来了一个教中功的师傅，让我去学习。当时听旁人说这种功法很神奇，是张洪宝大师的独创功法，学习了可以自己治疗自己的病痛。于是我在家人和邻居的劝说下，也去学习了。不管天晴下雨，我都坚持去学，学了三个月后我还拿到中功一步功毕业证。但是，对于我的腿来说，我通过自己学到的来进行治疗，还是没有起到任何作用。后来也就逐渐地忘记了。只有这首歌，我还依稀记得，没有完全忘记，也许是这首歌好听吧？也许是这首歌词确实写得很好，才让我直到现在都还记得。我唱着唱着就睡着了……这是我唯一分散注意力的法子，几乎在每天夜里我都会唱。

妈妈和保保走后，我恨过他们，恨他们狠心抛下了我。

那时，我常常都在夜里幻想，特别是在雷雨夜，幻想着一个雷劈到我身上，然后我就神奇般的好了；幻想着在伸手不见五指的夜里，会突然出现一个菩萨，她用她的法术把我治好了，让我站起来了，还赋予我今后能够赚钱生活的本领；幻想着等我赚了钱风光了，那时随便是谁我都不认，即便是生我养我的妈妈，我也不认。

谁叫你们当初那么狠心呢？

而这些幻想，都是之前从电视里看到的神话故事想象出来的。其实自己心里明白，这种可笑的幻想，永远只是幻想而已，现实的生活里根本就没有神和天使。还是要面对残酷的事实，最终要靠自己才有可能去改变。

妈妈离开家后，我的生活就变得更加的艰难。病魔不断的侵蚀着我的身体，还过着有上顿无下顿日子。为了活下去，有些事情不得不去做。虽然好多事都只能做到大概，不能面面俱到，但是对我来说，已经是做得最好的了。

　　早上起来的时候，穿衣还好，只是穿裤子就有些难了。因为我的手只能伸到膝盖的地方，再往下就不能了。所以，为了能自己穿好裤子，我费劲了心思，用家里的铁丝做成一个一米长的钩。一手拿着裤头，一手握住铁丝没钩的那端，把裤头挂在钩上，放到地上后再把两条腿放在里面，握住铁丝慢慢地往上移动，待移到膝盖上了，就能用手提着，然后撑着拐杖站好，才能把裤子彻底提到腰部穿好。每次我穿好衣服裤子时，都要花费很多时间，而最终，袜子还是不能穿，只能光着脚。

　　洗头也很艰难，每次洗头我都只能在厨房里。我家厨房烧火的地方，那里有两个深深的坑，就是我长期在那里洗头时，撑身体的拐棍磨出来的。洗头前，我先把脸盆放在灶台上，用瓢一点点的把水舀到里面。然后用拐棍撑着整个身体，腾出双手，就可以慢慢地洗了。虽然每次都不能洗得舒服，但总比不洗好。直到我后来病情恶化，手实在抬不起来了，才是妈妈帮我洗的。

　　那个时候的我，在没有电视看，也没有手机玩，也没有人陪我说话的日子里。每天吃完饭就在院门口傻傻的坐着，望着远方，等到屁股坐痛了又回到床上躺着。日复一日，年复一年，就算是一个正常的人，生活在那样的环境下，也有可能会发疯，何况我还是一个不能走出家门的病人。所以，即便是不可能的幻想，对我来说想想也是一种快乐，更是一种自我安慰，让我发泄心灵孤独的痛苦和忧伤。

　　有一次，妈妈煮的饭吃完了，我正在愁下顿该怎么办的时候，妈妈又回家来了。其实，自从妈妈离家后，她都是隔三天或是一个星期就回来一次。妈妈每次回来，都会带一点点炒好的肉，煮上一大祸饭，再炒一大盆菜，然后中午陪我在家吃完饭后才走。开始的时候还可以，虽然妈妈走后我顿顿都吃冷饭冷菜，

至少还不会饿肚子。可是后来天气热了，就不行了，妈妈给我煮的饭菜，到第二天就馊了，不能吃了，盛给小白，小白都不吃。猫咪和小白都陪着我饿肚子，一饿就是两三天左右，只有等到妈妈回来我们才又有饭吃。

2009年的初夏，那天是农历4月29日，那是我的生日，也是我父亲下葬的日子。

其实，我都忘记那天是我的生日和父亲的忌日了。因我坐在院子门口看到赶场的人扛着一个花圈时，才想起那天是爸爸死去后下葬的日子，也才知道那天就是我的生日。而妈妈也在那天回家来了，她还特意买了一条鱼回来做给我吃。中午吃完饭后就走了，鱼还剩下了一些，我吃到第二天中午才吃完。因天气已经开始热起来了，第二天中午鱼汤都翻泡了，带着一些馊味，我还是吃了。这样的菜，我常常吃，不吃就会饿肚子，要等到实在是无法吃了我才会倒掉。

还记得有一次，妈妈把饭煮好就走了，那天妈妈用泡豇豆给我炒的碎肉。我吃完后为了能多吃几顿，就把饭和菜放到水缸里冰起来。没想到功亏一篑，第二天还是馊了。可是妈妈昨天才回来的，起码要等三天后妈妈才又回来，如果有变数就可能还要多等几天才回来。没办法，我还是盛来吃，虽然有些怪味，对于饿了的我来说，还是吃了。今天算是过了，明天呢？馊得实在是不能吃了，我就又忍着，喝开水过了一天。把那些饭菜到给小白，小白闻了闻就走开了，它宁愿陪着我饿肚子也不吃一口。最后那些饭菜，还是鸡给啄来吃了。

我期待着妈妈早些回来，可是，第三天过去了、第四天也过去了，妈妈还是没有回来。到了第五天中午，邻居给我端来了饭菜，说是妈妈打电话让她端来的。我把饭菜分成了四份，我自己吃一份，猫咪吃一份，一份是狗狗小白的，还有一份是我留着晚上吃的。直到第六天上午，妈妈才回来。这样有一顿无一顿的生活，成了我的家常便饭。久而久之，让我也慢慢地适应了这种生活，也养成了忍饥挨饿的本领。

那个时候，邻村很多人知道我经常没有饭吃，都很同情我，纷纷买糖买饼干送上门来给我吃。有一次，邻村的一个表娘，知道我那天在家里正好没有饭吃，就特地在商店里给我买了好多糖来。她对我说饿了就吃些糖，总比没有吃的好。也就是在那几个月里，我吃糖吃得都不想吃了。我从小时候虫牙好了后，就一直不喜欢吃糖。如今为了不饿肚子，我还是吃了。只是现在的我，对糖更没有一点兴趣了。可能是在那段时间里，我吃糖吃伤了吧！

都说世间有冷有暖，有些会对你好，有些还会落井下石。而让我伤心的就是我们村子的人，大多数都不会理我。以前爸爸在世时，帮过村里多少人，可是现在的他们，是多么的冷酷无情。还好，有少数的几户人家，他们给我端过饭菜，也买过糖果给我。

现实残酷，人走茶凉，为此让我不知流过多少泪水。

就在妈妈刚刚离开家的那一段日子，我在家里腿痛难忍时，都是吃激素药强地松止痛。在我的药吃完了，需要买的时候，妈妈又不在家。正好碰到那天是赶场，我早早就起床，坐在院子门口等熟人帮我买药。我看到了很多的熟人去赶场，我一个一个的叫他们帮我买一下药，可是没有一个人愿意帮我买。直到马路上赶场的人越来越少了，甚至没有了我才伤心地回到屋里。那些熟人中，在我能走路，爸爸没有去世的时候，经常在赶场时来我们家吃饭。他们家有什么事情，还叫我爸爸妈妈去帮忙呢。而如今，让他们帮忙买一瓶药都不愿意。我失望的躺在床上，想着想着，不禁流出了绝望的泪水……最后，还是等到妈妈回来，我让

她到郭五哥的那里帮我买的。

　　而那时的我，即使处在病痛中，还要抽烟，我曾试图戒掉，但是没有成功。在没有任何收入的情况下，我的那点私房钱，在妈妈离开家后不久，就用完了。每次妈妈回来时，我就叫妈妈帮我买烟。因为妈妈每次回来吃完饭，大多时候都会去商店干妈那里打牌，到下午五点过她才走。我抽的烟，都是最便宜的烟，两块钱一包。一包烟我要抽一个星期，甚至到十多天才抽完。要知道我是怎么抽的吗？我一支烟点燃后，抽两三口就灭了，等到又想抽时，再点燃抽几口又灭掉。就这样反反复复地，所以我一包烟最少能抽一个星期。可是，很多时候妈妈都不会给我买，还会招来一顿痛骂。少数时候，妈妈还是要买的，那是因为她打牌赢了才会给我买。在妈妈没有给我买烟的时候，烟瘾犯了我就在家里找烟头来抽。到了连烟头都没有抽了，就到院子门口坐着，看能不能遇到村里比较熟悉的人。如果看到他们从马路上经过，我就跟他们要烟来抽，而他们见我可怜，大多数都会把整包烟留给我，然后再陪我说说话，聊聊天。

　　很多时候，在我烟抽完了，烟瘾犯了的时候。我就用一根铁丝做成钩，在地上一个一个的钩烟头，弄得我满头大汗，双腿痛得发抖也没有钩到几个。有时刚刚钩到手边时，由于疼痛发抖又掉了，半天才钩起来十多个。然后找来妹妹上学用来写作业的本子，坐在床边慢慢地撕成二指宽的纸条，再把烟头里的烟丝剥出来，用纸条卷起来，这样就可以抽了。

　　又是一年暮雨之秋。秋天，似乎一直都是多雨的。而且往往都是在天渐暮时，一场秋雨悄然而至。初秋的雨前，没有太多的乌云，没有冷飒的寒风。只有细细的风丝夹杂着点点的碎叶，向着空中飞扬着，像是在寻找什么，又好像只是漫无目的地漂泊。

　　我独自坐在破旧的门前，呆呆的望着雨来的前夕。如今的我，就像是多雨的秋天。有人同情，有人落井下石。流言蜚语，铺天盖地向我袭来。我亦如这秋天的落叶，没有自己的方向，任随秋风萧瑟地吹打。默默承受着无尽的痛苦，静待生命的尽头，又期待着上天的眷顾。

"这家人完了。他爸爸在世的时候，是多么的好的一家子。现在，一个娃儿瘫痪了，他妈妈也走了，他们唐家怕是很快就要消失了。"听到马路上赶场的人，说我们唐家这些话。我的心里充满了心酸，无尽的泪水又挂在了脸庞。或许，正如他们所说，重病的我又有什么能力使这个家延续往日的光景呢？或许明天我就不再醒来，再也看不到这秋阳了。爸爸在时，我家人气是那么的旺，如今，连院子里都是杂草丛生，萧条到像一座荒废已久的破庙了。

秋天的雨后，雾色朦胧，天色显得很污浊。一个人坐在那里痴痴地看久了，不自觉地心烦，好像有一块巨石压在胸口。但我只要不看天，闭上眼，忘掉短暂的疼痛和孤独，深深地呼吸，也能感觉到空气里那自然异常的清新，没有杂乱的喧嚣，没有飞起的尘埃，只有一个人的清静世界！世界一新，人何时亦新？

冬天来了，冰冷的寒风，通过四面透风的屋子，如刀割裂一般倾泻在我的身上，冷得彻骨、冷得麻木。曾经流动的血液，再也沸腾不起来，缓缓凝固，使我的腿越是疼痛难忍。好不容易睡着的我，在沉睡在梦里，多么不愿醒来。因为，这个冬天，除了疼痛，也充满了孤寂。

妈妈，还是和往常一样，每次回家就煮一大锅。可冰冷的饭菜，让我无法吃。我就对妈妈说："妈妈，下次你回来就把以前爸爸买的那个电饭煲给我拿回来嘛！现在天气冷了，我自己可以用电饭煲热一下来吃。你也可以给我买一些面条放在家里，再弄一些蘸水回来，我自己煮面条来吃的时候，也可以放一点。"妈

妈说："要得。"过了两天，妈妈就把电饭煲拿回来了，背了米油还买了一些青菜回来。从此，我每天煮饭的时候，就先用电饭煲炒菜，然后再用电饭煲煮饭。

从那年冬天起，我虽然吃得很简单，但是，我却再也没出现几天才能有饭吃的情况了，除了停电。有一次，我感冒了头痛，又在下雨，天气很冷。我又不想做饭，但是肚子又饿了，面条也没有了，我就想起煮个鸡蛋来吃。于是我就起床来到厨房放柴的地方，那里是我家三只母鸡下蛋的地方。我因为无法下蹲和弯腰，捡不到鸡蛋，怎么办呢？突然我想起之前我捡地上烟头时用的办法。我就用铁丝做成一个勺子的形状，放在鸡蛋旁边，再用一根棍子去移动鸡蛋，慢慢移到铁丝勺里，我就能拿到鸡蛋了。后来，铁丝就成了我用来捡地上东西的专用工具。

也就是从那年冬天起，无聊的我才开始在家里找书来看，以此消磨时间。在此之前，我每天早上起床后，就把后门打开，让鸡出去，再慢慢地回来，用碗一次次把放在院子门口的盆子装满玉米，好让鸡吃的。然后就在院子门口坐一会儿，看着鸡吃食。而猫咪和狗狗，它们都跟着我，我在哪里它们就在我旁边陪着我。等到我屁股坐痛了，又回来床上躺着。躺一会儿，又起来到院子门口坐一会儿，如果遇到下雨天我就不去院子门口，有饭我就吃，没饭我就睡。等到天快黑了，鸡回来了，我又把所有的门关好睡觉。

2009 年进入冬天后，我在寂寞的陪伴下，开始寻找消磨时间的乐趣。做什么呢？看书。于是，我便翻出家里的武侠小说书来看。说起那些书，是我在读初中时得来的。那时候，我本身不喜欢看小说，但是却爱跟同学借，借了又不还人家，当同学问我时我就说不小心掉了或是找不到了。就这样，一次次的借了不还，慢慢地我家里就堆起越来越多的小说，把一个大箱子也装满了。

在爷爷去世的时候，亲戚朋友又拿走了很多，最后还剩下一些，一直放到现在。如今无聊的我，正好可以翻出来看看，打发时间。

谁知，我这一看就放不下了，每天都要看到很晚很晚。看着那些书时，感觉自己就是书里的人物一样，随着故事的发展，恨不得马上就知道结局。为了这事，妈妈还骂过我。有一次，天下着雨，很冷，我就躺在床上看书。因为我那间卧室本来就比较暗，加上又在下雨就更暗了。所以，我就开着电灯看。正好遇到妈妈回来，她看到了就骂道："大白天还开灯，电费不要你出，不知道厉害。你看那些东西能吃饱吗？"我一句话也没有说，也没有理她，还是在床上看我的书。加上我看书能入神，就会忘记身上的病痛，无论妈妈怎么骂我，我也不管她。

开始看书的我，常常忘记吃饭，仿佛就跟妈妈骂我的一样，看书能看饱似得。特别是下雨天，我在床上一看就不想起来弄饭吃。直到实在是饿了，挺不住了才起床做饭吃。记得读书的时候，看到那些同学看小说书啊，真的是废寝忘食的，能上瘾。而现在的我就是如此，体验到了当时的他们为何那么痴迷。

眼看着又要过年了，我的病情又重了，双腿也已经萎缩了，膝关节也逐渐不能伸直。原来只是双腿疼痛，现在发展到整个脊椎开始强直，手臂也开始疼痛，导致我自己洗头也出现困难。吃药也逐渐倍增，妈妈离开时，我吃 3 到 5 颗强地松，现在要吃 10 颗左右。之前我的腿虽然疼痛难忍，我还可以下蹲一些，而如今已不能了。

无情的病魔给我带来了巨大的痛苦！白天用双拐走路时战战兢兢，生怕摔倒了，每挪动一步，都艰难。晚上睡觉时，半靠半躺的睡在床上，双腿之间要放一个盒子，这是为了防止双膝碰到一起。如果碰到一起，那么我以后行走就更困难。双腿相互挨着

也会很痛，左侧臀部还要垫一堆衣物，那样我才可以仰面躺着。每隔半个小时就会醒来，因为臀部肌肉已经萎缩，只剩下骨头了，如果长时间保持一个姿势，就会很痛。所以，每当我刚刚入睡的时候，疼痛又会让我醒来。而这个时差，刚好在半个小时左右，这是雷都打不掉的习惯了。

我自己心里也很清楚，如果不治疗，继续这样下去，我的所有关节活动功能将会慢慢失去。以后的我有可能真的会瘫在床上，那时我肯定会过得比现在更苦。而我也没有其他好的办法，知道妈妈已经是无能为力了。我要做的，只有面对残酷的事实。每天坚持触着拐杖在院子里走走，使双腿萎缩可以慢一些，迈着艰难的步伐，一步一步地锻炼。抱着那么一点点的希望，那就是万一有那么一天，我有机会去做手术呢。那样，我就可以站起来了！

2009 年的除夕来了，外面烟花满天，照亮了整个夜空。我坐在院子门口，望着那些绚烂的烟花发呆。我在想，如果我没有病，今晚的我会做些什么呢？如果我的腿在刚刚检查出来的时候就治好了，妈妈、保保、杨卉、还有孩子，我们应该是一起高高兴兴地正在看着春节联欢晚会吧！无论做什么，至少不会像现在一样孤零零地坐在院子门口傻傻的幻想。

当 2010 年的钟声快响起的时候，我带着些许伤感回到了屋里，躺在床上拿起枕边的一本小说书开始翻阅起来。这时外面的爆竹声越来越密集，让我无法专心看书。这时的我，也开始感伤起来，不知不觉地用笔在书上写到：万家灯火几人乐，孤灯残照我独愁。我看着书上的这个几个字入神，我感觉我可能就是这个世界上最惨的一个人。那晚，我在感伤中不知不觉地睡着了。这个年，就这样静静地度过了，是我人生中过得最寂寞孤独的一个年。

过完年后，没有一个人来过我家，更没有人陪我说说话。唯一陪伴我的，就是我养的猫咪和狗狗。它们似乎也知道我的寂寞一样，一直陪着我不曾离开。静静地趴在我身边，听我诉说着心里的孤独、伤心与痛苦。有时它们仿佛也能听懂，时不时地叫唤几声，好像在为我鸣不平一样。

　　我在家里几乎都与世隔绝了，家的四周也长满了杂草，从外面看，就像是一处荒废很久没人住的房子，给人一种阴森恐怖的感觉。除了赶场，妈妈偶尔会让邻居给我带一些菜回来，这个时候才有人来我家里一趟，把菜放好人家就走了。我也渐渐地变得沉默了，一年四季说的话可能还不到千句，并不是我不说话，而是实在没有说话的对象。

　　时间就像流沙一样，抓不住，很快又是我的生日了。每个生日，我都想起我那去世的爸爸，我想如果爸爸没有离去，我应该不会变成现在这样。因为我爸爸，一定会想尽办法给我治疗的。今年这个生日，是我一个人过的，妈妈在头一天就回来过了，她买了一些卤肉和新鲜肉回来炒。妈妈在做饭的时候对我说明天她要走人户，所以今天就回来了，肉炒好后还留了一些说，明天我好吃。生日那天，我还看到外公赶场，但是他没有来。曾有人问他说，今天是你外孙生日，你赶场从他门前过都没有去看看你外孙啊？外公当时说："看他干什么？还不是那样，我都没有时间呢。"这是后来问他的人告诉我的，我当时听了挺难过的，不过我没有往心里去，来不来看我都已经不重要了。外公在我倒床后从来没有来看望过我，还有那些亲戚，他们当时都没有来。何况现在，就更不会来了，所以我也无所谓他们来与不来。

　　2010 年 6 月，实在无聊的我就开始央求妈妈，让她给我买一个小电视机。有一天妈妈回来，中午一起吃饭的时候，我跟妈妈说："我一个人在家里真的好无聊。每当你走后，就没人陪我说

话，吃完饭就像一个傻子一样，呆呆的坐在院子门口。如果有个电视看看，我的生活就不会显得那么枯燥无味了。"妈妈听了说道："再等两三个月吧！两三个月后你的低保有几百块钱，那时我再去取出来给你买一个。"我高兴地点点头。妈妈又问道："我每次回来不是都看到你在看书吗？那么多书都看完啦？"我说："早就看完了，好多书我都看了几遍了，连妹妹的小学课本我都拿来了看了，现在家里已经没有书看了。"……从那天以后，我天天盼着时间快点过去，希望妈妈能早日把电视机给我买回来。

就在我期待有电视看的日子里，有一天中午，我刚刚吃过饭回到床上躺下，就听到小白在狂吠，我一听就知道是有人来了。连忙从床上起来，走出屋子去看看，只见邻村的韩学兵和他老婆来了，我连忙止住了小白，跟它说这是熟人不要叫了，小白听后没有叫了，还跑去闻他们。这是我病倒后，第一次有人特意来看我。韩学兵，是邻村韩志心表叔的儿子，比我大十多岁，我叫他老表。平头小眼睛，身材挺高，衣着时尚，很帅气。他在他们村里办了一个养猪场，可惜猪场不是很好，听说养的猪经常得病。我轻轻地喊道："老表、表嫂你们好！自己端板凳坐，我不方便。"韩学兵笑道："老表你不用管，我们晓得。"然后，他们端来板凳坐下来，陪我聊了一会儿。韩学兵道："之前一直不知道你在家里，以为你跟你妈妈一起搬到安溪去了。"我无奈的说："没有，一直都是我一个人在家，我又不能出门，平常就是坐在院子门口耍一下，屁股坐痛了又回到床上躺着。而你又那么忙，所以很难碰到我在门口坐的时候。"韩学兵又说："是啊！平时我从这里过，看到草草把路都封了，清风雅静的，就以为你没在家呢！""呵呵……"

大约过了半个小时，表嫂从她挎包里拿出一条香烟和半只卤鸡放在桌子上对我说："老表，自己在家坚强点。万一有机会做手术呢！所以你要想开点，坚持下去，你老表也会帮你想一下办法，看看能不能把你弄到医院去治疗？不过你也不要抱太大希望哦！知道吗？我们有事要走了。"我感动的说："谢谢表嫂、老表！"韩学兵边走边说："谢倒不用了，其实我也没有做些啥子。你好好休息吧！"我目送着他们离去后才回到屋里，把卤鸡放在碗柜里，拿着烟回到卧室又躺下休息。

之后韩学兵的女儿韩珊也经常来看我，她人长得很漂亮，个子不是很高，长发瓜子脸，为人也很善良，还有一颗爱心。记得就在那年夏天的时候，她家炖了银耳汤，她给我端了好多来，让我慢慢吃，还买了好多糖呢。后来她还帮我买过几张电话卡，又叫她男朋友给我买日用品。他们一家对我的关怀，我一辈子都会铭记在心。

9月初，我终于等到妈妈把电视机买回来了，是一个十四英寸的小电视机。当天我就触着拐棍用铁丝做了两根天线调试，能收到三个台，虽然满屏都是雪花，但也还能看。接连几天，我都没有睡觉，吃了饭就看电视。不是我没有觉，是因为腿痛的原因，我从来就没有真真正正的睡过一个好觉。我每次要睡着的时候，腿就会突然抽搐一下，痛得我眼泪直流。就算睡着了，隔半个小时左右就会醒来，这个又是因为肌肉萎缩了，臀部没有肉，接触到床的那面久了就会很痛，自然而然我就被这种疼痛痛醒，要翻一下身子才能继续睡。所以我从病了起，一直就没有睡过好觉。……

中秋节到了，妹妹从云南回来看我，她在家呆了半个月左右才走的。妹妹在家陪我那段时间，我过得十分幸福，吃得也好，每天都看电视，什么都不用做。妹妹还帮我洗头，剪脚趾甲，就连洗脸她都帮我把帕子拧干送到床前来。在妹妹没有回来的时候，除了妈妈回来有肉吃，有时妈妈回来也没有肉吃，大多数都

是十天左右能吃一回肉。这次妹妹回来给我买了一个小的电饭煲和一个电炒锅，方便了我后来做饭。同时还买了一个影碟机，说以后我想看什么电视就告诉她，她就买好影碟寄给我。到了妹妹走那天，我挺舍不得的，妹妹也舍不得离开我，可是没有办法，为了我以后在家能稍微过得好点，妹妹说她要努力赚钱，有钱就寄点给我。妹妹临走时，给我买了一些零食和两条很便宜的香烟，然后就离开家了。

妹妹走了后，我家的小白突然死了，是得了一种病，病死的。那年全国到处的狗狗都死，不知道是啥病？我还为此伤心了几天呢！我养的鸡不知啥原因也死了一只，现在只剩下猫咪和两只母鸡陪伴着我了。没有了小白，家里更显得冷清了。

后来鸡死完了，最后只剩下了猫咪还陪着我。从那时候起，我才再也没有关过门，一年四季都敞开着。我想，家徒四壁，已经没有啥子值钱的东西了，加上我的情况，方圆十里都知道，应该不会有人来偷我家的东西了。

让我没有想到的是，居然还是有人昧着良心来偷我的菜。有天妈妈回来，给我买了三根青笋，我记得妈妈当时做了两根来吃，还剩下一根放在案板上。那天，妈妈吃完午饭后就走了。第二天，我做饭时才发现剩下的那根莴笋不见了。本想拿来炒着吃的，找遍了厨房都没有，才知道昨晚来小偷了。害得我那天中午没有菜吃，最后还是拿着铁丝到泡菜坛里钩泡豇豆来吃的。那是我在家里唯一被偷的一次，之后就再也没有被偷了。

我的疾病越来越严重，全身僵直，而且肌肉也还在萎缩，除了手和肘的关节活动范围大一点，肩也能动一点以外，其它关节基本不能动。不仅如此，主要是疼痛让我难受，疼痛起来真是钻心透骨，无法忍受。我知道，疼痛是疾病在发展的信号。因此我在家里最怕的就是摔倒，因为我摔倒了就爬不起来。

就在妹妹走后的不久，有一天早上我正要到院子门口去，不小心就摔倒了。我在地上挣扎了好几个小时，也没有办法爬起来，屁股上的皮在地上搓掉了，手也搓伤了，后来邻居舅婆偶然来到我家里，才被舅婆扶起。那天幸好是赶场，妈妈正好让邻居钟永珍舅婆给我带菜回来，当舅婆来时我已经在地上半天了。舅婆扶我起来后，一看我身上到处都是伤，头发、脸、衣服、裤子全都脏了，还搓出几个大洞来。要不是那天正巧赶场话，我真的不知道我会在地上呆多少天呢？从那以后，我就特别注意，就怕再次摔倒，如果再出现摔倒的话，恐怕就没有那么幸运了。

记得还有一次摔倒，是在我有手机后。那天也是赶场，我很早就起床做饭吃，吃完饭收拾好后就打电话给刘从明舅公，让他给我割一斤排骨带到我家来。然后，我一步一步地来到院子门口，等着舅公给我带排骨来，顺便看能不能碰到到熟人赶场，让他给我买一两斤洋芋回来，中午做洋芋排骨来吃。

不一会儿，舅公提着排骨来了，我也看到了熟人韩三表叔赶场，于是就让他帮忙买洋芋。等我交待好后就提着排骨回到屋里，把排骨放在桌上，我就躺在床上看电视。上午十点过时，韩三表叔也把洋芋给我买回来了。我看时间还早，于是又继续躺在床上看电视。

就在这时，我家猫咪从外面回来，闻到了肉味就开始到处找。谁知被它找到了，弄到了地上，我起来赶走了它。我看到一地的排骨，便撑着板凳想捡起来，一个不小心我就摔倒在地上。这次我没有着急，也没有慌。我在地上慢慢地翻过身来，仰面躺着，然后一点一点地往床的方向挪动。因为我的手机正放在床头充电，我知道只要我挪到了床边，就能想办法拿到手机打电话给邻居，让他们把弄我起来。我在地上很艰难地挪动着，屁股和手再一次磨破皮了，我还是向着床的地方慢慢挪动着，也不知道过

了多久？我才终于挪到了床边。我心里高兴极了，当我挪到床下时才发现我的床有些高，无论我怎么伸手也拿不到手机，我正在想该怎么办时，突然看到我平时穿裤子用的铁丝放在床边，心里就有主意了。于是我又挪到放铁丝那头，拿到铁丝后又挪回到原来的地方。然后就用铁丝去勾手机充电的那根线，一点点慢慢地勾，在我不断的扯动下，手机终于从床上掉到了我的怀里。我就拿着手机打电话给钟永珍舅婆，叫她来我家一趟，告诉她我又摔在地上了，赶快来抱我一下。

舅婆来了，一进屋看到我就说："天哪！造孽啊！"急忙大步走过来抱我。"有没有摔到哪里啊?"舅婆担心地问道。我说："没有。就是屁股和手破了点皮，还有身上弄脏了。"舅婆年纪很大了，抱不动我，就使劲拉着我的一只手，我用另一只手抓住床边，我们同时使劲，才使我站起来了。然后舅婆帮我淘米放到电饭煲里煮好，还帮我把地上散乱的排骨捡起来洗干净后才走的。舅婆走后，我脱掉身上的脏衣服，换了干净的穿上。有了手机，对我来说真的很方便，不然我这次又不知道要等好久才能被人发现，如果运气不好，甚至死了也不会被发现。

再后来我还摔倒过一次，那就是我已经搬到安溪镇上了，那是我正在坚持不用拐杖走路时候。那天吃完晚饭，我从妈妈房间徒步走路出来，被我家猫咪绊倒。妈妈当时也在，她抱不动，马上叫邻居刘大姐的老公来帮忙抱的。

那次，我也摔痛了……

冬天，进入了阴雨绵绵的季节，很冷。那时最容易感冒，而我最怕感冒，每一次感冒都要吃很多药才会好。所以我很注意自己，在冷的时候就在被窝里看电视，除了起来做饭吃外，大部时间都在被窝里。有一天，外面下着雨，夹杂着刺骨的寒风，我像往常一样在床上看电视。突然听到有人叫我的名字，跟着就有人走进屋里来了，我一看是罗二哥，他手里提着一块肉和一条香烟，我连忙招呼他自己端板凳来坐。他把肉和烟放在电视机旁后，到厨房里端了一根凳子进来坐下。罗二是邻村韩学平老表的老表，头大眼小，身材魁梧40多岁，说话幽默搞笑，心慈却一直是个单身汉。

他的到来我很意外，因为我和他没有什么交情，就是在贵州曾经一起帮过黄文权做过生意，后来我因惹了祸就走了。

罗二哥进屋就递给我一支烟，帮我点燃后他就哭了起来。

我也跟着流泪了，我都很久没有哭过了，这次却被他惹哭了，是感动得哭了。

他说："你怎么成这个样子了？以前在贵州的时候不是好好的吗？我这次回来在商店里打牌，听到那些人说你一个人在家肉都很难吃一次。我才知道你病了，不能走路了。我打完牌就特意让刘从明割了两斤肉，还让你干妈拿了一条平常你抽的烟，便过来看看你！"我流着泪水忙谢道："谢谢二哥来看我，我们虽然交往不深，你却让我从内心里很感动，而我的亲戚朋友都很少来呢。"罗二哥叹了一口气说："唉！现在的人就是这样，你好的时候他们都围着你转，巴结你，你倒霉了或是像你这样得了重病就都远离你。"我说："可你却没有，还来看我，所以我心里特别感动。"罗二哥又说："怎么说呢？反正我就是觉得你这个人很好，值得我来看你。"……我们聊了一个多小时他才走的。一年后，他又来过一次，同样是带着几斤肉和一条香烟来看我的。

开始接触网络

　　2011 年，春节又来临了，我还是一个人过的。只是今年有了电视看，不会显得那么孤独。过完春节，我的幺弟，就是保保的儿子蒲启彬回来了，他在家陪我耍了一个星期左右。他对我也很好，就是有点懒，在家里都不愿意煮饭，跑到妈妈那里吃，吃了再给我端一些回来。晚上幺弟跟我一起躺在床上看故事片，是他在街上租回来的，我也喜欢看，尤其是武打片。记得我曾经在皮革厂上班时，看过一个电视剧叫《僵尸探长》，后来改名为《我和僵尸有个约会》。当时我没有看完特别想看，就让彬彬去租，正月的时候我天天看，连吃饭都忘记吃了，甚至腿痛也不觉得了。

　　五六天后，幺弟要走了。我当时看到他有两个手机，就跟他要了一个，我怕我一个人在家又出现摔倒或是突然哪里不舒服了，可以联系妈妈和邻居。幺弟也很干脆，拿出手机让我挑一个，我就选了一个粉红色的波导翻盖手机。那天，幺弟去了商店，买了很多零食，因为他喜欢吃零食，也给我买了一条香烟回来给我。晚上看电视的时候，幺弟还帮我申请了一个 QQ 号，就是我现在用的这个 QQ 号。弄好后我们就看电视，一直看到天亮，他才起床热饭菜和我一起吃，吃完他就离开家了。

　　从那以后，我便学会了 QQ 聊天，也逐渐接触网络。以前我的女朋友杨卉也教过我怎么上网，可是那时的我还不怎么会打字，只会语音视频聊天，连玩游戏都不太会。幺弟走后，我就开始加好友，我还输入了一个我很熟悉的 QQ 号，就是我一直不曾忘记的，杨卉的 QQ 号码。当我加上的时候，就打了一句："你还记得我吗？你知道我是谁吗？"QQ 那边头像闪动起来，我急忙打开一看，"你是？"我说："我是曾经最疼你爱你宠你的人。"过了很久很久，那边才回到："你可能是认错了，我不认识你。"之后她的 QQ 头像就变成了灰色，再也没有看到她上过线。我心里知道，一定是她，只是她不愿意再跟有我什么瓜葛。或许她已经结婚了，怕我缠着她不放，才假装不认识我吧！当然我也发了很多消息过去，最终还是没有任何回音。后来我对她再也不抱任何希望了，把那个熟悉而又陌生的 QQ 号码删除了，我也不愿意再记起那个凄美的 QQ 号码，我开始学会了遗忘。

我知道记忆里零落的碎片，再也拼凑不回幸福的昨天了。

我无聊了，就跟其他的网友聊天。刚刚开始的时候，网友问我什么我都老老实实的回答她们，慢慢的我发现一个问题。她们之中有好多知道我是一个很严重的病人后，就都不理我了，甚至还把我删除了。这时的我就删除了所有的好友，不再主动加好友，让别人来加我。当网友主动问到我的情况时我才会说出来，平时我都不会提，就是跟她们随便聊聊打发时间。

由于对 QQ 功能不怎么了解的我，有一天，我突然发现了 QQ 空间，进入后才知道空间是个很好的记录自己的心情的地方，也是跟网友互动的一个平台。然后我开始在空间写说说和日志，我的网友们都来评论及留言。我记得我写的第一篇日志是歌词不像歌词，诗歌不像诗歌，但是却写出了我对女朋友的想念，题目是《飞雪泪痕》。

文中我写道：多冰冷的年月多忧伤的夜，最想念的是你的体贴。就让这白茫茫的飞雪，覆盖在我心田将往事冻却……希望有缘的你是来年春天的雪，落在我的胸上幻化成最温暖的眼泪……接着我又写出了《伤愁》、《放弃你我也不愿意》、《我们相爱相

伴又相依》、《再见了心爱的人》等短篇日志。

直到 2011 年 3 月 1 号，我才写了一篇比较长的文字：

一曲天涯之伤，有谁能听懂

繁华如梦金陵秋，往事如烟轻飞扬。
望断前程几多愁，亘古空遗未了缘。

生在红尘中，几度堪回首。

世间，繁华的红尘，良辰美景，对我来说已是昨宵的浮云。
这些年，让我看尽了世态的繁华、落寞、炎凉、无情。
人间，就像是一壶酒，让人一喝就醉的酒。
多少人酒醉酒浓，多少人又醒知梦空。
霓虹下，灯红酒绿里，浇出了万古的忧与愁。

寒月下的我，淡惜祸富，悲喜难自由。
斑驳的身影，在月光里任风吹乱我的头发，任泪无声地
滑下。
曾经的过往，在燃烧，那些华美的伤痕，痛苦的生活，在心
中撕裂着，一点一点，被时光
掩埋，斑驳。

无情的病魔，让我家破人散，让我失去了欢笑和温暖的家。
我的落寞的脸上只剩下痛苦，无助和绝望！
我倚在残破的门槛上，望着天涯的一端。
多少春去秋来，寒临暑往，盼望着奇迹和天使的出现。

可是，我知道，就算我望断了天涯，把眼望穿，也没有用。

因为，我们的世界没有天使。

我看着身边的竹笛，它见证了我的寂寞，孤独，或许只有它懂我的伤。

泪水早已模糊的双眼，抽噎着轻轻拿起它，放在嘴边，吹起了一曲《天涯之伤》。

夜风卷，清幽长，月下孤影独彷徨。

天渐明，心未亮，萎缩身躯古树旁。

拾枯叶，轻感伤，年少之心百千疮。

俯首思，已逝光，几度红颜刻心房。

起身去，丢逝伤，奈何难忘雪那场。

痴情夜，雪飘扬，苍天怎忍划阴阳。

幽冥界，吾新娘，已分几载可念郎。

止思绪，捋念想，已过云烟随风扬。

轻思量，梦一场，此情今生已凄凉！

苍天亦有情，怎知我伤悲？

我在夜色里逐渐迷离，泪水尽落……

这些年，我的记忆早已模糊了你的脸。

我的人生短暂，华美，转瞬即逝，在阳光来临的前一刻消失。

一句话，我告别了繁华的人生、青春、亲情、爱情的永久！

这些年，在我的回忆里，被雕刻成了永远，永远……

我点燃一支烟，奠祭着一次次失望的哭泣。

我是不是真的在这残屋里，就此湮灭？？？

催泪断魂的残笛，会不会一直演绎着我默然的命运？？？

欲相守，难相忘，人各天涯愁断肠。
爱易逝，恨亦长，灯火阑珊夜已凉。
行千山，涉万水，相思路上泪两行。
春花开，秋叶落，繁华过后留残香。
望长空，叹月明，形单影只心惆怅。
酒意浓，心亦醉，罗衫轻袖舞飞扬。
念伊人，思秋水，咫尺天涯媲鸳鸯。
前世情，今生债，红尘轮回梦一场！

忽然，一阵风袭来，伴着我的泪水飞落。

此刻，群山永寂，江河断流，连那落满繁花的枝头，也纷纷凋落。

我抬头，望着明月，它照亮了我逝去的容颜，却再也照不亮我的明天！

泪染寒月，凝聚成霜。

燃尽的香烟，灼伤了我的手，更伤了那颗冰冷的心。

一个人等待月落晨起，一个人的朝朝暮暮，一个人的韶华倾负。

谁，折了我的青春梦？谁，负了我的誓言梦？谁，葬了我的红尘梦？

春游离，人已去，月下桃花落英绝。
奏残笛，霜伴雪，山中菊花人影缺。
泪染月，婉如雪，红尘之画映缘劫。

凄凉夜，灯摇夜，若雪若蝶诉离别。
古风尘，伴明月，烟雨落尽一曲绝。
千尘劫，今时月，容颜已改已终结。
渺苍穹，淡离别，此生永绝染风雪。
心孤寂，已暗晦，我欲孤身伴四季。

天涯之伤，一曲奏尽。

天，终于明了，可是，我的心还未明。
寒月留住了我的岁月，这一曲天涯之伤，早已更迭。
心儿伴着风摇曳，我的一生，是不是永远成为一个回忆？
薄凉的红尘，为我设下了千古的劫，圈住了我的风月。
这一切，都被迷离的岁月掩埋。
空留遗憾已成回首，繁华尽时，无常的一切终须掠过？

当爱成无奈，当续缘成期待。我是不是该擦干眼泪，再看春去春来春不败？

自从这篇文字——我称之为"日志"——发表后，得到很多陌生网友转载，也引来了好多网友加我。

那时不是智能手机，在上面写日志也不方便，我就用笔写下来，再在手机上打字发表。随着我不断地更新日志，慢慢地我的空间人气开始增多了，网友也增多了。而我大部分都是半夜里写，主要是因为腿痛的原因，反正睡不着就一边用手机放歌一边写文字。这一写，就写出了很多文章，家里能写的本子都被我写完了，还叫妈妈特意给我买了一些，直到现在我都还保存着两本完好的笔记本。

　　刚开始学习写作的时候，我除了睡觉基本都是在写。睡着写、坐着写、连煮饭炒菜都在写。有一次，我写短篇小说时，一边坐在桌边写，一边炒着菜，结果菜都炒糊了。很多时候，在我写那些凄美又伤感的文章时，我自己也会随着文字的伤感而落下眼泪，直到写完了，从文字中离开了，都还要过了一会儿心情才会好起来。当我把它们发表在空间时，也让好多网友流下了泪水。她们还常常发消息给我说，你是怎么写的啊？害得我哭得太伤心了，做事都没有心情了。确实，我的好多文字，看着看着就不知不觉的流眼泪了。别说网友，就是我自己也一样。

　　不过，现在的我，很不容易被文字左右心情了。或许是我写这样的文字写得久了，早已习惯？又或是太多的苦难，麻木了我的心情。

　　有天深夜，我看电视直到没有电台了，又开始听歌。当时我正在听谢军的《相思》，多年前心中的创伤，我该向谁去讲，你现在过得怎样？找你应该向哪方？……我听着听着想起了过去。于是我就提笔写下了我的第一首歌词《红颜青纱》，我还取了个笔名伤感的花怨秋，发表在我的空间里。

红颜青纱

作词：花怨秋

在你回眸间，我从此丢失了永远
在你转身后，泪水落满整个冬天
明月照亮你逝去的容颜
却再也照不亮我的明天

你的劫数，注定是我的韶华倾负
你的落幕，葬了七世，负了三生
一曲岁月如歌，一笑泪流成河
伤口可以愈合，回忆如何定格

铜镜妆，玉簪花
一抹朱颜为谁画，两点青纱
凤凰冠，珠帘下
一袭红袖为谁嫁，共此天涯

纵有红颜千千万万，我只想看你一眼
一生戎马血染芳华，是为天下还是她
终于为那红颜青纱，我散尽三世繁华
一场烟花，终究要凋零在这乱世之下

　　写完后我反反复复地看着，修改着，直到满意为止。之后我
又发到网上，看到好多人都很喜欢这首《红颜青纱》，我就开始
对歌词感兴趣了。而那时的我对已经远去的爱逐渐忘记，或许是
因为时间的关系，冲淡了曾经的那份天真与痴情。但是借着自己
亲身的经历，用文字记录下了，一篇篇凄美而又感人的文章和一
首首美丽动人的歌词。
　　就在我开始学习尝试去写各种类型的歌词时，有一天夜里十
一点左右，我写累了没有灵感了，就开始玩手机。我偶然发现手
机里有收音机，我就打开听起来。记得当时是听的泸州新闻频道
的一个情感节目，说出自己的心声，听别人的故事。这个节目原
本是一个女主持人叫丫丫主持的，后来换成了男的，他叫豁然。
那晚正好是豁然第一次代替丫丫主持，后来改成了豁然有约。我

坚墙
JIANQIANG

正好听到，而且这个节目还可以把自己开心的或不开心的事情，编辑成短信息发给主持人一起分享，也可以直接拨打电话跟他互动，我感觉挺好的，于是就开始每晚都准时收听，一连听了好几个晚上，我也发过信息，但不是说自己，是说听到别人坎坷的故事，我发信息去鼓励别人。直到一个星期六晚上，一个叫做海生的歌手做客豁然有约，说到时他会挑一些让他感动的短信，把他亲笔签名的 CD 送给发短信的人。我听到他在节目讲述了他的人生经历后，觉得他在追求音乐的路上让我很佩服，于是我也就发了一条短信去节目里。短信中我写道："海生大哥你好！我听了你的故事很感动，我也喜欢唱歌，但是唱得不怎样。可我真的很想去追求音乐，学习音乐，可是，我怕我今生是无法完成了。"没想到我这条信息第一时间就被海生看到，他在节目里对我说："这位朋友你好！刚刚看到你的信息挺难过的，我猜你应该是得了什么可怕的病或是遇到什么绝境了才会这样说，但是我可以告诉你，我相信人有来世，今生没有完成的来世一定可以。加油吧！我的朋友！希望我送你的 CD 能给你带来好运！"……

节目完了，我正准备睡觉时，手机铃声响了。我接起来："你好！请问你找谁？"电话那头传来："你好！我是豁然，你是 134 豁然有约 0914 的机主吗？""是的。"我客气的答道。"哦！你好！刚刚你的短信被挑中了，你明天到我们广播大厦来领取。""嗯。我不能来，麻烦你可以给我寄来吗？因为我是自贡的听众，加上我已经失去了走路的功能，无法来到你们那里。"豁然一惊："你怎么了？可以跟我说说吗？"我说："可以。"然后我就把我的情况说给豁然听了。他听了之后对我说："这样吧！今晚太晚了，明晚你准备一下，我打电话邀请你到节目中来说，希望我们泸州的听众听到后可以帮帮你。"我激动地说："谢谢您！谢谢豁然！""不用谢！你身体不好，早点休息吧！"豁然说。我说："嗯嗯。"

— 266 —

之后就把电话挂了。那个晚上，我一直都没有睡觉，想到明晚要上节目，心里特别紧张。

　　第二天晚上 22：30 左右，豁然就提前打电话来通知我做好准备。到了 23：00 点，豁然有约节目开始了，那个熟悉的声音在节目中说道："我亲爱的朋友们，晚上好！欢迎准时收听豁然有约！今晚，我特别邀请了一位朋友来我们节目里，他叫'飞儿'，是自贡的朋友，现在就让我们一起来听听他的声音和他与世隔绝的故事吧！"一会儿，豁然就通过电台的电话拨通了我的号码，让我进入了节目里。通过几十分钟的诉说与交流，我得到很多听众的关心和祝福。由于时间关系节目要结束了，而我还没有说完我的故事，豁然对我说明天晚上让我继续上节目，今晚就到这里。第二天晚上我又上了节目，到了节目最后，豁然让我公布了自己的电话号码和 QQ 号码，并对我说："如果有人想帮助你，才方便他们与你直接联系。昨晚都有好多人发信息到平台，问我要你的联系方式呢。我都给他们了，可能昨晚都有人和你联系了吧？"我说："是的。昨晚节目刚刚完，我就收到好多短信了，还接到两个听众的电话呢。""嗯嗯。希望通过这次节目能给你带来一些快乐！至于能否得到帮助，你都要坚强的活下去，你只要记住，活着总会有希望！"豁然认真的对我说。我说："知道了！谢谢你的帮助！""不用谢！加油！"豁然说完就挂上了电话。之后豁然还帮助我在泸州论坛上发了一个求助帖子，虽然没有引起什么反应和关注，但是我还是要谢谢他，至少他曾经真心的想要帮助我。

九

电台邂逅红颜

第一晚上节目刚刚结束，我的手机就收到了很多短信，全部是鼓励我、让我坚持活下去的信息。同时还接到了一个女孩子的电话，她说她离我不远，也是自贡富顺的人，就在代寺，等空了就来看望我。刚刚挂掉电话，手机铃声又响起来了，我一看是泸州的电话号码，我连忙接起来。那边传来一个女的很好听且又很温柔的声音："喂！你是广播里的飞儿吗？我是刚刚在听广播时听到你讲的故事，就给你打电话来了。"我回答说："嗯。是的。我就是飞儿，名叫唐刚。"她惊喜道："哎呀！终于打通了，我都打了好多遍电话了，一直都说在忙。如果你再不接电话的话，我都准备不打了，睡觉了呢。""呵呵。我刚刚在接一个听众的电话，和你一样，也是在广播里听到我的。""哦哦。我都还是跟黔然要的你的电话号码，不然都不知道呢。"然后我们就一直聊天，她问我现在身体怎么样？鼓励我安慰我等话语，我们足足聊了一个多小时才相互道声晚安睡觉了。

从那以后，我就天天都会收到她的短信，而且每隔几天她就会打一次电话给我。我们也很投缘一样，每次通话都会感觉时间不够，还有好多好多的话都还没有说呢就又要挂电话了。有一天晚上她在电话里，她问我："飞儿，我想问你一个问题。我在你想象中是什么样的啊？"我很认真的说："我吧！感觉你应该是一个长发的女孩，从声音上判断你很温柔、漂亮、善良。"她笑着回道："哈哈。我在你心里那么好啊！其实，我不漂亮，一般般而已，我自认为我还是出得厅堂下得厨房的人。"我也笑着说："那我还是猜得八九不离十咯。"她说："你真聪明。"那晚，我们一直都开心地聊着，直到她想睡觉了才不舍地挂了电话。

从第一次听到她的声音开始，我就对她产生了好感，后来经过接触后，我还逐渐地喜欢上了她。只是，那时的我，一直把对她的爱藏在心底，从来没有说出来过。在她知道了我的生日后，她就打电话对我说："飞儿，你生日那天，我看看能否来陪你一起过？"我听了很高兴的回答道："好啊！想到这些年来，都没有一个人陪我过过生日呢。"她说："我不一定就是你生日那天来？或许是提前来。总之，到时候再说。"我说："行。只要你来，我都高兴呢。""呵呵。好。我一定来。"她笑着说。

我清楚的记得，我生日那天，2011 年 6 月初，也就是农历四月二十七日。那天早上，我和往常一样，起床后在院子门口的破旧椅子上坐着，望着远方的远方发呆。突然，一阵手机铃声响起来了，打断了我的思绪。我掏出手机一看，是邓菲打来的，赶忙接起来。电话那头传来我熟悉的声音，她说："飞儿，我今天就来你家，你开心吗？""真的吗？你来我当然开心啦！"我还怀疑地问道。她笑着答道："当然是真的，我不会骗你的。我现在正在去广播大厦，到豁然那里帮你拿海生的唱片，拿到后我就去沱一桥坐车。对了，你想要吃什么啊？跟我说，我好给你买。"我高兴道："我都不知道我想吃什么？随便你买吧！总之不要买糖就行。""哦。这样啊！那我看看买什么好，等下再给你打电话哈。""好的。"

大概在十点过，她又打电话来了，她说她已经到了，正在安溪镇上逛着呢，她问我怎么来我家？我告诉她过了河就叫一辆摩托车，告诉司机到唐刚家就可以了。因为，那些摩托车司机都知道我住哪儿。她知道了后，就把挂了电话。而我，就高兴地坐在院子门口，静静地等着她的到来。

都说等待的时间过得很慢，我在院子门口望了一遍又一遍，她都还没有到来。一直望到快中午了，我才听到马路上传来摩托车的声音，急忙随声望去，看到熟悉的摩托车司机韩六表叔，他载着一个长发披肩的女孩渐渐近了，在我家门口的马路上停了下来。我知道就是她"邓小林"，来陪我过生日的邓小林。我看着她从车上下来，抬头望了一下坐在院子门口的我笑着说："飞儿，我来了，你等久了吧！"我很开心地回道："嗯嗯，你就从那里的小路上来。"她点点头："嗯嗯。"然后我看到韩六表叔也在给她指路，她对着载她来的韩六表叔道了一声谢谢就上来了。

我看到她提着两包东西，略显笨拙，从马路上蹒跚地向我家里走来。当她走进院子时，我才看清楚了她，一头清秀的长发在夏风中飘扬，椭圆的脸庞红彤彤的，带着温婉的笑容，弯弯的眉毛下面有着一双水汪汪的大眼睛，高高的鼻梁，还有着一张倾城一笑的嘴巴，显得乖巧玲珑。白色的肌肤，好似豆腐，一掐就要出水一样。不高不矮的个子，苗条的身材，穿着迷你短裙，在阳光的照耀下，更显得十分迷人。当她来到我的面前时，一股淡而又香的香水味扑面而来，让我至今难忘。其实，自从她出现以前，我几乎每个夜晚都在想，想象着她的样子。她，应该是个心地善良有爱心、善解人意的女孩吧！直到这时我才见到她本人。她叫邓小林，又叫邓菲，龙年出生，比我小七岁，更令我感到奇怪的是，她和我的梦中情人一样，当时我没有告诉她。她也是在我生病后，第一个从远方来看望我、安慰我、鼓励我、帮助和关心我的朋友。

我起身领着她来到厨房里，让她把东西放在厨房的案板上。她放好后又急忙来搀扶着我，关心的说："飞儿你慢点，别摔着了。"她小心翼翼地扶着我在桌子旁边坐下来。我说："热着了吧！也累了吧！快舀点水洗一下脸。"她很客气地说："好的。你不用管我，我自己知道。"等她洗好脸后，我让她帮忙摆碗筷，同时我就打电话给钟永珍舅婆，让她一起来吃饭。早上我就给舅婆打过电话，说有个女孩要来看我。因为她旅途较远，晚上会在我家住一夜才回去。所以我才特意让舅婆中午过来吃饭，晚上好陪着她睡觉，顺便帮我铺一下床。

正在这时，商店的干妈提着猪头肉来了，跟她一起来的是干妈的三娘，还有舅婆也到了。凉菜是我知道邓小林要来，特意打电话给刘从明幺舅公给我切的，让干妈送过来。邓小林见了说："你又买了凉菜啊！我在安溪也买了的，等下怎么吃得完哦！"我笑着说："没事，等下多吃点菜，少吃点饭。呵呵。"我正要给钱时，邓小林急忙掏出钱包把钱给了干妈。我说："这个怎么好意思啊！还让你给钱。"她说："没事的。这又没得啥子得，你都恼火。"我说："昨天妈妈回来过，刚给我 20 元钱呢。"干妈问道："昨天你妈妈卖杉树嘛，才给你20 元啊？"我答复道："是啊！这20 元是让我过生日买肉吃的钱。"干妈说："20 元哪够哦。""对我来说，够了。10 元肉钱，10 元烟钱。呵呵。"我笑着回答道。在我们说话的同时，邓小林拿出西瓜在菜板上切开，分成好多块，分别给了干妈、舅婆、还有干妈的三娘。当然，邓小林给了我一块大的。我一边啃着西瓜一边对干妈她们说，让她们就在家里吃饭。干妈说她店里忙，就没有吃饭，和她三娘一起啃着西瓜走了。

吃完西瓜我们就开始吃饭，因为凉菜太多了没有吃完，我还让舅婆拿了一些回家去吃，并让舅婆晚上早点过来。吃完饭后舅婆和邓小林帮着收拾洗碗筷，洗完后邓小林还帮我扫地，舅婆还夸她呢。扫完地后邓小林就拿出给我买的收音机来听，这时舅婆就走了。留下我和邓小林在屋里听，听了一会儿，我们就来到院子门口聊天。不知不觉就快到晚饭时间了，我打电话给舅婆，舅婆说她外甥女来了，晚上可能不过来了。邓小林听了说："没事的，我不害怕。"然后她就起身来到厨房做饭菜，我们吃完她又帮着我洗碗。

因为天气有点热，等一切做完后我们又到院子门口乘凉坐着聊天，她告诉我说"邓小林"这个名字是她爸妈取的，同学们都说她的名字像个男的。后来她就自己给自己取了一个名字，叫邓菲。她问道："飞儿，你说邓菲这个名字好听吗？"我说道："嗯嗯。好听啊！邓小林也一样好听！"她笑着说："才不好听呢。你以后也叫我邓菲吧！这个好听。"我说："嗯嗯。好的，那我以后就叫你邓菲。"

天色渐渐暗了下来，阵阵凉风袭来，带给我们一丝丝凉爽。这时的蚊子也多起来了，邓菲由于穿的是短裙，所以被蚊子咬惨了。她苦着脸对我说道："飞儿，你家蚊子好凶，专门咬我！怎么不咬你啊！"我笑着地说："呵呵。可能是你肉多，所以才专门咬你吧！"她也"呵呵"地笑了……这时我认真地跟她说："我睡的屋子里那个柜子上有一瓶花露水，你去拿出来擦一下蚊子就不会咬你了。"邓小林说："没事的，等它咬。"我见她不去拿，就起身准备去帮她拿。她见状忙说："好、好、好，你还是坐着吧！我自己去拿。"等她拿来花露水，就在我旁边一点点涂在她的腿上，一边擦一边说："这个还真管用，一点都不痒了。你呢？要不要也擦一下。"我说："我不用擦。"这时，天已经黑尽了，她就扶着我进屋看电视去了。

来到屋里，我就躺在了床上。她就端来一根小板凳坐在我的床边，陪着我边看电视边说话，一直聊到晚上十一点，我们又一起听豁然有约，听完节目才各自睡觉了。那晚，她在妈妈曾经睡的房间睡的，还是舅婆中午过来时现铺的床。而我，心里非常高兴，忘记了疼痛睡得很好，这也是我病了后睡得最好的一夜。

第二天早上，邓菲起床帮我做了早餐，一起吃过后她就要回泸州了，临走时给我200元钱，让我买点好吃的来吃。我接过钱，有点不舍目送着她离开。当她快要走出院子门口时，回眸一笑时，我竟然忍不住哭了，我已经很久没有哭过了，这次是感动的哭了。她看到我哭了也流出了眼泪，挥着手对我说："飞儿，别哭，我还会来看你的，你在家里做事要慢点，要好好的，我下次来要看到好好的你，知道吗？"我点点头："嗯嗯。"她坐上摩托车走了，那天使般美丽的身影渐渐消失在我的眼帘。

我坐在院子门口，擦着脸上的泪痕，开始了等待着她下一次的到来。

就在她离开的那晚，我写下了一篇：

铭记岁月，你给我那一抹淡淡的温暖

岁月的翅膀划过蓝色的流年，时光穿梭在命运的轮转中：写下一首名叫《温暖》的歌。

我拈起笔墨，在华白的纸上刻下落满青春的篇章。

梅花初谢，桃花又盛。片片芳香的花瓣，点落了彼此的天涯。

和煦的春风吹动青枝，枝头绽放的新绿映衬着春天的繁华。阳光轻洒，落下一地的温暖。

在错落的年华里，有一根丝线在无形的牵引，牵动着你我在青春的岁月里邂逅。

在风雨倾泻的时光里，是谁在你身边，为你撑起雨伞，遮挡迎面而来刺骨的冰冷。

在冰雪染遍整个冬天的时候，是谁守在你的身旁，为你弹落肩膀上那残留的雪花，为你披上温暖的风衣。

在悲伤洒满心头的时刻，是谁可以放下一切聆听你内心最深沉的呐喊，给你温暖，为你驱散心中的缕缕阴霾。

在幸福围绕你身边时，又是谁在背后，默默地注视着你快乐的模样，然后为你深深的祝福。

她（他）或许是太阳，为你洒落一生不败的阳光。当你感到寒冷时，为你缔造淡淡的温暖。

她（他）或许是清风，会为你抚平眉间紧皱的轻纹。在你疲倦时，为你洒下淡淡的安宁。

你说手中的笔墨，为谁描绘幸福的画。

穿梭在回忆的街上，抱着过往的一切，啜泣在这凌乱的夜。

是否可以找到曾经共同的年月。那早已淡忘了的离别，再也不是错觉。

悲伤习惯于停留在我们的脑海，然后逐渐地蔓延，弥漫着生活中的一切。无力的挣扎在悲伤的大海中，任命运主宰我们的一切。然后刻下岁月的伤痕，华美而痛彻。

那些禁锢的枷锁，锁住了我们，却再也逃不脱。只是因为有了钥匙的开启，一切都将消散。而那把钥匙，便是你给我的那一抹淡淡的温暖。

你无悔地执起笔，为谁轻绘幸福的画。转身后，却是海角天涯。

你说盛开的桃花，为谁点落了天涯。

彩色的霓虹映照着深夜的华美，婉转的歌声点缀着城市的繁华。

在迷幻的夜里，有多少人邂逅在这青春的失落中，寻找彼此间那一抹淡淡的温暖。

当霓虹不再闪烁，启明星的尾巴划过晨曦的波纹，我们如何执手度过这不眠的夜。

是言语间轻轻地抚慰，还是彼此给予的温暖呢？

在这不眠的夜晚，彼此陪伴，温暖着多少人的心坎。我们都是夜空守望者，只为那荧屏上的点点繁星。和彼此给予的那一抹淡淡的温暖。

一句念安，淡去了多少人内心的杂乱。我想在这离索的岁月里，又有谁不想抛却一切，去感受这一抹淡淡的温暖？

是谁在彻夜无眠中，聆听你的倾诉，然后隔着荧屏，隔着海角天涯，对你道声晚安！

又是谁月落晨起时，告诉你前程再远，会有我陪伴。然后在无声的温暖中，走向明天。

岁月的篇章，承载着我所有的过往，也点缀着你给过的那一抹淡淡的温暖。

你是我生命中最美的插曲，也是身后那不落的夕阳，安然的笑着，细数对你的思念。

之后的日子里，我和邓菲守在天涯的两端，一起听收音机，在收音机里相互点歌送给对方。虽然各自一方，却有着心有灵犀的感觉。天天短信不断，几天又通一次电话。

在结识邓菲的同时，我经过电台的主持人，我又认识了很多听友，接二连三地来我家看我。记得邓菲走后，一个大学生叫李首阳，人很结实，戴着一副眼镜，看起来很有文化一样。他带着其他不能来的听友的东西来看我。李首阳来时，他在安溪餐馆把菜炒好了带来的，还给我买了他们泸州的小黄粑。吃完饭后，他又冒着烈日去找我们的村干部，虽然没有起到作用，但是他的那种热心帮助我的心情让我很感动。他从村里回来后，和我聊了一会儿就回泸州了。

过了没多久，一个叫李强的听友也来了，他是一个高度近视眼的人，和我一样大，人长得帅气，说话常常带着微笑，平易近人活力十足。对我非常很好，后来我写的歌词就是通过他的帮助，才制作成上传到网络的，直到现在我有什么困难他都会帮助我。记得他来时，给我买了西瓜，还买了一条鱼来，走的时候又给我100元钱，同样对我说他还会来看我的，要我好好保重身体。

在这期间，我没有话费了，泸州的朋友们都会帮我充，而邓菲是给我充话费最多的人。有天我的手机坏了，我让刘从明么舅公的儿子三表叔拿去镇上修，但是修不起，三表叔为了方便我与外界联系，就让修手机的老板暂时给我一个能通话的诺基亚手机给我用着。邓菲知道后，让我把手机寄到泸州，她拿去帮我修。由于当时邮电局不寄手机，正好泸州又有几个高中生来看我，我就让他们带给了邓菲。那几个高中生，来看我时，也买了好多东西给我，走时还拿走了我的笔记本，说要看看我写的文字，好好学习我的写作。

一晃到了7月31日，邓菲又来了。她打电话给我说还有来过的李强，没有来过的忆儿和一个叫黄彬的一起来。我听了很高兴，可是那天涨洪水封渡，安溪不能过河。他们就坐车到赵化，从赵化过河，再从万寿镇包车到我家的。他们到了后，邓菲首先拿出两个新手机，告诉我说："飞儿，你那个手机修不好了，我给你买了一个新的，我也买了一个，你自己选一个自己喜欢的吧！"我说："多不好意思啊！""让你选就选撒！"李强笑着说道。邓菲也说："没事的，你看上那个就要那个呗！"我就带着高兴地心情选了一个三星的翻盖手机。

待我选好后，他们就开始做饭，李强杀鱼，黄彬帮我挑水，忆儿切葱，邓菲一边烧火一边炒菜，我则坐着和他们聊天，好不热闹。大约过了半个小时，他们就把饭菜做好了。吃完饭，邓菲说她很累，要去睡一下，然后就到我的床上睡觉去了。李强他们和我聊了一会儿天后，他和忆儿就准备要回泸州去了。走的时候，李强又给我100元钱。他们两个走后，我就和黄彬聊天，直到下午五点，邓菲才起来和黄彬一起做饭。晚饭过后，黄彬又给我80元钱，然后我们又一起看电视聊天，直到瞌睡来了，邓菲才去妈妈房间睡觉了，黄彬就和我一起睡的。

那晚，我都没有怎么睡着，一直拿着邓菲给我买的新手机玩。也时不时的发QQ消息给邓菲，让她多耍一天再走。她回我说："飞儿，我也想多陪你一下，但是家里有事必须回去，等下次吧！下次一定多陪你几天，好吗？"我极不情愿的回到："嗯嗯。那你要说话算数哦！"她又回到："嗯。一定算数的，飞儿乖哈。早点睡觉，晚安！"我看到后，心里乐滋滋地回到："嗯。晚安！"第二天一早，他们吃过早餐也离开了。

这次邓菲走后，我越是想她，邓菲即邓小林，她的身影就印在了我的脑海里。想着她对我的好，对我的关心与疼爱，我就恨不得时时刻刻都知道她在干什么。所以我们每天的信息也越来越多，每次打电话的时间也越来越长。而且，我们的关系非同一般，从一开始我们的信息，完全就是一对热恋中的男女朋友发的。可是实际上我们又不是男女朋友关系，但又超越了最好的朋友关系。我知道我早已爱上了她，我想，她也知道我爱她吧！只是，我知道我自己的情况，一直都不敢跟她说出我爱她的话。

那时的我，唯一能做的就是把她放在我内心最深处，默默地关心着她，守候着她。直到我得到媒体关注后，我才鼓起勇气跟她说出了我爱她的话。因为我想到爱一个人，是没有对错的。所以，我才鼓起勇气跟她说了。当时的她，没有答应，也没有拒绝。她只是跟我说，她现在还不想谈这些，让我们顺其自然吧！其实，也是因为她，才让我一直坚持到了现在。最主要的是，因为我对她的爱和她默许对我的爱，我终于体会到了爱的力量有多大！为此我还为她写了一首歌词和文章。歌词是《等缘》：

等　缘

作词：花怨秋

当我看到你的第一眼
就偷偷把你放在心里面
和你畅谈的那个夜晚
我会用一辈子轻轻怀念

向上天许了一个心愿
就是为了想再见你一面
看月光倾洒繁华一片
你残留的香还没有飘远

我还在等你的出现
期待再次与你见面
夜色覆盖我的双眼
我愿等你一甲子流年

我还在痴情的边缘
回味你一笑的瞬间

再次让我泪流满面
每一个思念你的夜晚

在你转身挥手的瞬间
泪水轻轻亲吻过我的脸
笑靥划过温暖的心弦
留下我对你深深的思念

我还在等你的出现
期待再次与你见面
夜色覆盖我的双眼
我愿等你一甲子流年

我还在痴情的边缘
回味你一笑的瞬间
再次让我泪流满面
每一个思念你的夜晚

我还写了篇文章《时光已老，我还在为你等候》，挂在我的 QQ 空间中。文中字字痴情，这篇文章感动了很多人，但不知道有没有感动我爱的她"邓小林"。

时光已老，我还在为你等候

年历，一页一页，是岁月无情走过。不曾为惊艳的人，有所停留，也不曾为眷恋的人，求得半分缓慢。静静流淌，不管风雨飘摇，朝代更迭。更不管江山如何，云深秀美。它只是，安静地翻开一页又一页。这世间万象，烟雨归了何处。繁华的背后，全部是落眼的苍茫。纵然长歌细唱，可失魂落魄的人儿，可曾有安宁的天涯。

——题记

　　那年的夏天，花开成了海。多年残屋下的清冷，寂寞伴我长生。本已落寞的我，却在那一刻，被你牵动了我的整个天下。因为，听你说要来陪我过生日。我的泪水就像绽放的花朵，在我内心最深处涌出。但是它，却带着幸福，感动，更带着希望流出。

　　而你的出现，让我辗转海角，仿佛找到了你静坐的天涯。我一直沉沦梦境，竟然成了神话。天使般的你，就是我今生守候的天下。此生，若情深不寿我愿折去年华，在我声声弥留之际，你能否带我一起浪迹天涯。我落笔成书，写不尽你温柔的优雅。我画尽山水，画不了对你思念的落差。长歌尽头我绽放了烟花，请在我转身后，怀拥我的天下。

　　我每天为你写下的诗句，却不知韵该怎么押？思念军临城下，牵挂咫尺天涯，写下的柔情瞬间融化。我拔剑斩断了红尘的车茶，千夜的恋歌，只为你一人而唱。我执笛，轻轻吹响。伴着落霞的绝美，伴着炊烟的悠长。一曲悠扬，念你声声断肠！这些年里，虽然时光早已从鬓角飞过。但我对你的情，从没有放下。小村的残屋，虽然还有你遗留的香水味，却也不及你片刻的温柔。而今生，我要的，是你给不了的天长地久。可是，你要的，你从不曾开口。如果，你要我生，我便陪你秋水落霞，一起等候。如果，你要我死，只需一杯毒酒，我为你含笑入口。

　　风，吹落了一季一季的花朵，总有人躲在花朵身后，拾取落

花的香味。只是拾取了落瓣，却拾不起青春里走失的光阴。一年，两年，我始终无法从时间的间隙里，等到你的影子。也许，你在梦里来过，只是不想看见我失魂落魄的样子。

天空的飞鸟无声地飞过，落日里，总有那么一点苍凉的痕迹。树枝打碎了斜斜的阳光，时间从墙角一点一点走过。我拼命想要抓住什么，入手的，却是傍晚潮湿的露水。我听见花朵开在了夕阳的最后一抹余晖里，无声无息。入夜了，安静的枝叶悄悄陪伴。

清晨的时光，总是搅动了沉睡的清梦。微微的凉风，路过了我的窗口，卷起了落地的布帘，似乎在一声声唤醒贪睡的我。我起身，拿起拐杖走到院坝的边缘。这一天，风和日丽，我看见万里无云的天空，一片明媚的晴朗。我看见门前的马路，总有人匆匆走过，是真的有着急需处理的事情，还是生活本该如此。

我总是梦想着，我有站起来的那天。第一个想见的，就是你。那个梦中的你，那个从远方赶来，陪我过生日的你。期待与你走在悠长的街道上，陪你逛街，臆想古时的长街，那时的长街，也该有这般热闹。

我经常痴痴地望着远方发呆，看着天空的飞鸟，仿佛我还能活在这世上，就是为了你，所以上天才没有让我早去奈何桥。只是，我不知道的是，以后面的日子里，我是否会真的等到你？被我真情感动的你？思念多了，忧伤就会不由自主地从心田溢出。我知道，一个美丽的等待，要历经多少年的沧桑和遥望，不知是不是你我前世的缘？今生才让我病了后相遇。才恩赐给了我今生只疼爱你的机会。

喜欢一个人静静地想你，回忆和你相处的短暂时光，心里涌现出对你无尽的爱和疼惜。这份爱却从不需要回报，我愿将我的一切，幸福地扎根在你的心底。不愿去顾及别人的目光，因为他们无法理解，这份爱到底有多美有多深，曾经的孤单是为了能够等到你，现在的孤单是为了刻骨地思念你。

或许，第二天，当你醒来的时候，这个世界，已换了模样。而我，可能也不再醒来。或许，今生，我本就是为了寻你而来，为你终生守候，除了你，什么对我都不再重要。

虽然我不知道我与邓菲最后的结局会如何？是一起牵手走过下半生？还是我今后的知己红颜？但是，无论如何，我会都保存好这份缘，放在心里珍惜一辈子。

自从我通过广播电台，认识了很多朋友，他们的关心，让我感受到了病倒后从来没有过的温暖，并让我深深的记住了他们。在我无助和痛苦时，是他们温暖着我，鼓励着我，让我无论什么时候，都要坚持下去。让我忘记痛苦，让过去过去，让未来过来。所以为了把过去的放弃，我又写下了一篇《我用眼泪祭别，烟花已散的年月》：

我用眼泪祭别，烟花已散的年月

冬天的夜晚，分外寒冷与凄凉。华灯初上，抬头望向窗外，窗外是枯黄的梧桐树，树上挂着残碎的叶和未化尽的雪。

看灯光透过窗映在积雪上，支离出一点微弱的光彩；那点光彩逐渐迷离着，刺进我的眼瞳，一抹心酸的疼痛，那一刻谁能看穿我内心的彷徨？

花飞雪舞满天的影，未落的梧桐叶上堆满了薄薄的积雪；风化的枯枝，承载不了这些许重量发出沉碎的声响。

我拈起一点积雪，呵在唇间和脸上；用温暖的脸庞触碰这冰雪的寒冷，莫名地伴着泪水尽情洒落，陷入了沉思……

随着风雪地呼啸，把我带到了从前你在我身边的时候；那时我们手牵手，漫步在初雪飘落的时候。

也就在那个雪飞花的日子，你深情地对我说。今后的岁月里，千秋万世，我都依然陪在你身边和你去看那千秋雪。

我完全沉浸在那美好的时光里……不知何时，这冰冷的雪刺痛了我的眼眸；让我回过神来，而泪水倾洒。也不知道是泪融化了雪还是雪变成了泪。

如今你在那里，为什么忘记了那场雪飞花；扔掉了我独自飞了，然而让我为你断肠的思念，寂寞的心儿却如此的孤单。

悲伤的情绪萦绕在我心头，久久不散。点缀着我本已苍凉的心。

我对自己说伤悲不会是我生命的主题。可谁又知道，我在这冰冷的年月，多忧伤的夜里，最想念的还是你温柔的体贴。

一个人默默地细数着那些逝去的回忆，苦苦的寻找离去的你，刻在心里的一点一滴；你的笑容与身影，忘不了，也散不掉。那些回忆里的画面，全都藏在我支离破碎的心间。

曾经的你和我一起，倾其一生缔造了一个幸福的天堂。可是当幸福迷漫的时候，我却在我的天空里，失去了你的容颜。我的泪水为你落满了整个冬天。

　　我把自己的世界关闭，一个人哭泣，唱着所有的歌曲。

　　不知道多少次未眠在无人的夜里，我伴着寂静的夜，让冰冷的血液凝结。蜷缩，倔强地睁着双眼。不肯睡去，不肯入梦，不愿再一次触碰那道华美的伤痕。奠祭着一次次的哭泣！我的世界，只剩下无尽的哭泣和一个悲伤的自己。

　　过往的一切早已深陷，我把回忆葬在流转的指间，随风散去。我知道零落的碎片，拼凑不回幸福的昨天。

　　我在回忆的沉浸中流连辗转，可曾知道，身边的风景同样温暖而绚烂。我把离去的流年刻在走过的路边，斑驳了，又何必苦苦执念？

　　前方的不远，就是我最美的明天。

　　一场烟花盛放，终归消散。一幅红尘画卷，终归收敛。

　　我拾起折断的笔，沾着墨水，尽情地书写即将来临的春天。

　　我用眼泪深深祭别，已逝去的昨天。我用文字，刻画出一丝淡淡的温暖。

我微笑着，等待明天！

在这期间，泸州的肖舒涵和他的男朋友一起来看过我，也给我买了好多吃的。还有离我不远的一个妹子叫刘莎，她专程来帮我理发，我坐在门口吹笛子的那张照片就是她帮我理完发后拍的。她理的发很好看，手艺确实不错呢！我们也是在收音机里认识的。之前我要理发，都是在赶场时候，在商店那里摆摊的一个理发师来给我理的，毕竟是乡村的老理发师，眼睛不好，每次理得很难看。但是对于我来说，是没有什么关系的。因为我都无法出门，所以理得好与不好都没关系。

转眼又要快过年了，妹妹说今年要回家陪我过年。在她回来之前，还打电话给我问我："哥哥，你想要什么？我回来给你买。"我说："我什么都不想要，只想要一个智能手机，方便我写作和上网。"妹妹说："好的。那我帮你买一个带回来。"我高兴地回答："嗯嗯。那我过年就等着你给我买手机回来哦！"我之所以高兴是因为智能手机功能很多，写日志和文章可以直接在手机上写，也可以用智能手机录制歌曲，对我来说太方便了。在妹妹还没有回来之前，我想到什么都是用笔写在笔记本上。

到了腊月二十八晚上，妹妹带着她的同事李思师回来了。还真的给我买了一个联想的智能手机，我可开心啦！那晚等妹妹睡觉了后我就慢慢摸索着玩手机，直到所有的功能都熟悉了才睡觉。第二天早上，我跟我妹妹说这个智能手机真好用。妹妹说："那当然啦！毕竟是智能手机嘛！"妹妹和她的同事在家陪我一个多星期后就又回云南打工去了。家里又只有我一个人孤零零的，不过我已经习惯了。我依旧写着自己喜爱的文字和歌词，还幻想着如果可以谱成曲再唱出来那该多好啊！

望着那些歌词，我又开始犯愁了，因为我不会作曲，心想，要是能够谱成曲再唱出来那该多好啊！也许是上天的眷顾，李强在一次打电话和我聊天时，我把我的想法告诉了李强。当时他就告诉我说："我帮你，不过我也是懂那么一点点，我想应该可以的。"我反问道："是不是啊？如果可以那真是太好了！"李强说："应该可以的。"通过他的引导，教我怎么去下载录制歌曲的软件，怎么录制成的歌曲转换成 mp3 上传到网络。

等我慢慢这些学会后，在 2012 年 3 月 22 日那晚，我就对着手机唱，并用手机录录下来，制出了第一首歌曲《我的梦想在流泪》，在 23 号那天凌晨上传到网络中国原创音乐基地。接着在 3 月 25 日凌晨录制了第二首《泪祭月》，之后经过一个来月，我又写出了一首古风歌词《梦恋烟雨江南》，并在 5 月 14 日晚上录制而成，5 月 15 日上传于网络。

我的梦想在流泪

是谁的理想就这样破碎
寒来暑往春又回
岁月的沧桑把容颜毁
夜夜忧伤梦中泪

尝尽来世今生的苦与累
落满人间的痛和悲
理想和现实把心刺碎
月下残笛杯中泪

我的梦想在流泪

又有谁能够体会
期待的希望早已化成了灰
掩盖脸上的憔悴

我的梦想在流泪
自己的痛自己背
哭泣的笛声诉说谁的凄美
陪着月亮掉眼泪
陪着月亮掉眼泪
陪着月亮掉眼泪

泪祭月

谁在月下煮酒
看落花落叶飞舞
谁的笛声在哭
奏谁的悲欢离合

彷徨的身影似雾
在夜色里更显孤独
心灵的伤痕一股
却找不到一丝救赎

曾经的生活是福
而现在的生活却苦
苦就苦在世界的冷漠花都在哭

是谁让我独自承受这痛苦
是谁让我寂寞的泪水流出
别让我的韶华轻易的结束
我的舞台却演绎朝朝暮暮

谁在月下煮酒
看落花落叶飞舞
谁的笛声在哭
奏我的悲欢离合

彷徨的身影似雾
在夜色里更显孤独
心灵的伤痕已故
要到何处去找救赎

曾经的生活是福
而现在的生活太苦
苦就苦在世界的冷漠花都在哭

是谁让我独自承受这痛苦
是谁让我寂寞的泪水流出
别让我的韶华轻易的结束
我的舞台却演绎朝朝暮暮

华美的伤痕太痛
就这样来去背负

回眸的瞬间繁华却早已落幕
呜……

梦恋烟雨江南

（读白）
烟雨落进你化蝶的眼睛
续写那段被更迭的风情
如果江南是一场梦
我愿此生长睡不醒

（歌词）
夕阳点缀烟雨江南
挥一点墨色晕开了千年
笼罩着如诗如画的江山
是谁留下一声息叹

花开满倾城的江南
空灵的琴声在轻弹
好像诉说前世的谜题
却不懂得落寞的秋天

江南的桃花依旧香艳
江南的菊花重阳满山
江南的古曲风月幽咽
江南的细雨迷离双眼

江南的秋雾锁了深山
还有那比翼的双飞雁

风月摧毁了昔人的容颜
是谁对红尘还依旧留恋
红床玉枕铜镜照了白首
缓缓随风尘飘散

仿若那落地的红色锦缎
有谁还记得那对双飞雁
花前月下山盟海誓的诺言
永远藏进了经年

江南的桃花依旧香艳
江南的菊花重阳满山
江南的古曲风月幽咽
江南的细雨迷离双眼
江南的桃花依旧香艳
江南的小楼风铃轻轻点
江南的兰舟推波助澜
见证了倾国倾城的爱恋

我用红尘作了一幅画
画里的你是笑靥如花
只是物是人非回不去
我们曾经一起的天下

呵…呵………………

呵…呵………………

其中《梦恋烟雨江南》这首歌曲最受欢迎，发表后得到众多网友点赞夸奖和支持！看到每首歌曲后面的那些真诚评论，我感到我还是有我的长处。"歌曲没有经过任何的处理，这才是最美的声音。""虽然伴奏不太专业，但是却唱出了最感人的心声！""呵呵。伴奏中还带着大自然的声音，青蛙的叫声，真好！"而让我最感动的一句评论是来自一个图罗罗的评论，他在歌曲的后面写道："老乡！也许你的歌曲会随着时间被人们慢慢遗忘！但是，它会永远留在我的硬盘上。"我看到后非常感动，还流出了温暖的泪水。

其实，说句心里话，当时的我并没有想到过我写歌词会得到任何人的同情和帮助，只是觉得好玩才录制成歌曲上传到网络，以此证明我是一个喜欢唱歌的人而已。最主要的是，我可以通过这些分散我的注意力，可以忘记疼痛。虽然一个人过得孤独寂寞，但我却学会了在寂寞中寻找属于我的快乐，找到了一个支撑我活下去的理由。

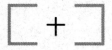

求助日志的发表

就在我上传《梦恋烟雨江南》这首歌后一个月，2012年6月15日，我写出了求助日志《我的锦年花寂，吟唱着经世泣歌》，发表在空间。

我很清楚的记得，这篇日志的发表，还是一个网友鼓励我写的。她是一个姐姐，网名"逸雨梦涵"，她加我很久了，当时她在QQ上主动问我："你好！很高兴认识你。你的才华让我羡慕！能交个朋友吗？对了，是做什么的啊？写的文字那么好！"我说："我们已经是朋友了啊！我看你资料你比我大，我就叫你姐姐吧！其实，我什么都没有做，整天都呆在家里呢。"她又问道："那你靠怎么生活？"我道："我怕我说出来你不相信！""没事的，你说说看。"我说："嗯。"然后我就把我的情况全部说给她听了。她听后，发了一个QQ大哭的表情。沉默了一会儿她又说道："对不起！姐姐我刚刚哭了，没有想到弟弟你这么惨！"我叹了一口气说："唉——没法子啊！谁让我这个穷人命却得了这种富贵病。"之后这位逸雨梦涵姐姐经常关心我，陪我说话陪我聊天。

在认识这位梦涵姐姐一年多后，有一天夜晚，她和平常一样

找我聊天，说着说着就开始鼓励我，让我写一篇求助日志，发表在我的 QQ 空间。当时的我没有在意，一直没有写姐姐说的求助日志，因为我怕，怕别人知道我是一个重病的人，然后就会疏远我，之前就出现这样的情况。经过梦涵姐姐多次的鼓励和劝说，我终于鼓起勇气，提起笔写出了《我的锦年花寂，吟唱着经世泣歌》这篇求助日志。为了让网友们相信我的日志不是骗人的，我还特意打电话叫了我儿时的玩伴即妹妹的同学韩川杰到我家来帮助我拍照，拍一些我的生活起居和家里房屋的照片，并配在日志里发表在空间。

让我没有想到的是，日志发表后得到了大部分网友的支持和转载分享。同时迎来了更多的爱心网友加我，都来关心我鼓励我，为我加油和捐款，这让我看到了生活的希望！

而鼓励我写求助日志的梦涵姐姐，是第一个给我捐款的人。当我把日志发表后，她就给我打了 1500 元到我银行卡里，打完钱后，梦涵姐姐就对我说让我把她删了。

我问道："为什么啊？"

梦涵姐姐说："没什么，我以后不用这个号了，你只要记住曾经有个姐姐很疼你，关心你就好！我不希望你能报答我，我只要你要坚强的活着。"

她说完后，就下线了，我连一句谢谢都还没有说出口，她就这样消失了，以后就再也没有上过线。

我伤心地哭了，哭了很久，我强忍着泪水，写了一首诗印在她的照片上，保存在空间里。直到现在，我都还记得梦涵姐姐，我很遗憾从那以后就再也没有看到过她了。如果可能，我好想找到她，亲口跟她说声"谢谢！"

我的求助日志发表后，短短的一个月里，网友倍增，收到各位爱心网友捐款4000多元钱。从此，我的生活改善了，再不会像之前那样一个星期才能吃到一回肉。我还买了一些治疗股骨头坏死的药来吃，可是，那些药吃了一点用都没有，还是要吃激素药才能止痛。

在此间我还遇到一个姐姐，因为她的误会让我现在都还很遗憾。她的网名是"瑞雪云飘渺"，刚开始她对我是关心备至，还接连两个月都给我捐生活费。后来是因为她在电脑上看到提示说我的QQ显示不在自贡，所以她就怀疑我是一个骗子，无论我怎么解释都没有用。

如果可以，有机会去云南昆明，我一定会去她家里，让她看看我——我真的不是骗子；让她相信我——也是相信人世间的真实。

得到一些捐款后，我让妈妈带我去了县城检查身体。我记得，那是2012年8月27日那天，我上县医院检查。充满了希望的我，很早就起床了，等着车子的到来。

清晨，山区氤氲的灼浪，夹在空气里，让人有些郁闷。我坐在大门口，撑着拐杖，看蝶儿绕花，鸟儿传唱。去医院检查的喜悦，让我心里充满了希望的阳光。我幻想着，我祈求的天使菩萨，是否就要来临了！我等待的希望，是否要实现了！模糊中，我暂时，忘记了夏日的灼热，忘记了疼痛的折磨……

恍惚中，听到一声叫喊和车鸣。一看，马路上停着一辆面包车，妈妈正朝着家里走来，她的身后还跟着几个帮忙的阿姨。我慢慢地撑起身体，由妈妈和阿姨扶着，小心翼翼地向马路上挪动。由于我的身体早已被病魔折磨得变形了，虽有拐杖的支撑还是显得无比艰难，加上我每挪动一步都会痛得我冷汗直流。几个阿姨和妈妈，看着我那瘦弱的身体，泪水早已灌满了双眸，一边

走着说，慢点，小心，别摔倒了；一边擦泪，轻声吟泣着……

好不容易，我才挪到了车面前。师傅轻轻地把我抱上车，因为疼痛，我在车里不能坐，也不能躺，不知道该怎么办？后来，我挪到妈妈腿上，两边还需要一个阿姨扶着，才算勉强半坐半躺的稳定住。

车，开了，一路上，她们都在聊我，说为何不早几年去看啊！我没有认真听她们说啥，因为，车子摇晃不已，遇到路况差的地方，抖得我受不了，颈椎刺疼，眼泪都痛出来了。为了看病，我一直强忍着，没有哭泣。熬到了县城……

"富顺县中医院"几个大字映入眼帘。师傅把我抱进医院，那医生一看我的样子，就摆了摆头对妈妈说："哦哟！都这个样子了啊！没得医了，不用检查了。"妈妈哭泣着说："既然都来了，你就给他看看吧！至少，让我们知道，这病到底恶化什么程度了？有没有生命危险？还能不能治？"那个医生听了，很无奈的给我开了检查的单子，递给妈妈。

这时，医院所有的人和病人，看到满脸泪痕的妈妈和阿姨。都为之动容，无不热泪盈眶，摇头，哀声叹气……说，这么年轻，就得了这怪病，好可怜，好造孽。在众人的叹气声中，我被护士用床推到核磁共振室，做检查去了。留下了妈妈和阿姨在医生办公室里……

由于我身体已经僵硬，无法完全推进仪器里，脊椎和颈椎无法扫描，就匆匆忙忙地推出来了。报告被送到医生那里，医生给我开了一些药。就让我在外面等，过了很久，妈妈和阿姨带着泪水出来了。我知道，肯定是不好的消息，所以，我也没有问。

直到回到家里。妈妈告诉我说，医生说的，我已经药石无灵了，做手术，都太晚了。或许有少数的大医院，还可以手术。可是，费用会更加昂贵；以我们这样的家庭，是承受不起的，而且，治愈的希望也很小。不如就在家里养着，活一天是一天。

我听了妈妈的话后，顿时不知所措。只感觉全身有气无力，从未有过的害怕和绝望在心中陡然升起。颤抖着双手，无声地从妈妈手中接过医院的检查报告单，默默地看着医生填写的诊断结果：双侧股骨头坏死晚期，髋关节融合，已经明显出现钙化状态；疑膝关节处已经坏死，还带有强直性脊柱炎及颈椎炎，并且正在进一步恶化中。看着看着，我不由自主地流出了泪水……

双手紧握着那一张让我感到害怕的纸，无助地望着妈妈，又望一下门外，欲言又止。虽然我不知道，诊断书上的文字到底意味着我有什么样的结局？但是我知道，这些文字一定是代表着我已经非常严重了。假如我再不治疗，那我面对的是不是就是永远瘫痪在床？假如我一再恶化，我会不会在不久以后就会死去？我不敢去想，却又不得不去想，我不害怕，却又不得不害怕。我想跟妈妈说我真的好害怕，我不想永远躺在床上，我也害怕死去，我该怎么办？可是，我被那一纸的文字刺得呼吸困难，还刺得哑声了，无法说出话来。只能任那泪水打湿我的脸庞……妈妈看到我那种无法形容的痛苦，心疼地安慰道："幺儿，不要想了，妈妈会陪着你的。"我一直祈求的天使，最终，还是没有出现！我等待的希望，又是一次撕心裂肺地湮灭！

经过妈妈安慰以后，我就把这种痛苦藏了起来，放在了心底。

我始终相信，我的病一定还会有希望的，只是机会还未到而已。

出于对生命的尊重，我也一定要坚持下去。

媒体的关注

我的求助日志发表几个月后，也就是 2012 年 11 月上旬，一个叫蒲康林的网友突然加我。当时他在 QQ 上和我简单的聊了几句后就问我家住哪里？他说他想来看看我。我就把详细地址告诉了他，并说来时先给我一个电话。他说"可以的，等我来了再和你联系！"

过了些日子，11 月 19 日那天，我突然接到蒲康林的电话，他说他今天要来看我。我知道后很高兴，于是我就打电话给商店里的干妈，让她在刘从明幺舅公那里帮我买一斤肉带过来。然后我就开始在家里慢慢做起饭来，因为不是赶场天，家里也没有佐料可以跟肉一起炒的，这时我看到案板上还有一颗白菜，就用白菜秆秆切成丝来跟肉一起炒，白菜叶子就拿来煮汤，等我做好饭菜一会儿，他就到了。我们说了些客套话就开始吃饭，吃完饭后我就开始洗碗。他就在旁边自我介绍说："我是四川华西都市日报的记者，现在住在自贡，叫蒲康林。"我听了愣了一下说："你好！你这样说我还有些紧张了呢，呵呵！"他说："没事的，不用紧张，你就和平常一样，把我当成只是一个关心你的网友来看你就可以了。"然后他就拿出照相机给我拍我洗碗的照片。

等我做完后，就和他一起来到院子门口，我坐在那个破旧的椅子上，他坐在我对面的碓窝上。那天，虽然天气也很热，我们坐在院子门口，吹着山林里吹来的阵阵的凉风，把我紧张的心情也吹没有了。这时，他拿出一支录音笔和笔记本，就开始与我聊起来，我们这一聊就聊了三个多小时，期间还给我拍了好多照片。完事后他就起身说要走了，临走时还给我了 100 元钱，让我买点好吃的来吃，还说他回去后可能要整理几天，一个星期后他就会报道出来，希望可以帮助到我。

蒲康林离开后，还打过几次电话来问我一些情况，他的出现又让我看到了站起来的希望。其实我都还纳闷呢？他是怎么知道我的呢？后来我看到他的报道才知道原因。原来他是在一个朋友的空间里，无意中看到我那篇求助日志，当时他并没有想报道我的想法，只是作为一个记者的心理，怀着好奇的心情点击进入了我的空间看了看。而让他下定决心报道我的主要原因是因为我的 QQ 签名，我的 QQ 签名是"听一曲黄梅的清雅，煮一壶西湖的茶，读一篇水墨的桃花，看一遍夕阳西下。"他看到后觉得写得很好，而且感觉还很有意境。于是就在百度里百度了一下，想看看那几句话是出自哪里的？当他百度后就弹出了我在中国原创音乐基地的页面，而那几句话也是我的原创。就是因为百度这下，他看到了我的原创歌曲，他每一首都点开来用心听，听了后才决心要对我的事情进行报道。

11 月 26 日那天，蒲康林打电话给我说："你的报道已经出来了，刚刚出版后几个小时，就有两家电视台的人打电话来问你的状况和地址，你准备一下，他们可能明天后天就会过来采访你。"我听了很高兴，因为我感觉我离站起来的愿望更近了。我激动得连声道谢，用颤抖地声音说道："谢谢您啦！谢谢您啦！"他说："不用谢我，这是你的坚强感动了我，我们既然身为记者，这也是我们应该做的事情。"

我又一次为人世间的爱，流下了感动的泪水。

刚刚挂了电话不久，成都电视台的记者就打电话来了，她问

了我的详细地址后说明天就来，让我通知一下村领导和安溪镇府领导。挂了电话我也打电话跟妈妈说了，让她明天回来一下。那晚我激动得无法入眠，一夜都没有睡觉。

第二天一早我就起来做早餐吃，吃完早餐我就到院子门口去等成都记者的到来。因为已经进入了冬天，天气阴凉很冷，所以那天我穿着妹妹过年是给我买的一套白色的保暖内衣和一件黑色的羽绒服。由于记者她们不熟悉路况，走了很多弯路。直到中午一点过，在邻居钟永珍舅婆的带领下才来到我家。汽车后面跟着村里和邻村的人，他们都是来随着记者来的。他们纷纷跟记者说出我的遭遇，同时还流着眼泪哭着让记者一定要帮帮我，说我一个人在家好可怜的。而我那亲爱的妈妈看到记者，早已经泣不成声了。

记者从马路上下车采访完邻居后，就一路拍摄到我家里。我也是第一次见电视台的记者，心里还是有些紧张。他们一面问一面拍摄，我一一说出我为何生病，到病倒后如何走上创作的路等等。一直拍到晚上，我做饭炒菜吃饭才拍完了。拍完后记者安慰了妈妈，并鼓励我要坚强的活下去，还说她们回去后会尽快把节目做出来，争取早一天播出。

后来她们离开了，妈妈也走了，又留下了独孤的我在家里看电视。家里的热闹一下就烟消云散，又恢复了往日的寂静，只是我的心情不一样了。以前是寂寞孤独内心填满了落寞，今晚却是热血沸腾，充满了希望！

同年 12 月 26 日，我将我的报道写成帖子发表在天涯论坛，引起了诸多网友们关注，网友们纷纷转载到其他论坛，每个帖子后面全是社会各界爱心人士鼓励的留言。而我，也开始得到各界爱心人士的捐款和资助。蒲康林也对我进行了跟踪报道，我们县城的报社记者，也随着安溪镇政府领导和村领导来了，对我进行了全面报道，还给我带来了油和米等生活用品，镇长还组织了捐款。村里特事特办，不仅给我办理了五保证，还拨款给我修缮漏雨的房屋，让我过一个好年。而红十字会听说后，也送来被子等物品。

我的求助帖子在天涯论坛发表后，自贡晚报记者钟顺顺也来了，记得她来的那天很晚了，天都黑了才到我家的。因为他们不熟悉路况，走了转路，直到富顺的张小红姐姐，她也那天带着其他不能来看我的姐姐的东西来看我，碰到了顺顺姐姐她们才一起来的。之前一个多星期前，张小红姐姐就同几个姐姐来看过我，给我买了好多东西，还捐款给我。这次她再次来看我，是给我拿过冬的衣服等物品。而顺顺姐姐，则带着自贡童话作家宋咏梅姐姐捐给我的电脑和被子来的，等顺顺姐姐采访完后已经很晚了，她们安慰了一下我还鼓励完我，就跟张小红姐姐一起走了。

爱心人士的关怀

经过媒体报道后，我收到的第一笔捐款是来自成都的杨先生，他在优酷网上看到成都记者电视台的报道后，就通过记者联系到我，给我捐了 200 元钱。之后，就是张小红姐姐和飞燕姐姐她们来看我并捐款捐物品给我。

说起张小红姐姐，她还帮过我很多，在我 2014 年 6 月开了网店后，卖出去的豆花蘸水就是她帮我买来发的。因她平时很忙，所以后来她就介绍一家快递公司给我，让我以后卖出东西后就直

接打电话给她,她也可以直接帮我发货,这样就方便多了。

让我感到希望还在的,就是富顺的罗二姐姐,她在自贡晚报上看到钟顺顺记者的报道后,还特意带着她老公来看我。我记得是快过年了,有一天赶场,她们在一个人的带领下来到我家。当时,她手里还拿着报纸呢。她说她们是按照报纸上的地址找来的,到了安溪过河后,是一个离我家不远的人带着她们来的。她还说她老公,小航哥哥也是股骨头坏死,才做了手术几个月,今天来就是特意带他来给我打气鼓励我。小航哥哥当时还在我的床前做跳跃的动作,还到院子里跑步给我看。然后对我说:"唐刚老弟,你要加油,坚持下去,不要放弃!股骨头坏死只要换了股骨头就好了。"我感动地点点头:"嗯嗯。我会坚持下去的。谢谢你们,让我又看到了希望就在前方!"她们和我聊了一个多小时后就要走了,临走时给我 300 元钱说:"小小心意!别嫌少。"我说:"怎么会呢!谢谢你们了!等我站起来那天,我来富顺找你们耍!"罗二姐和小航哥哥同时说:"好。记得我们的约定!我们等你!"我高兴地说:"嗯嗯。"之后她们让我好好保重身体就走了。

没过几天,我又接到成都记者的电话,说都江堰的一个爱心人士黄莉姐姐想帮助我,让我把详细地址给她。挂了电话后,不一会儿黄姐就打电话来了,说:"唐刚,你好!我是黄莉,在电视上看到你的,我想尽我的能力帮助你,但是你也不要抱太大的希望!我想先把你接到成都检查一下,看看病情如何?"我听了后,激动得不知道说什么了,一个劲地说:"谢谢黄姐!谢谢黄姐!"黄姐说:"不用谢!这也是你的坚强感动了我,所以我想帮助你!过几天,我会叫我表弟张光远开车子来接你的,你就喊他五哥就是。"我说:"好的。谢谢黄姐啦!"之后黄姐让我在家里等着。

2013年1月10日那天，黄姐叫他表弟张光远开车来我家接我了，并把她表弟的电话给了我，让我随时与他联系。与此同时，自贡电视台的记者和自贡日报的记者也在当天打电话来，说要来对我进行采访和报道。我挂了电话后又急忙打电话给妈妈，让她赶紧回家一下。那天，记者刚刚到，我家里好就热闹，邻居也来了很多。看到这么多人关心我、帮助我，他们都为我高兴。由于张光远五哥不熟悉路况，也走了些弯路，到我家时已经是下午一点过了。刚刚到我家里，张光远自我介绍了一下，就开始把我抱起，往马路上他的车子走去。张光远五哥身材高大魁梧，说话虽然很大声却又带着些许沙哑的感觉。为人和善、亲切。那时候的我，虽然很瘦不是太重，但是腿却还在痛，而且全身僵硬，所以不太好抱，搞得张光远满头大汗，才把我抱到他的车上。同时，记者们摄像的，拍照的，忙做一团。张五哥把我放在后排坐，让我睡躺着，并用安全绳系好，就开车离开了。车子走了，妈妈哭了，邻居们哭了，这是我病倒后第一次出远门。

车子载着我离开了大山，也载着所有关心我的人的祝福，远游求医了。

由于我身体状况很差，才上路不久我就吐了。张五哥买来吃的，我都不敢吃，我怕吃了还要吐。经过四五个小时的车程，我们到了成都。这时，天早已经黑了。五哥把车停好后，把我抱上轮椅，推着我到来富翔酒店住下。然后他就打电话给黄姐，告诉她我们已经安全到了省人民医院，让她放心。黄姐说她明天上午从都江堰赶过来，让我们明天上午先到医院把号挂起。之后五哥叫我一起出去吃饭，我说我不吃，因为我刚刚到宾馆又吐了，实在是没有胃口吃饭，五哥就独自出去吃饭去了。

　　第二天一早，五哥就推着我去了省人民医院，一边挂号一边等黄姐。这时，我的手机响了，是四川电视台的记者李艳君打电话来了，她说她是四川电视台的记者，要对我和帮助我来到人民医院的人进行报道，问我开始检查没有，她们马上赶过来，让我们等着。大约半个小时左右，李艳君到了，黄姐还没有来。这时，五哥问我："唐刚，你饿没有？昨天都没有吃饭，想吃点啥子不？我现在给你去买。"我说："帮我买点小笼包子吧！"五哥说："要得嘛。你在这里等着，我去买去了。""嗯嗯。"我点了点头。不一会儿，五哥就回来了，他给我买了小笼包子和一盒牛奶。我吃了几个，喝了点牛奶就没有吃了。然后轮到我去看病了，记者跟着进去，医生问了我的情况，一边给我检查一边解释我的病情。当时医生就说，可以通过手术改善我的功能，但要想恢复到原来的样子是不可能的。医生还说，如果做手术，费用是很高的，初步预算需要 50 万左右，还不说手术后的康复治疗。

　　刚刚看完医生出来，黄姐就到了。

　　当我看到黄姐也坐在轮椅上被人推来的那一刻，我愣住了，我简直不敢相信自己的眼睛。

　　我以为是我看错了，急忙揉了一下双眼再看，她的确是黄姐，因为她那亲切和关怀的声音我在电话听到过，所以我不会忘记。

　　她原来也是一个残疾人，是在 5.12 地震中失去了双腿和左手，而且是高位截肢。黄姐见到我，很亲切的喊道"唐刚，你好！"我也恭敬的叫道"黄姐你好！"。之后我们握了握手就一起聊着去拍 X 光片，五哥推着我，邓哥推着黄姐，也就是黄姐的老公。而李艳君，则对我们一边进行着拍摄一边采访黄姐。说实话，我刚刚看到黄姐那一刻，我很震撼，同时我也很惭愧。黄姐在生活上都无法自理还依然那么乐观坚强，不辞辛苦地帮助着需要帮助的人。而我还有什么理由不再坚强呢！我不就是得了病，还没有到绝望的地步呢。只是暂时没钱治疗而已嘛！只要我人还活着，就总会有希望。就算逃脱不了残疾的事实，我都应该像黄姐一样快乐坚强地活着。我当时就暗自对自己说："我也要勇敢的活下去，不管今后能不能做手术，我也要朝着我的梦想继续走下去，加油吧！唐刚！你是最棒的！"

等到做完检查，已经是下午两点过了，黄姐和邓哥带着我和五哥去吃饭。李艳君她们也采访完，回去了。这时黄姐问我："唐刚，你喜欢吃啥子呢？我们今天就去吃你喜欢吃的菜。"我不好意思地说："吃肥肠和鱼吧！我很久没有吃过了。"黄姐笑着说："那好，我们就去吃鱼和肥肠。"我嘿嘿地笑了。在吃饭的时候，黄姐跟我说了医生告诉她的情况。

因为当时检查结果出来时，人太多了，我没有去见医生，是黄姐和邓哥去的，我和五哥就在外面等。黄姐说："你的病通过手术后可以实现自理，但是费用很高，现在没有那么多钱，这样吧！你先回家，我再给你想想办法，等有办法了就来接你去做手术。"

我听了高兴地回答道："好的。我听黄姐的，让黄姐和邓哥费心了，谢谢你们！"吃完饭后，黄姐叮嘱五哥明天把我送回去。

黄姐和邓哥走了，五哥推着我回到宾馆休息。到了晚上，五哥又推着我出去吃饭。五哥这人很好，他推我时小心翼翼地，我们吃鱼的时候，五哥知道我怕刺，还特意把鱼刺挑了才夹给我，就连旁人看了都说他就像是我的亲哥哥呢。后来，五哥在2014年还和她老婆一起来过我家里看我。记得他们来时还给我买了一条香烟，一件牛奶和燕麦片，给了200元。

第二天，五哥送我回家，李艳君她们也跟着我回家来，说是拍一些家里的情况，希望对我有所帮助。回来时我没有吐，也许是我没有吃早餐吧！因为我怕吐，所以早上吃饭的时候我没有吃。回到家里，五哥就急着回去了，李艳君她们则采访到天黑才完。临走时又给我 200 元钱，说这是她和摄像师的一点心意。她们走后，我和妈妈一边吃饭，一边说了我这次去成都检查的结果。妈妈吃完饭后，也走了。

那晚，我躺在床上看着不清晰的电视想到，这个世界上的好心人还是挺多的，然后不知不觉就睡着了。

从我从成都回来后，我又继续写着我想写的文字，创作着一首首歌词。我的 QQ 好友们都为我加油，纷纷为我宣传，拉我进 QQ 群里去，让我认识更多的爱心人士，希望有更多的人来帮我实现站起来的愿望！还有一些网友，帮我在各网站发帖，还安排我做网上在线访谈节目等。在他们宣传的同时，我也收到很多网友们的一笔笔爱心捐款，我都一一记录着，希望哪天能有机会遇到，可以方面给他们道声"谢谢"！

2013 年 2 月 5 日，自贡市诗词学会、作家协会，李华，宋咏梅，宋光辉，黄千红，王星，他们驱车从自贡来到我家来看我关心我，并带着爱心资助捐款 2100 元钱，王星还送我两本诗集《花间词》、《纳兰容若词传》。王星在自贡市疾控中心工作，也是自贡市诗词学会的会长、自贡市作家协会的秘书长，大家都管他叫"星哥"，我也跟着叫星哥。说起星哥，他是网友宋咏梅姐姐帮我介绍的。

星哥吧！体型微胖、个子偏矮、脸盘大眼睛却很小，笑起来特别像西游记里面的笑嘻罗汉。

一个月后，3 月 5 日，星哥再次来到我家，同来的还有自贡电视台的周劲和自贡日报蒋周德两位记者。他们来以前，镇党委副书记和村支书先到了我家等星哥他们，周劲与镇党委的领导们很熟，事先告诉了他们，所以他们特地赶来。

星哥上次来见我身体很差，特别的瘦。所以这次来还亲自给我炖了一锅药膳鸡汤给我带来，让我补补身体。

星哥拿出 5000 元钱和两本《知音》杂志到我手上，说这一个叫邵光滏的人捐给我的。在途经青山岭时，星哥遇到森林诗人吴雪莉姐姐，她就托他给我带来一件牛奶和 200 元钱。自从我认识星哥以后，不管我有什么困难，只要跟他开口，他都竭尽所能地帮助我。但他却总是说他没有做什么，都是些朋友们为我做的，尤其要我记住一个叫邵光滏的人，星哥说他默默无闻地帮助了我许多，捐钱不说，后来我出去的一些车费、音乐制作费等等都是他资助的，但他不愿露面。我至今都没有见到这位恩人。

就在星哥第二次来了后不久，3 月 10 日左右黄姐打电话来，说要接我去都江堰做手术，但是五哥忙，不得空，看我能不能自己找车去？还说让我办个残疾证，如果做手术残联还会出一部份钱。我听后就打电话给星哥，说明了情况，星哥二话没说就给我找了一辆车，让我准备一下，15 日那天就来我家接我去都江堰。然后，我又打电话给邻村的文明细，让他来我家接我去富顺办理残疾证。还是妈妈叫上次送我去富顺检查时的几个阿姨，陪我去办理的。到了 15 日那天，星哥来接我了，当时妈妈没有去，说是决定手术时间了才来照顾我。别看星哥个头矮小，力气不小，从我家抱着我一口气就能抱到到公路上的汽车里。车是星哥朋友的，也是一个很有爱心的人士，叫王富明，后来他也为我出过几次车。

当我到了都江堰后见到黄姐，黄姐说还要等几天才去都江堰

医院，要等把钱筹齐了再去。然后我就住在了黄姐家里，正好我弟弟从广州到都江堰干活，我就通知他来照顾我，一起住在黄姐家里。我们住下后，星哥他们就放心地回自贡了。在这期间，黄姐联系了都江堰人民广播电台的主持人李念哥，让他在广播里发动捐款，短短几天时间，就筹到善款三万零点。黄姐又通过民间艺术团王雄，组织义演为我筹集资金。虽然这次义演没有达到我们想要的结果，但是已经很好了。义演结束后，李念哥也通知我们去电台领取善款，加上网友们和其他爱心人士的捐款，已有十万了，可以做手术了。

那天我和弟弟高高兴兴地跟着黄姐，去了广播电台，可是广播电台的领导说，要把这笔捐款交给红十字会，再转到我手上。为此，李念哥还跟电台的领导闹翻了。后来，李念哥离开了都江堰广播电台，去了成都。黄姐和邓哥听了后也很生气，说如果转红十字会的话他们要提成，如果被他们提成了，那我们就不接收这笔捐款。过了几天，红十字会带着那笔捐款和记者来到黄姐家中，通过他们的名义一分不少的把这笔捐款递到了我手中。

这次来都江堰，一晃我们在黄姐家中呆了一个月了。弟弟刚刚上班去了，妈妈来替换弟弟，和我住在黄姐家中。我们拿到李念哥组织的捐款后，就坐着五哥的车去了都江堰医院做术前检查，可是医生看了我的情况说他们医院做不了。医生说我的脊椎强直了，无法做插管麻醉，必须使用纤支镜，得从鼻孔插入麻醉，而这个需要到四川省人民医院或者是华西医院才能做。黄姐和邓哥听后，又带着我们去了四川省人民医院看，经过检查可以先做股骨头置换手术，但是费用很高。医生考虑到我的情况特殊，且经济困难，就说让我到当地办一个转院证明，这样可以减少一些费用。

于是，黄姐又叫五哥送我回富顺来，又让弟弟陪我一起回富顺，先通过安溪镇政府的朱书记找了富顺人民医院办理。可是，医院领导不在，没有办成。我们又打电话给黄姐让她问了富顺中医院的可以不？黄姐问了后说可以。五哥又开车送我和弟弟到富顺中医院，已经是晚上了，我们就在离中医院不远的宾馆住下，等第二天再去办理。第二天，我们跟着五哥来到中医院，不一会儿就办好了，我们又开始回到都江堰。

黄姐和邓哥送我们去了四川省人民医院，由于医院的人太多没有床位，我跟妈妈就住在上次五哥带我来的富翔酒店，等有床位了我们就马上住进去做手术。同时还打电话通知弟弟赶过来，弟弟听说我马上就要做手术了，也很高兴，急急忙忙地赶回来。在宾馆住的几天，我还认识了老同学的同学，她在成都工作，叫黄纯平。她听我的老同学说我的事后，一直都关注着我。听说我在成都住着要准备做手术，就跑来看我，为了节省费用，她不上班时还给我和妈妈送饭呢。在这期间，我还认识了成都有名的医学博士兰老师，他老家是我们富顺的。他是在电视上看到我的，得知我在成都后，就和他老婆来看我，给我带来 1000 元钱，还特意带着二胡来演奏我的原创歌曲《梦恋烟雨江南》给我听。我没有想到兰老师还是个二胡演奏家，通过他用二胡演奏出来的《梦恋烟雨江南》显得更加动听。

后来，兰老师在 2014 年回富顺搞演出时，还特意请我去观看呢。记得那次也是王星星哥帮我的忙，把我送到富顺的。那天，星哥请假从自贡来到我家接我。因为他的朋友都在上班，无法找到车，是森林诗人吴雪莉姐姐找的车。那时的我已经搬到安溪镇上了，吴雪莉姐姐是从青山岭来，正好在河对面，要过河才能坐车去富顺。所以，星哥就特意请假来安溪我租住的那里接我，顺

便抱我过河一起去富顺看蓝老师的演出。……

话分两头，在我们等四川省人民医院床位的时候，正好这时我接到一个山西太原网友的电话，她告诉我她能治好我的病，且花钱不多，两万元左右，治好了再给钱。于是治病心切的我决定和弟弟走一趟太原，便立即订了明天去太原的飞机票。这时妈妈也因为有事要回一趟老家，我们就让妈妈回去了，说有消息随时联系她。双流机场那里，我们有一个亲戚汪任建表叔在那里，我们当天送走妈妈后就赶了过去，准备在那里住一夜后就坐飞机去太原，妈妈就自己坐汽车回家了。

晚上我们在表叔家里吃饭时，那个网友又打来电话，说她没有把握治好我。我一听又泄气了，马上又让弟弟退票不去了，怕钱花了病治不好。汪任建表叔得知我们不去了，又留我们多住了两天才让我们走的。弟弟要去上班，正好妹妹和妈妈也赶来了，就让弟弟走了。后来，在我回家以后，也是因为这个网友，我还花了几万块在她那里买松花粉来吃，结果一点效果也没有。最后我把她删除了，也没有怨她，只怪自己太天真，居然相信那个保健品能治病，真是可笑……

当我又在宾馆住了几天后，四川省人民医院医生打来电话说有床位了，让我们第二天就准备入住，也就是在 2014 年 4 月 19日。我打电话给自贡红十字会，准备让他们第二天赶过来签眼角膜捐献书。因为医生给我们说过，我的手术难度很大，风险也大。所以我怕有万一，有了捐献眼角膜的想法。

没想到的是，第二天就遇到玉树地震。那天早晨，我还在床上躺着，正在想我今天住院可能还要等一两天才会做手术的事情。妈妈则站在窗前看马上的人群，弟弟还在睡觉。突然整栋楼都摇晃起来，妈妈马上就叫："彬彬赶快起来，地震了，快推着你哥哥下楼。"说来也奇怪,弟弟平时无论怎么叫他,他都会过很久才会慢悠悠起床。唯独那天特麻利,听到妈妈喊他,他翻身就起来了,抱起我就放到轮椅上说:"哥哥,快走。"推着我就往房间外走。而这时摇晃的动静停了下来,妈妈说没事了。但我们还是出去了,顺便去了医院。医生却告诉我,说我的手术要推迟了,因为地震,领导让他们先抢救地震伤员。我们问医生:"那要等多久呢?"医生说:"少则20天,多则一个月吧!"为了节省费用,我们跟黄姐商量,先回家等,等可以做了又来。

汪任建表叔听说又做不成手术,又让我和妈妈去他那里耍几天再回去。妈妈没有去过,也就答应了。妹妹也因为要上班,也就在当天坐公共汽车回了云南,说等下次医生通知她又赶回来。我呢就跟着妈妈又来到表叔家里耍了几天,然后表叔帮我们叫了一辆车,花了800元的费用送我们回到安溪镇妈妈租住的家里。

到了安溪,妈妈推着我到家里休息,她马上联系了房东。因为房东正好还有一间房子要出租,妈妈想把它租下来给我住,加上又挨着,又方便照顾我。等房东送来钥匙后,妈妈就去收拾刚刚给我租下的房子。是一间四面透风的瓦房,房东知道我们的情况,只收我们40元一个月,妈妈他们住的也是一样的房间,50元一个月。自从那以后,我就从农村老家搬到了镇上。听说老家的房子都倒塌了,现在已经无法住人了。其实,现在的我还挺怀念老家一个人的日子,虽然我在老家有诸多不便,但是家里的空气好,景色也好,环境又清静。

回到镇上妈妈身边后,有了妈妈的细心照顾,我的身体渐渐好起来。很多事情都不用我做了,也方便了,还安装了网线,我也可以用电脑。因为宋咏梅姐姐送我的电脑是老式的,而且很久没有用了,很难操作。星哥知道后,给我弄了一台来,我就把

之前那个放一边没有用了。说起电脑，星哥先前通过他的朋友弄来一台电脑，后来还通过他们单位领导，给我买了一台新的来。这下用起来就顺畅多了！

星哥每次来都花费很多，给我买这个买那个的，我们全家都很感激星哥。

我在镇上一边继续写作，一边等待省人民医院的电话，这一等就是两个多月左右。2014 年 6 月的一天，终于等到医生的电话了，通知我去做手术。我连忙通知了妹妹，让她马上赶到成都等我。由于黄姐的表弟没有时间来接我，我又打电话给星哥，星哥听了又帮我叫了一辆车，还特意跟着送我去省人民医院。那天，同时还有富顺作家协会的代表和吴雪莉姐姐跟着来看我，给我送上 400 元钱。因为事情突然，妈妈说她等我手术的时候再来医院，让我一个人先去，何况还有妹妹在成都等着我呢。

星哥用残疾车推着我来到车前，抱我上了汽车。我带着兴奋和紧张的心情再次来到了成都，可是遇到那天正好车牌尾号带 8 的不准入城。星哥又招呼了一辆的士，叫他的朋友自己先开车回去。然后把我送到省人民医院，见到了黄姐和邓哥，还有妹妹。星哥推着我一起进入医院，找到主治医生，他让我们先等着，他和几个科室的医生给我会诊。通过他们的会诊后，最后告诉我说，如果只换股骨头效果不是很好，要做就要全身一起做。也就是说，股骨头、膝关节、盆骨、脊椎一起做手术，这样的话效果才会更好些。当然，费用就不止 10 万了，需要 60 万左右。而且，这个手术时间会很长，风险不言而喻，特别的大，术后恢复的效果还需要不断的康复训练才能达到生活自理。

医生问我做不做？

我当时就傻眼了，60 万，哪里去弄啊？

黄姐和星哥他们也没有办法。所以，我们只好不心甘的放弃了……

从医院出来后，我的心情很差，一直沉默着没有说话。黄姐安慰我说："唐刚，没事的，我们慢慢来，不要放弃！等以后有机会了我们再来做吧！"我很小声的回答："嗯嗯。我会坚持下去的。"然后，黄姐和邓哥就回都江堰了。星哥叫了一辆的士车，把我和妹妹直接送回安溪。

可是司机把我们送到富顺就不走了，我们只好下车再重新叫车。前次我和妈妈回家打车800元送我们回到安溪，这次这个司机无论如何不干。星哥就通知富顺作协的朋友开车来送我们，在等车的时候，我们碰到了小时候三哥的大姐，她在富顺教书，看到我们后还给我200元钱，让我好好保重身体。大姐等到我们上车后才离开了，星哥把我和妹妹送到家后，他才回自贡。

回到家后，妈妈也挺失望的。可是又没有什么办法，只有期待上天保佑，保佑我能有机会再去做手术。妹妹这次回来，也在家里耍了四五天才回云南的，在家的时候，妹妹推着我到处去逛，又帮我洗头，整天陪着我耍。我和妹妹的感情，一直都很好，我很欣慰我有一个好妹妹。我想要的，只要她有，就会给我。她走时身上没有什么钱，却给我100元，还给我买了一条香烟呢。

说实话，自从我这次从成都回来后，我的心情多少也有些失落。

社会上的爱心人士，一个个，一幕幕，都浮现在我眼前。

我知道，他们——尽了全力了！

社会保障机制不健全，老百姓有什么办法呢！

为了不让妈妈和妹妹跟着我一起担心，我嘴上说我会坚持下

去，可是心里却不是这么想的。虽然我感觉我没有希望了，之前一切的努力都付之东流了。但我还是要努力振作起来，继续我不平凡而又艰辛的求生之路。

希望又一次来临

转眼又过了一个多月，有一天，我突然接到一个来自河南郑州的电话。说她是河南郑州协和医院的，是从电视上看到我的，希望我去郑州治疗，有优惠。因为八月十号那天，北京的股骨头和强直性脊椎炎专家要去他们协和医院免费坐诊。我把这事告诉星哥，星哥说可以去试试。于是我又联系泸州的朋友李强，告诉他我想去郑州治疗的事情，让他陪我去郑州。李强听了，什么也没有说就答应了。我又找星哥，让他帮我找车送一下我们，到成都坐火车，还拜托星哥帮我们买了两张去郑州的火车票，钱也是星哥付的。

2014 年 8 月 2 日，李强从泸州来到安溪我租住的家里，在我家住了一夜，第二天星哥找的车子就来接我们。因为星哥要上班，这次他没有来，只有他的朋友开车来，送我们去成都火车站，还带来了星哥在自贡帮我和李强订的车票。到了火车站，李强推着我进入候车室，找到相关人员，告诉他们我的情况。然后他们派了一个工作人员，带着我们进入了上火车的站台，还帮助我们上了火车。

在火车上，李强推着我往卧铺车厢去时，那些旅客们看到我们，都纷纷站起来让道出来，让我们通过，都很有爱心。到了我们买的铺位那里，由于星哥买票时没有了下铺，只好买的上铺，他让我们到时候在车上跟别人换一下。所以，李强就跟下铺的一个女的商量，希望她能够和我换一下。那个女的见到我的样子，也没有说其他的，很爽快的答应了。于是，我们向她道过谢谢后，我就躺在了刚刚换来的下铺上休息了。李强，则陪着我说了一会儿话后，也爬到他的上铺上休息去了。

过了一会儿，我想上厕所，就叫李强起来扶着我去。李强走在前面，我在后面，一手拉着他的衣角，一边很艰难地前行。上完厕所，我也用刚才的方法回到铺上。到了吃饭的时间，李强去餐厅车厢炒了两个盒饭回来。火车上的盒饭不好吃，我们还是吃了，出门在外也就不讲究那么多了。只要能填饱肚子，就已经足够了。

经过两天两夜的车程，我们到了郑州火车站。下车后，因我们第一次来郑州，我又坐着轮椅，找不到出站的特殊通道，问好多人都没有找到，在车站里转了快半个小时也没有出去。最后还是问到在站台上卖东西的工作人员，才找到残疾人通道，我们这才离开了车站来到车站前的广场上。这时天已经黑了一会儿了，我们就在广场上等待医院的人来接我们。之前说好了的，只要我们一到车站，医院就会派人来接我们。在等接我们的人时，李强还给我拍照做留念。大约过去了半个小时，医院的车终于来了。是一个很年轻的医生，开着私家车来的，接到我们就直接去了协和医院。

到了医院里，他安排办理好我们的住院手续后就离开了。当时跟我们同住一间病房的有三个人，也是股骨头坏死和强直性脊椎炎患者。有一个是高中老师，来自江西的，身患股骨头坏死二期；有一个是来自贵州的，跟我差不多大，是农村的，身患股骨

头坏死中期；还有一个是来自洛阳的，他最小，只有18岁，身患强直性脊椎炎。只有我最严重，股骨头坏死晚期中的晚期，还加强直性脊椎炎。而他们都是听说北京的专家要来，受到医院的邀请，所以才过来治疗的。

李强安排好我后，他就出去帮我买了一碗饺子回来吃。又帮我拍照发到网上，因为网友们听说我到郑州治疗，都为我高兴，都在时时刻刻关注着我呢。第二天，来了几个医院的医生，他们让我们开始治疗，等待专家的到来。通过一天的时间，病友们都熟悉了，有说有笑地都谈论着各自的病情。期待着有一天都能好起来，还留下联系方式，方便以后我们还能聚在一起吃饭聊天。

这一呆就是半个多月，李强天天照顾我，从不说声累。早上吃完早餐就推着我检查治疗，完了又推着我出去逛，中午还跑很远去买饭菜给我吃。因为我们都吃不惯郑州的饭菜，所以只有跑到离医院有点远的地方去买，那里有个四川饭菜馆。晚上也是一样的，到那个川菜馆去打饭来吃。吃完晚饭，李强还帮我洗澡，洗完澡还要帮我洗衣服。说起李强，他自己也是一个残疾人，视网膜脱落，是一级近视眼。老婆嫌弃他和他离婚了，留下一个几岁的孩子跟他一起生活。他也很坚强，眼睛虽然看不太清楚，却在网上搞投资挣钱生活。我们自从在收音机里认识后，他一直都对我很好，不仅教我录制歌曲，处处帮助我，还教我上网的课程等。他是值得我学习的人，我会铭记在心。其实，不止是李强一个人，还有好多不曾见面的网友们，都是我值得铭记的，他们的爱心，让我坚强，让我要好好活着。

我们在协和医院等待了半个多月后，还是不见什么专家来，问了医院的医生说不来了。这时，大家都感觉受骗了一样，都是冲着专家来的，最后却没有等到。所以，都略带着失望的心情。

在这半个多月里，我还是一样每天付着医药费，却没有起到效果，甚至还越来越严重。而且我的治疗费还不能报销，医生却还要让我继续治疗，我没有再听医生的话，开始准备回家，让医院领导给我安排去火车站的车。领导也没有反对，给我们安排车子送我们离开。

到了火车站，我又打电话给星哥，说了我们在这里的情况。然后让他来成都接我们，我们已经开始坐火车回来了。十八日那天，我和李强到了成都。是星哥和宋光辉老师来接的我们，宋光辉老师开车。出站的时候，没见到哪里有伤残通道，只好从梯形电梯上去。谁知却发生了意外。当星哥和李强他们推着轮椅上电梯时，由于后轮悬空，电梯狭窄，他们两个人都没有扶好，还没坐到一半，轮椅就歪了，我直接从椅子上摔到电梯上……

这时，旁边一个陌生男人，一把把我从电梯上抱了起来，星哥从椅子后面转过来，从陌生人手中抱过我，道声谢谢后就一直抱着我坐着电梯上去了。而我的膝盖、头、手臂被摔伤了，当时就痛得我流出了眼泪还哭出了声音。到了上面后，星哥把我抱到轮椅上，并检查了一下我的身体，说没有什么大碍，就是摔痛了，过一会儿就好了。确实，我痛了十来分钟就好多了。然后，我们坐着车离开了成都。

天已经地暗了下来，高速公路上的路灯亮了起来。这时我感觉到饿了，星哥他们也饿了，就在公路旁边找了一家餐馆吃饭。星哥知道我喜欢吃鱼，但又害怕鱼刺，就特意点了两条鲶鱼来吃。吃完饭我们继续往家里赶，因为横溪修桥，只能从尖山坡的山路绕过去，已经到半夜了，天下着大雨，加上星哥他们不熟悉路，走走停停，上到山上，似乎没有路了，只好下山来。半夜了，又找不到人问路，电话问妈妈，她也说不清楚。后来星哥在

风雨中使劲叫醒了一家人，问明了就是我们曾经走过的路，只有这一条路。然后我们重新往山上走。路越走越不好走，全是泥巴路，快到山顶时，路的两旁滑下来两块巨石，星哥下车在风雨中指挥宋光辉老师，宋老师车技不错，那么滑的山路，从两块巨石间开过，两边恐怕只剩有二、三指宽的空隙。等我们回到家里时，已经是凌晨了。星哥他们又从原路返回，还好，那时雨停了。那晚，李强在我家睡了一夜，第二天他就回泸州了。

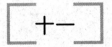

再次绝望

　　带着希望去郑州，又一次带着失望回到家里。

　　老天也真的是很会跟我开玩笑，一次次给我希望，却又一次次让我失望。

　　当我还没有从失落的心情走出时，我又在网上被骗接近一万块钱。我记得我正想在网上找点事做，想把去郑州花的钱挣回来时。我的好友突然给我发了一个消息，说在网上刷单可以挣钱。而这个网友又是之前泸州的听友李首阳发给我的，所以我没有任何的怀疑，便去操作了。刚开始的时候，对方让我把银行卡的余额截图给她，我都有点怀疑。可是对方说她看了才好安排多少钱的单子给我，一心想赚钱的我就再也没有怀疑。我按照她说的操作，第一次我打了 3000 元，第二次也是 3000 元，第三次又是 3000 元，而这时我的卡里余额已经不足了，我还跟好友李强借了 1500 元才完成。谁知对方却说这次出现意外，卡单了，要我再打 3000 元才能拿回之前的钱和赚的 5000 元。这时的我才感觉到我可能是被骗了，马上让她退回我打去的所有钱，对方不给退，还不理我了。这下我才知道我是真的被骗了，于是马上还报了警。

可是警察说这样的事情很难追回来，最后还是不了了之。至于给我消息的李首阳，我打电话找他，他也不承认他发过这样的消息。最后，我就只好自认倒霉，把他删除了。

正在我心情不好时候，我最喜欢的人邓小林又和我闹起了矛盾。她突然就不理我了，我不知道哪里出了问题，整天就拿着手机联系她，求她不要不理我，告诉她我对她也没有什么，只是想做一个什么话都可以说的红颜知己，就这样隔着屏幕陪我走到生命的尽头，我就知足了。可是她还是不理我，最后，她还把我的QQ删除了，电话也拉黑了。那一刻，我伤心极了，哭了，我感觉我的天空瞬间崩塌了。我想道，我的病再也无法治疗了，又被网上的人骗了，现在，我唯一的精神寄托邓小林也把我删除拉黑了，我活着到底还有什么希望？就在我极度伤心绝望时，我便写下了一篇特别伤感的文章。

末世，一首未谱完的歌

流年的烟火悄然坠落，无声的岁月轻唱着一曲曲暮歌。那点繁华的氤氲也渐失在悲转的风沙之中，一点点滴落在斑驳的人生断章里。

拈住苍白的笔尖，续写断章的流年，以卑微的姿态谱写人生的歌曲。墨水倾洒在空白的纸面，显得低沉而无力。风轻轻抖动，墨色落满了一纸华白，掩住那片空寂，掩住这一曲未完成的歌。

寒冷覆盖了整个冬天，我站在彻骨的风中，凝望大雪弥漫的天空。我在想，在雪花绽放的尽头，是不是会有灵魂的哭泣？白色的雪花是否能够清洗这世间的污浊？

谱写一首华丽而纯净的歌，静静地听着，看世间这点没有的颜色，浅浅笑着。

只是，这一首灵魂的华曲，又该如何成歌呢？

冰冷的雪花转瞬即逝，凝结成一丝丝寒气充斥在这末世的流年里。一曲曲未完成的歌在无尽的沉寂着，那段被定格的回忆在歌曲的呼唤中，缓缓苏醒。那道伤痕也在歌声的悠扬里狠狠痛着。

灵魂被寒彻的冰雪固定在岁月的枯枝上，只是再也不是纯净的升华，而是沧桑的点缀。

歌声化作流离的碎片贯彻我的心扉，轻轻割裂着，我波动的心灵瞬间窒息。而歌声也如人生的断章一样，蓦然而止。又是一曲末世里未完成的歌。

末世的印迹轻点在苍白的脸颊上，未完成的歌曲伴着不再纯净的灵魂悲伤地吟唱着。那片白色的雪花也在静寂的风中缓缓消逝。

我曾以最卑微的姿态来续写断章的流年。

也曾以最悲伤的情绪来谱出未完成的歌。

只是，那末世的印迹，那岁月的歌曲，我再也完成不了。只能看着那断开的歌，哭着说，我的人生再无颜色。

那时的我，感觉自己的人生，没有一点颜色，只有空白。就像到了末日一样，而我在末世里，望着那一首未谱完的歌在哭泣。

我又想到过自杀，但是我没有那样做，怕妈妈伤心。我想，邓小林也不希望我做傻事吧！那时，我天天在深夜里，翻看着手机里以前她发给我的信息，看了一遍又一遍，泪湿了脸庞。那些信息里，有着温暖，有着撒娇，有着疼爱。直到现在，我都保存着邓小林发给我的短信，从不曾删除过。保存那些短信，是想如果有一天，我们真的有缘可以在一起的话，我就用那些短信跟她求婚。即使我们不能在一起，我想等她结婚后，再打印出来，送给她做结婚礼物，并祝福她。

我就这样消沉了一段时间，天天发消息，一遍遍地打着那个熟悉的号码。可是，那头始终还是传来我已经听习惯的一句话："对不起！你拨打的号码已关机。"我通过很多渠道去联系，结果都联系不上她。于是，我决定去泸州找到她，虽然我行走困难，可我心已经决定了，即便是爬，也要爬到她的面前，跟她说声："对不起！"因为之前我曾怀疑过她没有跟我说真话，也许就是这个原因，才让她突然不给我任何信息，也不再理我。

我跟妈妈说，李强要我去他家玩几天，妈妈没有怀疑就答应了。于是，我就从安溪坐车独自去了泸州。到了泸州，我通过好心人的帮助，下了车。然后向着邓小林上班的地方，慢慢地走去。累了就在马路边上的椅子上休息，渴了就喝自己带的矿泉水。等我走到邓小林上班的那条街上时，天早就黑了，那晚，还下着蒙蒙细雨，打湿了我的外套。我就在超市门口，呆了一夜，也想了一夜。我在想，我到底该不该去见邓小林？如果真如之前她说的，你要是来了我就躲。那我怎么办呢？难道真要弄得全城皆知，我一个严重残疾的人，来泸州就是为了找一个我喜欢的人？我陷入了矛盾，我不知道我现在该怎么做才好。最后，我下定决心不见她了，就在远处看看她就满足了。我不想让她为难，更不想让她在她朋友同事面前尴尬。

天亮后，我就在一个有点隐蔽而又看得到她的地方坐着。想看着她快乐的上班，我不自觉地笑了。知道她安好，我释怀了，尽管她今后不再与我联系，我都不介意了。我只要知道她是幸福的，快乐的就好。我宁愿站在她的背后，默默地看着她守望着她，当她记起我时，只要她一回头就可以看到我，知道我这个知己一直都在她身后，祝福着她。

我回家了，我坐上了回家的出租车，给她发了一个短信。短信中写道："好菲菲，我来过了，已经看到你了，看到你忙碌的上班。我没有走过来，我就是呆呆的远远的看着你。知道你一切都好，我已经满足了。我走了，有缘的话，我们再见！愿你从今后幸福快乐！希望你偶尔还会想起我，想起曾经有个病重的男孩爱过你！再见了！菲菲！"我以为她再也收不到那条短信了，因为她已经把我的电话拉黑了。谁知？我刚要出泸州城区，手机铃声响起来了，我一看，居然是她打来的。我急忙接起电话，那头传来我熟悉的声音："飞儿啊！你在哪里啊？"

我有点激动地回答："我在回家的路上，已经出城了。"邓小林说："哦哦。那你要注意安全！路上一个人要小心点！最近我

心情不好，你不要放在心上，我只是想好好静一静，我没有生你的气，以后我们还是最好最好的好朋友。"我听了高兴的问道："真的吗?"她说："嗯嗯。是真的! 我再也不会不理你的，你放心吧!"我说："嗯嗯。知道了! 谢谢菲菲! 那我以后给你信息，你要回我哦!""知道。放心吧!"她说。然后她就挂了，我再打她电话，通了，我高兴极了。

我带着开心的心情回家了。从那时起，她又把我 QQ 加上，电话也恢复了。直到现在，我们和以前一样，每天通着信息，知道彼此的情况，也知道彼此在做什么。

今生，能有这样一个红颜知己，我真的很幸福了。

我回到家里，又提起了笔写下《今生我放你自由，来世你可愿陪我》。

今生我放你自由，来世你可愿陪我
——致我今后的知己

是谁说我是你今生遇到的好男人，是谁说要给我一个深情的拥抱，再一起看一场我喜欢的电影，又是谁说会陪我一世白头，不管我今生身体是否已残，都会许我塞上江南?

自从那一年，你我相遇在花开的季节。我就为你画了青丝变得坚强，为你固了心墙，一笔一划，把你写进了诗篇。

后来，你为了梦想，不放抱负，整天不辞劳苦的辛勤的工作，放我一人守望，半生凄凉。

我想用笔为你筑一个快乐的天堂，留在你的身旁。是我太天真，明知难奏双飞曲，却还想让你陪伴。当年淡淡的香水味犹在，仿佛未曾飘远。

天天依门而看，欲将天涯望断，长长的青丝遮住了我焦急的双眼。对你的思念就就像我的长发，梳平了的牵挂又被吹乱。我爱你就像是用生命浇灌出的花，我等你就像是用轮回诉说的梦塔。

日复一日，年复一年，我竟凝恨相隔太远，怕你不知我对你的思念。时刻临屏书写，百般的相思也抵不过命运的捉弄，我不得不向现实投降。生活在这个物流横欲的时代，都是向钱看。生生隔断了我的哀伤，原来，只是我一厢情愿为你写了等待。我还把生命弯曲成一个等待的姿势，等着你，等着你归来的那天。

那一天，看你奔波工作，事业将成，还找到了爱情。而我却在等待里伤透了心，侧寝虚叹，残缺不全，暗自凄弥。你心疼的目光，刺痛了我的痴怨。

我知道，这次是我该远走了。我为你执笔挥毫，写尽了一世风华，匿藏的苍老也无处遁形。那些传说中的诗篇，如今只为我缱绻，覆云试天下，把酒更著愁。

笑容难展当年曼妙，落花难接昨日芳香。破旧的残屋，在岁月里斑驳了记忆。镌刻在旧墙上清秀的字体，已成为我今生执念：若我拥有一个健康的身体，让我们重头再来一次，你还会选择牵我的手？

百般哀愁，如何诉说？

岁月告诉我，今生，你我已是错过。我轻笑付沧桑，悠悠岁月，漫漫长路，你我情深缘浅。不怪相遇，不忘念想，可知：我用一生写了等待，这半世痴迷我又岂能责怪？

我也曾写了半阕哀伤，也曾念了一片芳华，却把你深深刻在心底，成为我永恒的烙印。原来，荡尽天地，可以忘记自己，却无法忘记你。从此以后，你就是我无话不说的知己，我会永远站在你的身后，守护着你，祝福着你。

今生，我放你自由，轮回路上，我依旧等待。来世，我绝不放你，天涯海角，共同创造爱的天堂，甘苦同尝，祸福共享，誓与你天涯相依。

活 着

王星写诗词鼓励我。

2013 年 8 月 25 日，星哥为我写了一首满江红送我，装裱好后，亲自送到我手上。

满江红·唐刚

唐刚者，富顺县安溪人氏。少好习武，任侠使气。尝外出打工十余载，在云南时，与另一工友夜擒二吸毒盗贼，并打翻前来报复之十数名吸毒者。又好吹箫、笛，曾自制铜管笛一支，中暗藏刀匕。不幸罹强直性脊柱炎，挛缩无形。家徒四壁，然不辍写作。其自创歌曲《江南烟雨》网上点击逾数十万。余甚感佩，遂作满江红一词。词曰：

卷曲其躯，包裹着、晴空霹雳。十余载、纵横剑气，吹箫刻笛。仙不如顽随性赋，苦多于乐谋生逼。到头来、侠骨缚青衿，穷残疾。　　天不悯，人当立；才欲沸，心能炙。使生如花艳，酒浇胸臆。惭愧我侪摩腹语，剧怜手上追风笔。可堪听、盘内散歌珠，凄其魄。

我看着这幅满江红，又开始变得坚强，并且告诉自己，以后不管我能不能手术？病情能不能控制？我都要微笑着过好每一天。因为只要活着，一切才有希望。所以，我要坚强的活着。之后在 2014 年 12 月星哥又为我写了几首诗词：

残疾者唐刚

一

曾经侠骨走天涯，病体于今蜷似虾。
堆屋江声廻空穴，积穷华发伴蒹葭。
生非容易死非愿，命若毫丝笔若花。
泣向沙鸥随流水，青山岭下乱风斜。

二

红粉青衿两意深，风摧一霎黯芳魂。

前生有约难为续，别后相思更若焚。

两地伤心悲薄命，一时消息暗惊心。

沈园旧恨原非错，箫笛怜伊独倚门。

三

志愿者黄荣华携唐刚来自贡，为去成都作宣传求助事宜，无果。余引见胡林，张学礼、周劲、陈勤与焉，得助甚重。席中频倾觞致谢，以致失忆。子夜酒醒，急电询唐刚：安否？唐刚曰：是汝送我回宾馆耶！

挟带安溪木叶黄，席中今见我清狂。

醉中送尔归宾馆，醒后惊心问健康。

求助艰辛无结果，得偿意外不倾觞？

人情终比醇醪厚，为汝开颜为汝伤。

四

志愿者黄荣华，沐川人，42岁，自学针刺，自成体系。常为穷困者免费针治。以气功探穴，只用一支3寸银针，依穴针刺，无论部位，每刺必针入至针柄。唐刚经二疗程后，嘴已能张开大半。余甚奇，请为余试针之，以感其法，以验其效。

分文不取治膏肓，闻讯吾来受尔铓。

脊背听针穿骨缝，指尖发气诊皮囊。

野禅命运何须卜，世路江湖兀自忙。

一念一针关存殁，天涯行走爇心香。

秋雨夜怀唐刚

空斋垂雨画，电脑独敲愁。
力薄怜伊苦，情深感世浮。
心中春一角，笔下韵千秋。
风响柴关动，江声到枕头。

民间医生的爱心

2015 年 2 月 20 日，四川乐山的民间医生黄荣华来到我家里。他是在腾讯微博上知道我的，看到我发布的求助信息，就与我联系。说他准备在 20 号那天来我家，帮我针灸治疗一段时间。还说没有效果一分钱都不要，如果有效果，让我随便给点路费即可，我和妈妈听了就都答应了。黄荣华，个子很高，也很瘦，人很随便，爱喝酒，从不注意自己的穿着打扮，给人一种很邋遢的感觉。他来的时候，在我租住的家里住了下来，是和我住在一间屋子。当他每次给我针灸时，我特别害怕，其实就是怕痛。呵呵。他每针灸一针，我都紧张得很，扎到痛的时候，我就冷汗直流。而他也特别负责，随时问我有什么感觉？还一边把着脉，看我的反应。他的针灸手法，与别的医生完全不同。以前我也针灸过，可他扎的每一根银针都全部扎完，所以看起来就让人点害怕。开始的时候吧，我并没有什么感觉，但是我依旧每天坚持扎。

— **329** —

就在他来我家的第三天，我就让他推着我坐车去了一次自贡。我是因为前段时间被骗了有点不甘心。所以想去自贡街头卖文字，想把被骗的钱赚回来。上午十一点过，我们才坐到车。到了自贡，是星哥来接的我们。当天中午，星哥还请我们吃了羊肉汤呢。吃完午饭，星哥带着我们来到宾馆，给我们开了一个房间，也是星哥给我们开的。之后又带着我们去了茶馆，在那里一边喝茶一边聊天。还有宋光辉老师一起，另外还有一个记者，不过不是采访我的。宋光辉老师，还帮我拿着银行卡去银行兑换外币。那是一个在国外的留学生，知道我的情况后给我捐款 100 欧元，可是无法取出来，只有兑换成人民币才能去出来。在茶馆喝茶的时候，星哥打电话通知自贡的朋友，说我到自贡了，希望他们晚上一起陪我吃饭，顺便谈谈我的事情。

到了晚上，我们来到一家餐厅，那里有十几个人，他们看到我的到来，都纷纷和我握手。也就是那次，我认识了书画家胡林老师，他是自贡市残联的副秘书长。他失去了双手，听说他用嘴巴写字写得很好，在全国都很有名气。胡林老师对我很客气，见面就很亲切的称呼我为幺弟。那晚有电视台的、报社的一起吃饭，还有一些我已不知道他们叫什么了。总之，大家都为我想办法，希望我以后可以实现我的梦想。而黄荣华对我分文不取的治疗，也得到他们的赞扬，纷纷向他敬酒。那晚，星哥也很高兴，想到我又认识了胡林他们，我又多了一分希望！为此，星哥还多喝了几杯呢。离开的时候，胡林说今后有什么需要帮助的可以跟他说，他会尽力帮助我，也希望我要坚强面对一切。回酒店时，是星哥亲自送我和黄荣华回去的，可是他回去后却又打电话来问我回酒店没有。呵呵。看来星哥确实高兴，多喝了些。后来，胡林老师为了让更多的人认识我知道我，还特意让我参加了一次自贡中小企业家的助学活动。

那是在二零一五年夏天，我在家里突然接到胡林老师的电话，让我去自贡参加一个活动，具体的事情刘明春大哥会给我电话通知我的。那时正遇到我重感冒，为了能及时参加活动，妈妈和宝宝把我推到医院输液。我又打电话给星哥，星哥听了后又帮忙找车子来接我。那天，是妈妈陪我去的。刚到了自贡，我就给胡林老师打了电话，告诉他我已经到了。我和妈妈被安排到一个老板开的宾馆里住下。晚上吃饭的时候，星哥推着我来到一个餐馆，等着胡林老师。等下一会儿，胡林老师就来了。他见到我就说："幺弟，今天是你来了，我特意赶过来陪你吃饭，如果是别人的话我理都不会理他。"那一刻，我感觉我很幸福，胡林老师对我太好了，他那么出名，对我却是那么的谦和。在我们吃饭的同时，胡林老师介绍了佘恩来佘总给我认识，说他就是听说我需要电脑，就特意给我准备了一台，明天会在活动现场给我。

佘总，他很年轻，是一个企业老板。人特别精神，他从小也是吃过苦的，所以他乐于助人，对我很好。在活动现场，他听我说还想要一个好的耳机，方便我录制歌曲。他就记在了心里，在我回家后不久，他就特意买了一个很好的耳机，特意给我送来，顺便来我家里看看我。当时，他还给我一个400元的红包和一件牛奶。从那以后，佘总都会在佳节时来看我，记得有一次，他听说我熬药需要独蒜，我们这里又买不到，他就帮我买了熬药用的独蒜给我带来，又给了我一个过年红包呢。同他一起来的，还有一个中学教师，石老师，他刚刚退休，给我买了一件牛奶。

而那天，我在活动现场，我收到了佘总捐给我的电脑，还收到一个老板给我的200元红包，和一大包糖果。为此，我只是短短的讲了一下我的故事，我的愿望和梦想给他们听，感动了他

们。大家都满脸泪痕，特别是我的妈妈，她哭得挺伤心的，我也哭了。为了感谢那些爱心人士，我还唱了一首歌，同时希望那些受到资助的孩子们，他们在这些爱心人士的帮助下，可以好好读书，将来能成为有用的人。这是我第一次参加的活动，让我记忆深刻，它将成为我生命中美好的回忆。

话说回来，我和黄荣华在自贡呆了两天就回来了。回来后，他继续给我针灸，慢慢地，我的嘴巴可以张开了。这对于我和妈妈来说，是一个非常好的消息。因为，之前我的嘴巴是无法张开的，吃东西都有些困难。现在，我可以吃我想吃的了，所以，我和妈妈都很高兴。黄荣华在我家给我针灸了半个月，除了使我的嘴巴能够张开外，其他实在没有效果。他本来是想给我针灸一个月的，但是有人请他去别的地方治病，没有多呆就走了。他走时，我给了他300元钱，表示感谢！后来，他在同年年尾，又来过一次。因为始终没有什么效果，第二次他也只呆了一个星期就走了。

爱心家族的帮助

2012年的时候，我就认识了一个网友，她让我加入了一个网上的爱心家族群，群主叫郑雁，郑雁姐姐也是在那时候就加上我的。我们虽然没有怎么深聊过，但是我也跟郑雁姐姐说过，请求她帮我呼吁一下。当时的她没有怎么理我，直到2013年10月的一天，郑雁姐姐突然在QQ上与我联系，让我把我的具体情况跟她说清楚，她要发动爱心家族的人为我捐款。我把我的情况写成文字，发给她后，在 10 月 25 日那天，她的把我的情况在她空间发表，并呼吁爱心家族的人员捐款。

也就是那次，我认识了爱心家族里的洛会芬姐姐，她多次为我捐款，后来还持续半年之久，每月给我打 1000 元的生活费。她在爱心家族里，被公认为爱心天使。据我了解，洛会芬姐姐每月会捐出几万元左右，受她帮助的人，不计其数，而且每一个受到她资助的人都是多次收到她的捐款。逢年过节，她会还给每一个受到她资助的人一个红包。所以，她被公认为爱心天使！洛会芬姐姐不仅捐款给我，在她知道我开了网店后，每次过节日，都会到我的网店里买东西，送给她帮助的那些困难的人。

郑雁姐姐的爱心家族群，帮助了很多需要帮助的人。里面的爱心人士，很多都是打工者，他们把他们辛辛苦苦流汗挣来钱，却捐给了那些需要帮助的人，这种精神让人可敬！

在这里，我双手合十，祝愿他们——好人都一生平安！

还有一位我的网友蓝天白云姐姐，她自己都是一个残疾人，却还为我捐款捐物。她也是多次给我打款，每次 200 元，都是让她女儿去邮政给我打的。她自己都不能走路，却还让她女儿推着她亲自去商场里，买衣服给我寄来。她给我买了几件夏天的衣服，还有一套冬天的保暖内衣。还有一个网友花溅泪花大哥，他是让我最难忘的一个，为什么这样说呢？那是因为他当时在上午捐款给我 200 元后，中午就连他自己吃饭的钱都没有了，还跑去蹭朋友的饭吃。所以，他是让我最难忘的一个网友。当我听说后，我都不好意思了，当时我还问他要卡号，我想把那 200 元退给他呢。当然，他没告诉我，只是很淡然的一笑说："没事的，兄弟，你哥我不会被饿死的。"当然，还有很多很多的网友，他们都帮助过我，我虽然不能一一道出他们是谁？但是，他们的爱

心，已经刻在了我的心里。所以，我要带着他们的爱心，好好的活着。

我的文字

自从我生病后，我创作了很多作品。虽然我写得不是很好，但我写的有些作品也能让人称赞和收藏，甚至流传下去。有些文章也可以感动别人，让人泪流满面。我记得在我刚刚接触网络不久，我写了一篇文章《作别花月，琴箫双奏声处处》，此文发表在网络后，就得到一家出版社看中，并收录进《龙凤传说》这本书里，此书出版后，他们还特意给我寄了一本过来，让我留着做个纪念。在我看来，此篇文章没有什么好的，只是我打破了传统的诗词韵律，我写的所谓诗词独出一辙而已。受到大多数网友的喜欢，当然也有不喜欢的，说我写的诗不像诗，词不像词。对于他们的讽刺，我从不放在心上，我只管按照我想的写就好。

作别花月，琴箫双奏声处处

细雨潇潇，晨曦又度，昨宵明月落何处。

琴音杳杳，晓烟迎暮，楼阁帘乱春风顾。

绿枝翩翩，桃花未露，枝头没瓣落无数。

明月幽幽，花香有木，谁人归去红尘路。

春染芳华，波光落处，寒江侧畔花纤舞。

碧水凝寒，清风又抚，今晨夜色漫津渡。

古色玉箫，欲奏离赋，不知曲尽泪难住。

望尽天涯，伊人何处，轻摘玉带挂江树。

逐去轻舟，碧波水雾，岂知落月去何处。

琴音依旧，抚乱归途，金樽盛酒满愁楚。

芳香尚在，易水轻渡，作别花月烟已暮。

举杯自饮，佳人纵舞，倾城已是昨宵幕。

烟雨零落，共剪红烛，繁华一夜愁思腹。

望穿江畔，箫声处处，离歌谁奏人何宿。

寒夜渐去，斟酌且住，桃花如雨落前路。

长歌伴箫，风华倾负，谁人浅唱相思苦。

还有两篇散文，被济南文墨文化传媒有限公司主办的《诗意人生》收录并出版，分别是：《等一场初雪，任雪花染遍我的眉睫》和《我闻着花香，寻找那为你偷偷绽放的妖娆》。

等一场初雪，任雪花染遍我的眉睫

时节入冬。

窗外的颜色早已换了一遍。从翠绿变作枯黄，再从枯黄变作苍白。如今的冬天，只能用苍白去形容。没有雪的覆盖，那是属于沧桑的无奈。

我站在路旁，看树叶大片大片地落下。原来，早已不是属于秋天的那种温柔的萧瑟。而是，冰冷地摧毁。很彻底，很彻底。路过停靠在路旁的车子，后视镜里，看见一个陌生又熟悉的身

影。戴着帽子、口罩，塞着耳机。穿着风衣，手插在口袋里。仿佛与世界隔离。我怔怔地看了半天，才发现，这个镜子里的人，是自己的缩影。

陌生的城市，独自穿梭。找不到让自己停下来的理由。这个城市，繁华，也落寞。我看着行色匆匆的路人，疲于奔命的过客。为了生活，无休止地忙碌。他们停留在这个城市，是为了生存，而我呢，或许也是吧。或许，只是找不到别的去处。

茫茫人海，我每天与千千万万个人擦肩而过。好像没有一次，能看见熟悉的面孔。每天，都在接触陌生。陌生到熟悉，再到陌生。人生，就像是一个无休止的摩天轮。转来转去，没有永远的定点，也没有永远的目的地。今天，我遇见你。或许下一次遇见你，已是下一个轮回。那个时候，我再也记不起你。

走在街头，听见自己喜欢的歌曲。终于肯睁开眼睛，静静地聆听。一首歌播完，继续漫无目的地游荡。顶着别人不解的眼神，顶着漫天冰冷的风。细细踏着每一步，每一步，刺骨的疼。

抬起头，那些来不及聚起，却又被风匆匆吹散的云。就像人生的折射，那些人，来不及会合，又很快离去。只留下，那些一段段被剪辑的画面，留在脑海，不停地回放。

我看着晚霞落尽，黄昏向晚。留下最后一点余晖，穿透树枝，留下一道道被撕裂的剪影。好像被断裂的生命，走不到尽头。

我好像闻到玫瑰花的香味。路过花店，买了一束玫瑰。拥在怀里，抱紧。直到玫瑰的花瓣被揉碎，才不舍地松开。然后看也不看，向天空扔去。

就让红色的玫瑰随风飘落在土地，散落的花瓣天堂还为你作嫁衣。——初雪。

假如，人生是一场电影。那么，我永远也不想成为主角。因为，主角，有太多的欢喜与无奈，太多的忧愁与失落。我只想作平平淡淡，简简单单的配角。永远安好。便好。

天，越来越冷了。我穿着厚厚的衣服，与冰冷隔绝。没有雪的冬天，我永远也不想去接触。

我在等一场初雪，属于我的初雪。当雪花一片一片落下时，我想，我会开心地像个孩子。

我闻着花香，寻找那为你偷偷绽放的妖娆

饮下一杯淡酒，醉在江南的最后一抹风尘里。贪图了这一份岁月长久，却失落了一场花季。烟雨一滴一滴地打在我的青伞上，在边角绽放出一朵朵绚丽的花。

我独自一人走在大雨滂沱的江南暮色里，陪着朦胧的烟雾，也陪着寂寞的青石小路。走过的石桥，被雨水洗去了岁月的痕迹，我踩过湿漉漉的青苔，才能隐约地触碰到过去的一年又

一年。

喧闹的酒楼里，一碟小菜一杯黄酒，再加上帘后隐隐传来的小曲，总是温润着过客疲累的身心。解下长剑，搁下怀里的长箫，松一松心事，将那座江湖遗留在山水之外。

买一场醉，陪着白墙上清新优雅的诗句，陪着一点一点走入暮色的江南，陪着万家灯火的热闹，还有心底潜藏已久的寂寞，也陪着思念了好久的人儿。

江南的雨，总是多情的。一滴一滴唤醒了心底的梦。梦里，一路繁花似锦。我将这一场柔美的风景留在心底，待有一日，你为我身穿嫁衣，我娓娓道来，说与你听。

一身白衣，走过了江湖千遍万遍。牵肠挂肚的，不是名利加身，只是为了梦里的，那一袭火红的嫁衣。你为我穿起的嫁衣，戴起的玲珑凤冠，垂下的珠帘。你为我装饰了梦，而我也为你，守了千年万年。

推开红木的窗子，看着窗外依旧飞落不停的烟雨。淋湿的山水，淋湿的草木，淋湿的楼阁，淋湿的小路，淋湿的行人，还有我这淋湿的心。我撑一把青伞，却依旧挡不住那些细细的心疼。

宝剑封匣，多年不肯拔出。只为了你曾说的那句，厌倦了江湖厮杀，也厌倦了颠沛流离的江湖生活。你多想退隐世外，每日小桥流水，炊烟袅袅，度一度山中岁月，倒也惬意非常。

就为了那么一句，就为了这样一个你。我封起了宝剑，带上了你最爱的长箫，一路寻你。无人作证，我就这般执着地，找寻着你。因为牵挂着你，牵挂着你爱的那一整个烟雨江南。

　　我在烟雨中抬眼，将山水全部望穿。我多么希望下一个山村里，你倚门相守，带着微笑，带着温柔，备好了饭菜和淡酒。我放下了长剑，放下了江湖，只为了，将剩下的岁月，全部留来陪你。只为了与你厮守，我袖手了天下。

　　站在路口，安静地听着丛林间花鸟欢唱。我才知，断断续续的雨，终于停了。我望着远处，一幅又一幅清雅的水墨画，一寸一寸醉了人心。

　　那棵榆树下，谁家的女子张望着遥遥的路口。是你眼中如水的期盼，还是你十指紧张地纠缠。我一身白衣，就这么突然地闯入了你的梦里，无声无息。

　　我抬眼，与你对望。就这样，拥进怀里。这一份厮守，时隔千年。

　　其实，我对所有的创作都不是很擅长，我最擅长的是写歌词，我也喜欢用歌词去表达人的心情和意境。就是因为我创作的歌词和歌曲在网上流传，让一些和我有同样的爱好的人关注了我。
　　当时我为了感谢邓小林对我的特别关心和疼爱，本想把那首《等缘》的歌词做出来，还请星哥找人帮我谱曲。他请了四川理

工学院著名音乐家黄宗坛帮我谱了一首《我的天空有了你》。黄老师免费为我谱的曲，他又请他们学院的师生为我编曲、配乐、演唱、录制。这些后来的制作略微"表示"了一些费用，星哥又拿去刻成光盘。所有的费用都是星哥想办法解决的。但十分可惜，我传给星哥的歌词很多，结果星哥把歌词搞错了。这首歌原来已经有人谱了曲，我在网上已经唱了很久了。所以这首歌我没有在网上唱。星哥很自责，说都不好意思面对黄老师了。我也是，没有人教我，我还不会唱。我若会唱，在网上唱两个版本有何不可呢？

我的天空有了你

作词：花怨秋

作曲：黄宗坛

演唱：陈　常

自你微笑着向我走来
我的世界就没有伤害
伤心的时候有你关怀
告诉我病魔不会把我打败

银频你的关爱飘过来
鼓励我要敞开男儿的胸怀
痛苦的时候想想你的爱
我就有了勇气面对未来

我的天空有了你的爱
都是你的安慰和关怀
我的天空有了你的爱
让我的心儿面对未来

不管是成功 还是失败
多年以后我会努力去爱
多年以后我会努力去爱
等着你的爱 你的爱

　　由于我的歌及歌词在网上受到很多人的关注和支持，产生了影响，还有些企业和个人请我给他们写歌词。

　　郑雄，贵州铜仁的人，网名山猫，是贵州铜仁一所大学的学生，也喜欢文学。他在网络上看到我的作品，当时很崇拜我。于是就加我为好友，得知我还善于写歌词后，就请我为他们大学生联谊会写一首会歌。并承诺我，写好歌词后，他会给我 200 元钱，还说他只是一个学生，没有太多的钱，希望我不要嫌少呢。等他找人把歌词谱成曲并演唱出来后，就帮我在他们学校呼吁帮助我，让大学生联谊会的学生们为我搞一场募捐活动。

　　我听后就答应了帮他们写，我当时并不是冲着他要帮我才给他们写，而是因为我喜欢写歌词。加上他说他们大学生联谊会是专门做公益的，所以我就答应了。我让他把他们联谊会的资料发给我，让我看看才知道该怎么去写这首属于他们的会歌。我花了一天的时间去看和了解，于第二天便写出了一个大概，经过大半天的修改后，我又发给我们自贡作协的星哥看，并让他帮忙修改。星哥帮我修改了一些地方后就发给我看，让我看看是否满

意。我觉得很好，再次修改后，就为此歌取名为《让爱导航》，于 2014 年 12 月 21 日发给了郑雄。郑雄收到后还夸赞我说，你从来没有来过我们铜仁，写出来的歌词却像是一个土生土长的铜仁本地人，太厉害了！

让爱导航让梦去飞翔
——德江大学生联谊会会歌

作词：花怨秋

我们是花我们开放
向世界散发醉人芬芳
我们是树我们成梁
迎着朝阳快乐地成长

青春的世界灿烂又辉煌
也许有挫折一定有风浪
挑战只能使我们更坚强
只要努造就有人间天堂

让爱去导航让梦去飞翔
父老乡亲时时萦绕心房
无论多成功无论在何方
感恩我故土回报我家乡

我们是花我们开放

承受故乡雨露的滋养

我们是树我们成梁

我们的根深扎在故乡

千里的乌江千里的画廊

勤奋的学子时尚的姑娘

一腔激情催生我的梦想

我的故事发源于我故乡

让爱去导航让梦去飞翔

父老乡亲时时萦绕心房

无论多成功无论在何方

感恩我故土回报我家乡

　　过去半个月后，我本想问问郑雄：曲谱好没有？谁知他却把我从 QQ 里删除了，我联系不上他。当时，我也没有在意。又过了一段时间，我在网上无意间发现歌曲《让爱导航》已经上传网络了，是一个女的演唱的，还挺好听的。我一看词作者竟然是郑雄，我心里很不高兴。可是我联系不上他，于是我就找了此歌曲的作曲人音风，问他为什么盗用我的歌词？他是铜仁电视台的一个记者。他知道后连忙跟我道歉，说他并不知道歌词是我写的。他说是一个学生找到他，让他作曲，说是他写的歌词。所以，他完全不知道这个学生居然盗用我的歌词，还说是他写的。音风知道详细情况后，就找郑雄，说他侵权，盗用别人作品，将会受到法律制裁。郑雄听后急忙与我联系，请求我不要告他，还跟我道歉请求我原谅他。我看他那么真诚，且又是一个学生，就原谅了

他，还跟他一起共用歌词作者权。只是我要排在前面，他的名字在后面。

后来，他又找人重新谱曲演唱。作品出来后又变成他在前面了，还在他们那里的记者面前说是他创作的，我只是指点了几个字而已。我看到那篇报道后非常生气，又找他理论。他说后面的歌词他改过一些，所以他就要排在前面，甚至可以说是他的作品，把我的名字排在后面是想到我是个残疾人，已经给足我面子了。之后就再也联系不上他，他又把我删除了。而他之前请我写歌词时，所有的承诺也没有兑现。我并不在意他的承诺，我就是生气，他一个大学生，知识比我好，做事情却那么卑鄙恶劣，一点不靠谱，没有诚信。

为此，我还不高兴了一段时间呢。

只可惜的是，我不能走路，又多次联系不上那边报道的记者，不然我还真的会不远千里去贵州铜仁找郑雄，让他给我一个说法。后来，我经过朋友们的劝解和开导，我也就没有再去过问这件事情。我想开了，无所谓，不就是排名前后嘛。又不是什么大事，就当我没有写过这首歌那样想。这也证明，我确实是有这个能力写好一首歌。至于郑雄——他只不过是虚有其表、欺世盗名而已。

人生以后的路，还很长呢！

十二

现在的生活

站起来！站起来！

这是我现在越来越强烈的想法。

这些年，我从一个人生活，到现在妈妈的细心照顾，我心情也好了很多。偶尔我也会怀念我一个人在老家的时候，那种寂寞孤独的感觉，有时候也是一种享受。有一天，我跟妈妈说，我想回老家去住几天。妈妈告诉我，你回去也没用啊！家里的房子已经倒塌了，不能住人了，只有等以后你有能力的时候，把房子重新修一下，才有可能达到你想回去住的心愿了。

有能力，我不知道要等到那一天去了，不过我还是会努力的，毕竟老家才是我真正的家。

现在租住的房子，是别人的，那天人家收回去了，我们又还住哪里呢？保保在船上工作，可是现在都半年没有发工资了，保保也不知道有没有工作做！为了生活，妈妈在一个小区里打扫卫生，每天上 8 个小时。而我，天天要吃药，每个月都要从广西买药。还时不时地小病一场。网友们的捐款，已经没有多少了。为了可以多少赚点钱，我开了一个网店，本来还是有些生意的。现

在又遇到网改，卖食品这个东西需要国家营业执照和食品流通许可证，营业执照还好办，就是食品流通许可证办不了，需要实体店才能办，导致我的网店也瘫痪了。

想到以后，妈妈老了，那时我又怎么办呢?

为了以后多少可以自理一些。我在黄荣华来给我针灸以后，每天早上都坚持锻炼。他走时告诉我，如果我坚持锻炼是可以不用拐棍走路的。所以，我现在一直都在锻炼，除了下雨没有出去锻炼，但我都在家里锻炼。那时天热的时候，我每天早上就是五点半起床，推着轮椅慢慢的从家里走出去，一直推到公路上。冬天的时候，我就是七点起床出去锻炼。一个来回，需要一个小时左右。刚开始时，我推着轮椅只能走十多米远，腿就痛了，双腿直发颤。我就坐在轮椅上休息一会儿，等腿感觉不再酸痛了，又继续起身推着轮椅走。走一会儿，歇一会儿，反反复复。就这样，通过我的坚持，现在终于可以不用拐走路了，而且还能走四五十米远了。但是，得是在平地上走，如果有梯坎就还是得用拐行走。

我现在除了坚持锻炼，一边坚持写作，还一直不曾放弃我的梦想，那个站起来的梦想。

我写作吧，不是天天坐在电脑前写，而是偶然看到或听到一些让我产生灵感的事和物才写。还有就是因为晚上的梦境，当我梦到一些事情醒来后，就拿起身边的手机，在笔记本里写下那些零落的碎片保存好。到了第二天就看着那些零落的碎片想着梦里的画面，开始写作起来。有些时候我怕忘记画面，就会在醒来时就开始写起来，直到把整篇文章或是歌词写完了，修改好满意了再才又继续睡觉。

记得有一次，我在深夜一点多时，我梦见自己仿佛穿越了时空，回到了古代。梦里，我来到一家毛草屋面前，一个长相倾国倾城的女人，坐在茅草屋破旧的门前，一针一针的缝织着手中的衣裳。还时不时地抬头望着远方，仿佛是在等待那离去的人儿回来。那个画面，在夕阳西下的映衬下，显得那么的美，那么的遥不可及……在我醒来后，我就写下了一首歌词，名为《时光》。

时光

作词：花怨秋

天色作别了夕阳
候鸟回归了南方
煮了一壶清茶
看黑夜偷换时光

花儿等不到重阳
却等来黄花的香
时间远走他乡
你在风尘里守望

你折算的那场花期
描写了谁的美丽
笑着把旧时忘记
是谁带走了叹息

你弥补身上的白衣

针脚密合又仔细

穿着重叠的回忆

是谁封存了秘密

望一望 那抹夕阳

算一算 你的时光

你折算的那场花期

描写了谁的美丽

笑着把旧时忘记

是谁带走了叹息

你弥补身上的白衣

针脚密合又仔细

穿着重叠的回忆

是谁封存了秘密

天色作了别夕阳

候鸟回归了南方

眉前飘着芳香

诗化了谁的脸庞

　　而这首歌词，也是我比较满意的作品，只是找不到愿意免费
为我谱曲的人，显得有些美中不足。

　　我的事情，经过媒体报道后，虽然我到现在还是没有做成手
术，但是我的生活好了很多，身体也结实了许多，没有开始那么

瘦弱了。有一次，我用手机自拍了几张照片发表在空间里，网友们都说我身体好了，长胖了。确实，我在一次肾结石的病痛中，去医院检查时，之前给我做股骨头坏死检查的医生也说，我如果有条件的话，现在做手术身体已经可以承受了。就在大家熟知我的情况后，一笔笔的捐款和爱心与关注向我涌来时，让我感受到了温暖，也让我看到了世界上的好心人还是很多的。我相信，总有那么一天，我一定会碰到更多的爱心人士帮助我实现这个愿望的！

我时常推着轮椅，来到沱江边上，望着奔流的江水在想。假如我真的实现了愿望，站起来了，我又能为所有帮助过我的人，做些什么呢？我想，我能做的，就是把他们给我的爱心和正能量传传递下去，让所有的人都能感受到爱的世界是多么的和谐和美好！我还要继续我的创作，即使不能走向成功，我也不会放弃。我就是因为创作才让大家看到我的存在，才使大家的爱在我身上显现出来，这是世间最美好、最珍贵的情感。所以，我不管未来会怎么样？我也要坚持创作，创作也是我生命的力量！

同时我又在想，假如我这一生，不能实现站起来的梦想，那我又该何去何从？其实，并没有那么复杂，如果没有站起来，我就该面对现实。因为这个世界，不会因我一个人的伤痛而改变，只有改变自己，去适应这个社会，然后再带着微笑迎接这个美丽的世界，接受和正常人不一样的生活而更加努力的活着。我能得到那么多人的关心和关注，已经是很幸运的一个了。其实，我身边还有比我更惨的人，他们没有得到爱心人士的熟知，自然就没有得到任何的帮助，不也一样坚强地活着吗？所以，我知道什么才是我应该做的，不要浪费了上天赐给我的生命，爸爸和妈妈带我来到这个多彩多姿的世界，我要用我的余生，用心去感受和感

谢这个温暖的世界。即使，我的身体再也站不起来，我也要使我的"生命"站起来，我要让世人看到，从小倔强的一个小男孩，在经过命运的洗礼后，成长为一个真正的男子汉——一个真正的"人"！

想到这里，我不禁的笑了，自豪的、开心的笑了。这时，我看到江对岸的山上，燃起了火光。那是丰收的农民，正在地里燃烧麦杆，这让我又想起儿时的杰作。那时我跟大舅的小儿子，也就是我的小表弟，我们一起在外婆家后面的山上玩耍，摘糖罐罐吃。吃够了就在山里烧火耍，谁知惹来一场大火，燃烧了半个山头。开始，我们两个使劲打火，可是风一起就越是的燃烧的厉害，我见势不妙，立刻让小表弟跟我一起跑到比较远的地方，用石头把那些未燃烧的草木隔断，幸好我们及时的隔断，这才避免一场火灾。

小时候的事情，是我快乐的源泉，也是我一生难以忘怀的美好记忆。恍惚间，我仿佛看到了那个调皮的小男孩，他在荆棘里奔跑间，突然间懂事了，他正在设计和把握自己的未来。

我的梦想还在继续，我的路还很长，我，一定要坚持下去。

过往让它过去，未来让生命重生

病后的我，直到今天才发现。我那伤痕累累的心里，记得的全是开心的趣事，幸福的画面，感动的一瞬间，那些点点滴滴，总能浮现在我心间。断断续续的画面，总能带给我无尽的遐想。即使发生在童年的任何一件小事，总是历历在目，恍如昨天。

而那些让自己伤心过的、痛苦过的、恨过的、难过的人和事，早已随风而逝，不曾留下一丝丝痕迹。并不是那些痛苦不够痛彻，那些伤心没有伤痕，那些恨过的人不在世上，而是，我放下了，舍弃了，遗忘了。

就在我在失去所有的那一刻，也曾痛若彻骨，恨之心切，也曾忿忿不平，怨天尤人，在无人的夜泪湿了枕，哭红了眼，伤透了心。那是怎样不堪回首的一段岁月啊！我的完美世界仿佛一夜间坍塌，陪着暗淡的月光，独自饮下一杯忘情水，独自疗着所有的伤。泪痕未干时，晨曦又闯进了我的世界。缓缓地睁开眼，一切恍如隔世，阳光的味道夺走了口中淡淡苦涩。再仔细想想，其实我的人生之舟，不过是刚刚启程，未来的一切都那么美好。

人生之中，最难忘记的就是情和爱，这也许是人生最痛苦的一件事。面对生命中的相遇，相识，相爱，没有人会忘记曾经的一切缘之初见，也没有人会真正忘记曾经的吻和泪，甜蜜和苦涩。时间会改变一切，让记忆沉淀下来，更加深刻地留在心底。而我们要做的，只有随着时间的，才会慢慢淡忘，都不能彻底忘记，就让它成为我们一生中最华美的记忆吧！想忘记的忘不了，想放弃的舍不下，想得到的无缘得到，这就是人生的烦恼与忧愁。

在某些时间，在某些岁月，我们必须忘记一些人一些事。学会忘记，就学会了宽容，学会了理解，学会了释然，学会了淡泊，学会了感动。学会不后悔，学会珍惜，学会不伤害，学会感恩，这些都会让我们在人生的路上活得精彩，活得充实，活得潇

洒，活得真实。而怨天尤人，自卑自怜，都会让我们失去对生活的热爱和追求。人生苦短，学会忘记，才会让我们活的简单而快乐。

世界上没有十全十美的人，也没有完美无瑕的事。一昧的追求完美，就会让我们活得太累太辛苦，太完美的东西会让我们失去一种真实。人生路上，如果没有历经痛苦是不会成长的；人生路上，如果没有遗憾是不快乐的；人生路上，没有爱是不幸福的；人生路上，没有忘记是很伤感的，所以让我们学会忘记吧。

当我们走到人生尽头，去喝孟婆汤的时候，那时也许才会觉得还没有好好地去感受今生的美丽和精彩。然后，再痛痛快快的忘记所有的不开心、不快乐和不幸福。人在旅途，我们一直在寻找，也一直在忘记，一直在后悔，也一直在弥补，也许，这就是人生吧。

当黑夜的幕，消失在黎明的阳光里时，我们会像忘记昨夜的梦一样，悄悄地翻过这一页，重新开始，新的一页。最后，我可以告诉自己和所有爱我和我爱的人、关心我的人：让我们一起忘记过往，重新开始，未来让生命重生。

生命中的歌曲

作词：花怨秋

我的人生历经了风和雨

每一个故事都可歌可泣

半生的坎坷颠踬与艰辛
有多少眼泪打湿我衣襟

我在绝望里找回我自己
明白人生有太多不如意
遇到困难不要轻言放弃
只要我活着就坚持到底

漆黑的夜里我不再哭泣
孤独和寂寞伴我闯过去
把命运的转轮握在手里
疾风骤雨后一定会天明

一路欢歌我用生命唱下去
我要唱出最美的相遇
一路风雨我用残躯添瑰奇
谱写人生最美的歌曲

一路欢歌我用生命唱下去
我要唱出人生的美丽
一路风雨我用双肩化羽翼
翱翔蓝天看我创奇迹

我的语录

再多的悲伤，也摧不毁我的城墙，我在命运的转轮中笑着遗忘。

我只想做一个平凡人，不想要那么多的负担。不想经历大喜大悲，不愿背负太多期盼，想让生活变得简单，想让自己随遇而安，偶尔悄悄幻想，偶尔浅浅浪漫。可是太多时候，还是只能承受负担，独自坚强。在这个匆忙的世界，没人有时间照顾你。你若不坚强，谁替你勇敢。

不管遇见任何人，真诚才能走进心里；无论碰到任何事，善良永远不过期。美丽的外表也许会打动别人，但真诚的内心更能感动别人；强势的语气也许会让人口服，但善良的行动更会让人心服。尘世间有多少人来人往，就有多少擦肩而过。一些风景再好，终不属于自己；有些情感，路过交错，已然是最好的结局。回忆中，总会有些瞬间，却能温暖整个曾经。

一朵花，开在春天，是美好；一片绿叶，映入眼帘，是清新；一个人，放在心中，是牵念。这世间，总有一处风景，虽途径万千，看过便不忘；总有一个人，虽历经千回百转，遇见便不悔；尘封，是初识的模样，而感动，却是心中的永远，那些回眸嫣然，便是相遇的那一树暖。

了结，是一场放过。不管是从眉头还是从心头，放过了别人，不是对他人的恩惠，是对自己的善待。面对远去的，念念不忘，心中不舍，不过是一种自我的折磨。学会了放手，才是对自己的真正解脱。祝福自己的祝福，你终会发现，原来人生最美的是释然。

有人说，在漫长的一生里，会遇见几个懂自己的人？就算遇见了，又会有几个真正愿意懂自己的？这样的人，如果遇到了，或男或女，只需一人便足够。真正的懂得，不是相邀，也不是牵引，更不是逼迫，而是实实在在自然而然的明白，这样的明白，无关风月，无关功利，甚至无关风雨也无关晴天。

小时候，我们渴望大人的世界；成年后，我们哀叹早逝的青春；年轻时，我们以健康为代价，拼命地挣钱；迟暮时，我们以金钱为交换，维系着健康。我们总在担心明天的一切，却又无视当下的快乐。于是我们丢失了现在，更迷失了将来。请记住，不要让自己走过的路，最终只留下一抹黑色的印记。

每个人都当过梦想家，也都曾编织过一个又一个美妙的梦，对美好未来的最初向往。虽然说，我们的人生都会开一次花，但不一定都会结果。幸福不会从天而降，它需要你每时每刻执着地追求。有追求就会有希望。不论是怎样的生活，只要有追求的光芒闪烁，就会有理想的光辉照耀，而人生也会因此而充实，更因此而美丽。

人这一辈子，总会遇到一个对你好的人。真心真意，实心实

意的对你好。能在一起不容易，别给人生留下遗憾。世界上最远的距离，不是爱，不是恨，而是熟悉的人，渐渐变得陌生。思念的滋味，如酒一样烈性，如咖啡一样苦味，可思念的等待却是最无悔的期盼，最甜蜜的时间，最简单的幸福。

有一种心情叫失落，有一种美丽叫放弃。一次默默地放弃，放弃一个心仪却无缘份的朋友、放弃某种等待却无收获的感情、放弃某种心灵的期望，每放弃一种思绪，心里便生出一种伤感。然而这种伤感并不妨碍自己去重新开始，在新的时空内将音乐重听一遍，将故事再说一遍。因为这是一种自然的告别与放弃，它富有超脱精神，因而伤感得美丽。

有一句话，人生在世，永远不会有完美；那么就如同十五的月亮和初一的月亮，一个是洁白圆润的美，丰盈的美。另一个是残缺的美、哀婉的美、凄楚的美，那么我们人生，又何尝不是如此呢？

一天很短，短的来不及拥抱清晨，就已经手握黄昏。一年很短，短的来不及细品初春，就要打点秋霜！一生很短，短的来不及享用美好年华，就已身处迟暮。人生总是经过的太快，领悟的太晚，所以，我们要学会珍惜！珍惜人生路上的亲情，友情，爱情。因为，一旦擦身而过，也许就永不邂逅。

花落才有花开，有散才有聚。若没了那一份无奈，又怎懂得珍惜。我们总是不遗余力地追求那一个天长地久，我们总是千方百计去留住那一个结果，却不知天有老时地有荒，这世界哪有不变的情？却不知如果曾经拥有过美，便不需去强求什么结果。这世界许多东西没有永恒，这世界许多事情没有结果，而美丽依旧美丽，辉煌照样辉煌，又何必斤斤计较时间的长短，又何必兜兜转转寻求因与果。

一花一枯荣，一世一轮回。春看百花开，夏感凉风爽，秋观月儿明，冬赏雪皑皑，四季轮回的赐予，让我们感受人间的冷暖，也欣赏人间处处都有美好所在。生活中也许遭遇挫折和磨难，但它却给予了我们坚强，不管冬天怎么寒冷也不碍春天的希望。感谢轮回，善恶有报，学会善良、善待他人、让慈悲在心中滋长。

花的微笑，最美，无需矫揉造作，因为心里有个世界；水的微笑，最静，无需风花雪月，因为心里有个梦想；心的微笑，最真，无需刻意无需伪饰，因为心里有一首歌，有一片时而宁静时而澎湃的大海。岁月，在无憾中微笑，才美丽；人生，在眼泪中微笑，才多姿；生命，在坚强中微笑，才精彩。

书在左右，或信手闲翻，或倾心细读，或一笑看过，或反复品赏，芬芳盈口，满心余香，所得的，都是生命的真意趣、大滋味。把书作为生活的常态，是生命最美好的习惯。走正确的路，放无心的手，结有道之朋，断无义之友，饮清净之茶，戒色花之酒，闭是非之口。

凡事要靠自己，改变命运更要靠自己。凡事需坚持、凡事需忍耐、凡事需付出、凡事需尽力。世上没有天生的强者，强者是

磨炼出来的。一个人若要有所作为，就必须同对手竞争并超越对手。与弱者竞争，胜算当然大，但很难成为强者。只有与强者竞争，才能不断拓展生存的空间，才能成为真正的强者。

不是每一次努力都会有收获，但是，每一次收获都必须努力，这是一个不公平的不可逆转的命题，人生没有绝对的公平，但是相对公平的。在一个天平秤上，你得到越多，也必须比别人承受更多，生活就是要把你折腾得死去活来，你要做的，就是咬牙坚持下去，成功之神在向你挥手。

一个人，无论他是什么地位，过哪一种阶层的生活，只要他的内心非常安详，就可以过得幸福。而一个拥有了很多物质享受，但内心纷乱的人，生活对他而言，反而是一种惩罚，因为拥有的越多，他的欲望也就越多，他的痛苦自然也就更多。因此，幸福从何而来？要从内心的宁静中来。

摔跤了，不要哭，爬起来，站直一笑，拍拍身上的尘灰，继续奔跑。正视人生的每一个挫折，适应人生的每一回起伏，吸取人生的每一场失败，利用人生的每一个坎坷。努力给自己一个最美好的心情，平衡住自己的气息，调整好自己的心态，不急于成功之事，就算摔了再大的跤，也一样能成就明天的更好。

心情不好时，要经常问自己，你有什么想不通？有什么看不惯？如果你觉得不愉快了，就看看窗外，有无限的风光，看看广阔无垠的天空，也学青天不关门。人生没有绝望，只有想不通，人生没有尽头，只有看不透。新念何必理旧梦，一朝一夕皆来生。转个念就是希望，回个头就是来生。

你在这个世界上实在是无足轻重，犹如草木、虫蚁一般，这个世界上不会因为少了你而失去什么；也不会因为有了你而多了什么。当你真正明白了这一道理，你就会放下你所有的知见、执着和欲望，你就会用一种宁静、安详、质朴的心态活在这个世界上。

人的心态如同琴上的弦，太紧则易断，太松则无音，只有松紧适度，才能弹出美妙之音。保持一颗平常心，才是人生的真谛。怀一颗平常心，看淡得失，超越成败，不为物欲所迷，不被烦恼所扰，明心见性，随缘自适。平常心，是一种人生态度，也是一种生活智慧。

人生的路上，我们只有咬紧牙关，用脚步丈量路途，用汗水辉映阳光，管它山高水远路长，前面就是心的方向。坚强是我们心灵的壳，维护着我们的脆弱。纷扰的尘世，冷漠的空间，我们唯有选择坚强，才能抗拒诱惑与寒流的侵袭，给精神一个支点，给心灵一个家园。你不坚强，没人替你掩饰忧伤。

岁月弄人，年轻时，有些事你无法懂；懂得时，已经换了岁月。莫怪时光无情，活得狼狈的，不外乎错误的坚持，或轻易的放弃。要学会孤独地静守，优雅地放手，命运终会给你满满的收获。走过的路，别多问是非，那仅是固化的回忆；前方路尽，莫固执困惑，也许转个弯，就能看见另一番天空。

缘分，没有预约，心若一动，泪已千行，曾经的繁花锦绣，

终抵不过似水流年，一念起，万水千山；一念灭，沧海桑田。许多人，对望了，相知了，却只是擦肩；许多梦，哭过了，笑过了，却已属于曾经。生命中，一种恬淡叫"浅浅遇，深深藏"，一种祝福叫"你若安好，便是晴天"。

　　一次单程的旅途，所走过的每一步，都注定回不了头。有的路，是用脚去走。有的路，要用心去走。绊住脚的，往往不是荆棘石头，而是心。所以，看起来是路铺展在我们眼前，实际上，是心扑腾在路上。深一脚，浅一脚，欢喜在路上，悲伤在路上。但只要心不走在绝路上，生活也终不会给你绝路走。

　　世界是光明的，你看不到光明，是因为你的心太多黑暗；生活是美好的，你看不到美好，是因为你的心太多烦恼；生命是珍贵的，你看不到珍贵，是因为你的心太多淤障；心的负荷太重，就会累，人的负荷太重，就会苦。你放下，就能轻松，放不下，你就该痛苦。放下才能享受生活，享受阳光，因为，未来与你同在。

　　有人说相爱入骨只是少了一个缘分，有人说悲欢离合终究覆盖了那场苦等。而我听说刻骨铭心抵不过岁月的无情，你终究嫁衣嫣红嫁与他人。后来我随着大雪走向了那座小城，艳烈的谎言犹如插入心口的根根针。纷纷的落雪早已埋葬了你的青坟，只是碑上的字体依旧叙说着那场没有等到的，缘分。

　　抬起头，仰望那片画面定格的黄昏。我看见初夏的雨淋湿了天边的晚霞，这一刻，是咫尺，还是天涯。幸福仿佛远在天涯，又近在咫尺。往往不经意间，幸福就会像天使的羽翼，柔软地飞过青春的国度，与你邂逅。初夏的雨淋湿了黄昏，雨停了，会有一道最美彩虹穿过天边，抛洒幸福的光彩。

清晨，是一个希望，一个梦想。不管昨天怎样低落，总会看见太阳的升起；不管昨天怎样困苦，总会拥有今天的希望。大地因有绿色，而生机勃勃；天空因有云朵，而神采奕奕；人生因有梦想，而充满动力。不怕你每天迈一小步，只怕停滞不前；不怕每天做一点事，只怕无所事事。坚持，是生命的一种毅力。

有一种遇见，不曾邀约，却心有灵犀；有一种目光，不远不近，却一直在守望；山水相逢，相约陌上，你明媚的笑脸，是我心中倾城的暖，你在，我在，便是用一朵花开的明媚。

岁月，总有沧桑；人间烟火，总有浮华。安守清寂，不染风尘，与春阳同行，与快乐牵手，感知阳光雨露的清新，欣赏秋叶之静美，将善良种植心间，以感恩的心行走于尘世。朝阳中，捧着一缕岁月的暖香；夕阳下，轻拥落日余晖的绚丽，穿越季节轮回，让如花的笑颜，在素白年华里以最美的姿态绽放。

你不会有那美丽的相逢，除非之前，你能忍受等待的孤独。你不会有那明朗的清晨，除非之前，你的睡梦能忍受黑夜的迷雾。你也不会赢得任何东西，除非你敢于投下赌注。赌注，生命的赌注，就是你的脚步。但是，你不会找到路，除非你敢于迷路。因为，只有让你迷路的地方，才是你真正的出路。

書是人类的营养品。阅读是一种向上的力量。书本是精神生活的入口，读史可以看成败、鉴得失、知兴替；读诗可以情飞扬、志高昂、人灵秀；读伦理可以知廉耻、懂荣辱、辨是非；读经典可以增智慧、广积才、提境界，都是对生命的熔炼和升华。用书点亮心灵，使生命更加熠熠生辉。

蝴蝶可以读懂花的心思，所以它选择绕着花丛翩舞，用短暂的一生换取花儿一季的绚烂。月光可以读懂湖水的心思，所以，它选择洒落所有的光芒来照亮静处的湖面，用天长的光来换取地久的美。可是，我读不懂你，你也读不懂我。我的性格，你不懂，可我懂，请不要在我疲累的身上再加上沉重的包袱。

岁月流失，时光翻擦。早已不见的，是昨日的繁华。指间洒下的，是曾经幸福的流沙。我们带着疲惫的身影穿梭在四季的年华，擦肩而过，捉不住一丝温暖的火花。

寂寞的时候，谁的脸庞只有冷漠，谁的身影只剩下无措。这个世界，繁华，也落寞。孤独的时候，我看见自己给自己，写下了一个传说。人生，就这样，匆匆而过。转身后，下一个轮回就要来临，那时，会有怎样的生命轮廓，在等我描摹。花朵，就这样，匆匆凋落。花落的时候，请听我诉说，那段刻骨铭心的传说。

故事，说不完的凄美。结局，也是千年的句点。你留在世间的只言片语，不过是后人茶余饭后的清谈。在岁月的沧桑里，你曾经的执着，曾经的等待，曾经的美，终究灰飞烟灭。

一场烟花盛放，终归消散。一幅红尘画卷，终归收敛。我拾起折断的笔，沾着墨水，尽情的书写即将来临的明天。我用眼泪深深祭别，已逝去的昨天。我用文字，刻画出一丝淡淡的温暖。我微笑着，等待明天！

网上众筹出版《坚墙》的各界人士评语

作者自白——出书的目

我想把我的自传印成书，筹集一些资金，或许能凑够手术的费用，使我能够站起来，或许能购买控制我的疾病发展的药物，即使都不能够，我也毫不后悔，因为我会倾其全力与病魔搏斗，证明我存在的意义！

我不甘心就这样被病魔打败，我不甘心就在轮椅上渡过我的下半生。为了以后的生活可以实现自理，不再拖累妈妈；为了我的梦想，我都要拼尽所有去尝试。都说"不撞南墙不回头"，我即便是撞到了南墙也要继续撞，我要撞过南墙去看看墙那边是什么样子？都说"不到黄河心不死"，我即使到了黄河也要越过对岸继续向前，前方还很远，黄河并不是尽头。所以，我只要活着，就不能放弃。直到生命的尽头……

一个人的生命是属于自己的，虽然疾病改变了我的人生，但它改变不了我要活出我自己的信念。一个人的生命又是属于社会的，在我病倒以后，社会各界和爱心人士给予我许多鼓励、帮助，没有这些，也许我过得消沉迷茫、自暴自弃、甚至已经自杀。我要把我的苦难经历、和与病魔拼搏的经历写下来，告诉人们，我是多么热爱生活，多么愿意做一个于社会有益的人；我要告诉和我一样患有不治之症的患者，疾病虽然会击败我们的身体，但不要让它击败我们的勇气和信念；我还要告诉少不更事的青少年，从我的疾病生涯中我体会到，健康之于人生的意义是多么重大啊，健康可以使你的人生价值成倍、成几何地翻上去，这是多么快乐、多么幸福的事啊！

在证明我的生命意义的过程中，我还有一个愿望：我想重新站起来，走出家门口，去看看外面温暖的世界！我想重新站起来，更多地回馈这个令我感动的社会！

社会各界人士对《坚墙》的评语

我一直认为：按"宜粗不宜细"原则书写的历史，甚为可疑。它有意无意遮蔽了很多真相；相对而言，民间的口述史和回忆录之类的文字从侧面提供了很多资料。唐刚是个富有才气的残疾人，他以生命最后的挣扎，写成了这本书，从他饱经磨难的生活里，折射出历史进程中人性之美与丑恶。在当今写作背景下，"真"比"美"更加引人关注。现在的出版界已然全盘商业化，私人出版这类书得自己掏钱，唐刚当然无钱可掏。不知自贡有没有当年花巨资捧某歌女那样来资助唐刚出书的老板？并不缺钱的残疾人联合会是不是也该来关注一下这个事情？

——李加建（国家一级作家，国务院终身政府津贴专家）

"相信命运吗？"这是今天一位轮友问我的问题，坚强的人说：要把命运掌握在自己的手上。软弱的人说：一切都是命运的安排，听天由命吧。那人生到底该何去何从？该如何选择？自从

有了人类，就有了残疾人，因为这是人类进化的必然产物，就如我们吃的苹果，有漂亮喜人的，也有歪把劣枣的。身为残疾人的我们没有选择的权利，这看似是很不公平的一件事。但是老天对所有人却又是公平的——因为无论你以什么样的状态活着，你都可以选择用什么样的方式活下去！唐刚就是这么一个接受命运，但是却选择了要好好活下去的一个人。敬仰生命，感恩生活，因为一切都是老天最好的安排。

——黄莉（都江堰 NGO 组织"心启程"创办人）

水调歌头·读唐刚自传

闯荡江湖去，年少气方雄。哪知世事难料，命运似飘蓬。不惧风刀雨血，却遇事乖人陷，怪病更欺穷。镜碎鸳鸯散，露宿又餐风。英雄慨，刚肠烈，等鸿蒙？蜷躯尺蟒、天作其孽予其功。更有人间大爱，岂受魔邪狂虐，定与斗千重。开卷歌如泣，字字血殷红。

——王星（自贡市诗词学会会长）

一堵墙，在暴风雨来临的时候，他选择倒下还是坚强的站立，在于他自己！

与你相遇在一曲烟雨江南里，细雨飘飞了你的眼，命运无情摧残了你，却不能摧毁你！你就是那堵墙！

你，可以谱写最动人的篇章！

你，可以吟唱最优美的音符！

你，可以勾画最耀眼的美景！

你，可以追求最完美的人生！

感谢！有你！诠释生命最美丽的战歌！

——暗香（广东声动诵读联盟管理员、会员兼主播）

在最美的花季却得了特殊的病。亲情，爱情，健康，一一离你而去。你却在磨难中成长，越挫越勇，对未来生活充满了渴望。我知道，再多的悲伤，也摧不毁你的城墙。你会在命运的轮转中，笑着遗忘！我知道，零落的碎片拼凑不出幸福的昨天。我知道，身边的风景同样温暖而绚烂。你会把离去的流年与悲伤，刻在走过的路边，不再苦苦的执念。因为，前方的不远，就是你最美的明天。此书充满正能量，让我们读了以后，面对生活的种种磨难与困难，不得不坚强。

——暗香·六月（网络平台小说写手、网络作家）

万物皆有裂痕，那是光照进来的地方。

——莱昂纳德·科恩《颂歌》

读唐刚《坚墙》自传体小说不自禁想起莱昂纳德。

科恩的诗句。没有该死的股骨头坏死就不会有笔耕不辍的唐刚，病痛让他饱受非人的折磨，他没有沉沦怨天尤人，却在黑暗中迸发出人性的坚韧和顽强，在绝望中书写着美好与光亮。认识唐刚是 qq 群友转发他的诗歌和求助信，那些哀婉古拙的诗句仿如梨园中各色名伶，闯过时光的道道尘埃，拨开记忆的古老封印，上演着声色艺俱全的清音雅响。而这些诗歌出自一个只读过初中的重病青年之手，令人唏嘘感慨，也当即决定加入帮助他的队伍。初次见到唐刚，是在他黑黢黢家徒四壁的家里，这个骨瘦如柴的青年佝偻着——犹如跳进炒锅的大虾被命运蛮横地囚禁。

当他拿出心爱的竹笛想为我们这些远方的朋友吹奏一曲却气息不够时，前往探望的文友纷纷忍不住潜然泪下。去年，得知唐刚在德高望重的王星老师帮助下准备出书，脑海里总是涌现出他一边开网店自谋生路，一边强忍着病痛熬夜加班写书的画面，心疼之余，每每自愧对生活奢念太多。二年过去，《坚墙》终于完稿进入待产期，读《坚墙》感受唐刚身残志坚与命运进行艰苦卓绝的搏击；叹惋他一次次与恢复手术失之交臂；其中唐刚对家人、亲朋、恋人的真挚情谊，细碎思忆，以及对所有帮助过他的人都如数家珍，念念不忘感恩，则是《坚墙》能够最终坚强而立的根本所在。自从我认识唐刚之后，每逢各类节日必然收到他自己撰写的祝福短信，五年从无间断过。相信认识他的不少亲朋友都收到过他一字一句言真意切的祝福，唐刚这个与疾病持久战的青年对待他人好像他的名字：是蜜糖大缸。于是便知道为什么那么多素昧平生的人自发从四面八方前扑后续地向他伸出援助之手：一个自强不息，重情重义，对生活心怀憧憬和善意的人，是值得尊重和敬畏的。

唯有最深沉的夜晚，才能分娩最华美的太阳。——唐刚，最后祝你的蜜糖大缸能越陈越香，越久越浓。祝所有经历风雨的好人都能如《坚墙》的魂魄一般，历经磨难痴心不改，为人间建立坚不可摧的大爱之墙。

——宋咏梅（自贡作家协会会员、童话作家）

初见你的网名——花怨秋，以为你是一位多愁善感的柔弱女子，待看了你的简介才知道你名字里有个很男人的"刚"字。这个"刚"字正是你坚强、坚韧、不折不挠、积极乐观的性格和精神的真实写照。命运是什么？在你身上我看到了最完美的答案与诠释。命运是你谱写出的一曲烟雨江南，是你挥洒出的一首首优美的诗篇，是你披荆斩棘开辟出的一弯千年画溪，是你用笃定与信念走出的一方属于自己的土地和蓝天。你用你的方式无声的告诉每一个人，要掌握自己的命运，唯有——坚强！

——香人小李（河北廊坊朗诵协会会员、网络平台主播）

特别鸣谢以下单位和个人给予本书出版的赞助

湖北省白莲河纯净水有限公司　李　维
湖北省白莲河旅游有限公司　李　维
湖北省巴河生态农业有限公司　李　维

陈志新

邵光滏

冉　然

卡其实业有限公司

盛红军

颖生公司

宋晓安

丁宗权

清远瀚江玻璃棉科技有限公司